Stephan Wolf

Vorschlags- und Gesamtgutszuweisung an
den überlebenden Ehegatten

D1693857

Abhandlungen
zum schweizerischen Recht

Neue Folge

Begründet von † Prof. Dr. Max Gmür
Fortgesetzt durch † Prof. Dr. Theo Guhl
und † Prof. Dr. Hans Merz

Herausgegeben von

Dr. Heinz Hausheer

Professor an der Universität Bern

 VERLAG STÄMPFLI+CIE AG BERN · 1996

Stephan Wolf

Dr. iur., Fürsprecher und Notar

Vorschlags- und Gesamtgutszuweisung an den überlebenden Ehegatten

mit Berücksichtigung der grundbuchrechtlichen Auswirkungen

VERLAG STÄMPFLI+CIE AG BERN · 1996

Berner Dissertation

Die Deutsche Bibliothek - CIP-Einheitsaufnahme

Wolf, Stephan:
Vorschlags- und Gesamtgutszuweisung an den überlebenden Ehegatten :
mit Berücksichtigung der grundbuchrechtlichen Auswirkungen /
Stephan Wolf. - Bern : Stämpfli, 1996
  (Abhandlungen zum schweizerischen Recht ; H. 584)
  Zugl.: Bern, Univ., Diss.
  ISBN 3-7-272-0230-0

NE: GT

©
Verlag Stämpfli+Cie AG Bern · 1996
Druck- und Buchbinderarbeiten: Stämpfli+Cie AG,
Graphisches Unternehmen, Bern
Printed in Switzerland
ISBN 3-7272-0230-0

VORWORT

Es ist mir ein Anliegen, an dieser Stelle all jenen zu danken, die zur Entstehung dieser Arbeit beigetragen haben.

Vorab danke ich Herrn Professor Dr. Bruno Huwiler und Herrn Professor Dr. Heinz Hausheer für die sorgfältige Betreuung und Begutachtung meiner Dissertation. Herrn Professor Dr. Heinz Hausheer danke ich sodann für die Aufnahme der Arbeit in die Reihe "Abhandlungen zum schweizerischen Recht".

Weiter danke ich Herrn Notar Alfred Spycher und Herrn Fürsprecher und Notar Stephan Spycher, Steffisburg, für das Verständnis, das sie im Rahmen meiner beruflichen Tätigkeit der Abfassung der Dissertation entgegengebracht haben. Danken möchte ich auch Herrn Notar Roland Pfäffli, Grundbuchverwalter von Thun, der mich seinerzeit in die praktische Grundbuchführung eingeführt und mein Interesse an grundbuchrechtlichen Fragestellungen geweckt hat.

Mein grösster Dank aber gehört meinen Eltern und meiner Frau Regula. Ohne die Unterstützung durch meine Eltern während meiner ganzen Ausbildung und ohne das Verständnis sowie die Rücksichtnahme meiner Frau wäre die Dissertation nicht entstanden. Regula und meinen Eltern sei daher diese Arbeit gewidmet.

Thun, 19. Juli 1996   Stephan Wolf

INHALTSVERZEICHNIS

Seite

INHALTSVERZEICHNIS   VI
ABKÜRZUNGSVERZEICHNIS   XVI
MATERIALIEN UND LITERATURVERZEICHNIS   XIX
A. MATERIALIEN   XIX
B. LITERATURVERZEICHNIS   XIX

ALLGEMEINER TEIL

A. GRUNDLEGUNG

§ 1 Vorschlags- und Gesamtgutszuweisung als Fälle der
    ehevertraglichen Begünstigung des überlebenden
    Ehegatten und wichtigstes praktisches Motiv zum
    Abschluss eines Ehevertrages

I.   Ehevertragliche Begünstigung - Begriff und Aussage-
     gehalt   1

     1. Begriff   1
     2. Beschränkter Aussagegehalt   3

         2.1. Kein Abgrenzungskriterium zwischen güter-
              und erbrechtlichen Rechtsgeschäften   3
         2.2. Kriterium für die Qualifikation als
              unentgeltliches Rechtsgeschäft?   4

II. Hauptmotiv zum Abschluss eines Ehevertrages   6

§ 2 Vorschlags- und Gesamtgutszuweisung im System der
    Ehevertragsfreiheit mit typisierten Güterständen
    und subsidiärem ordentlichem Güterstand

I.   Allgemeine Anforderungen an das eheliche Güter-
     recht   10

II. Grundprinzipien des ehelichen Güterrechts des ZGB   11

     1. Ehevertragsfreiheit und subsidiärer
         ordentlicher Güterstand   11
     2. Inhaltliche Schranken der Ehevertragsfreiheit   12

         2.1. Allgemeines   12
         2.2. Typengebundenheit   13
         2.3. Typenfixierung   13

III. Einordnung der güterrechtlichen Begünstigung   14

     1. Ausgangslage   14

Seite

2.	Vorschlagszuweisung	15
3.	Gesamtgutszuweisung	16

B. STRUKTUR UND GEGENSTAND DES EHEVERTRAGES AUF VORSCHLAGS- BEZIEHUNGSWEISE GESAMTGUTSZUWEISUNG AN DEN ÜBERLEBENDEN EHEGATTEN

§ 3 Charakterisierung des Vertrags

I. Zweiseitiges Rechtsgeschäft 18

II. Einseitig oder zweiseitig verpflichtender Vertrag? 20

   1. Schuldrechtliche Vertragskategorien und deren Anwendbarkeit auf den Ehevertrag 20
   2. Gegenseitigkeit 21

      2.1. Begünstigung 21
      2.2. Verpflichtung 22
      2.3. Zwischenergebnis 23

   3. Zwei einseitige Verträge oder ein zweiseitiger Vertrag? 23

      3.1. Meinungsstand 23
      3.2. Eigene Auffassung 25

         a) Kontext des Güterstandes 25

            aa) Gemeinschaftliche Verpflichtung ... 25
            bb) Erfordernis gemeinsamer güterrechtlicher Verfügung 27

         b) Individualbezogene Sicht 30

            aa) Zwei Verpflichtungen 30
            bb) Verhältnis der beiden individuellen Verpflichtungen 30
            cc) Vergleich mit einseitiger Zuweisung 34

§ 4 Überlebensklausel

I. Zulässigkeit 35

II. Bedingung 36

   1. Begriff und Funktion 36
   2. Ehevertragliche Begünstigung des überlebenden Ehegatten 38

Seite

2.1. Individuell: Zwei wechselseitig bedingte
     Zuwendungen   38
2.2. Bedingendes Ereignis   38
2.3. Aleatorisches Rechtsgeschäft   40
2.4. Nähere Charakterisierung der
     Überlebensbedingung   41

     a) Nach Art der Wirkung:
        Suspensivbedingung   41
     b) Nach Art des bedingenden Ereignisses   42

        aa) Kasuelle Bedingung   42
        bb) Positive oder negative Bedingung   42

III. Befristung   43

1. Begriff und Abgrenzung zur Bedingung   43
2. Ehevertragliche Begünstigung des überlebenden
   Ehegatten   43

   2.1. Überindividuell: Gewissheit des Eintritts
        der Rechtswirkungen   43
   2.2. Vergleich mit einseitiger ehevertraglicher
        Begünstigung   45

IV. Ergebnis   45

1. Bedingung und Befristung   45
2. Privatautonom gestalteter Ehevertrag und durch
   Statusverhältnis vorgegebene Situation   46

§ 5 Gegenstand der güterrechtlichen Begünstigung

I. Vorschlagszuweisung   48

1. Zuwendungssubstrat: Errungenschaft   48
2. Rechtsnatur des Vorschlages   50

   2.1. Obligatorische Natur   50
   2.2. Auswirkung im Todesfall   51
   2.3. Zuweisung von Sachen   52

II. Gesamtgutszuweisung   57

1. Gesamtgut als Zuwendungsgegenstand   57
2. Zuweisung einer Gütermasse mit dinglicher
   Wirkung   58

§ 6 Rechtsstellung der Ehegatten nach Vertragsschluss

I. Vorbemerkung   61

Seite

II. Erwerb subjektiver Rechte im allgemeinen   61

   1.   Rechtsfolge eines Tatbestandes   61
   2.   Mehrheit von Tatbestandselementen   62

      2.1. Gleichwertigkeit für den Rechtserwerb   62
      2.2. Allgemeine und besondere
          Tatbestandselemente   62
      2.3. Bedeutung der besonderen
          Tatbestandselemente   64

   3.   Vorstufen des Rechts   65

      3.1. Sukzessiv erfüllbarer Tatbestand   65
      3.2. Entwicklungsstufen zum subjektiven
          Vollrecht   65

          a) Allgemeines   65
          b) Anwartschaft und Anwartschaftsrecht   68

III.Güterrechtliche Begünstigung   70

   1.   Erforderlicher besonderer Tatbestand   70
   2.   Anwartschaft oder Anwartschaftsrecht?   71

      2.1. Sicherung des Rechtserwerbes   71

          a) Vorbemerkung   71
          b) Tatsächliche Sicherheit   71
          c) Rechtliche Sicherung der Ehegatten   77

             aa) Bindung   77
             bb) Gesetzlicher Schutz der
                 Rechtsposition der Ehegatten   79

                aaa)   Bedingungsrecht   79
                bbb)   Eherecht   80

                   aaaa)   Übersicht   80
                   bbbb)   Güterstandsunabhängiger
                            Schutz   82

                    aaaaa) Wohnung der Familie
                            (Art. 169 ZGB)   82
                    bbbbb) Auskunftspflicht
                            (Art. 170 ZGB)   85
                    ccccc) Beschränkung der
                            Verfügungsbefugnis
                            (Art. 178 ZGB)   86
                    ddddd) Gütertrennung (Art.
                            185 ZGB)   87
                    eeeee) Inventar (Art. 195a
                            ZGB)   89

Seite

cccc) Güterstandsabhängiger
Schutz   90

aaaaa) Spezifischer Schutz
des Vorschlags-
anspruchs   90

aaaaaa) Hinzurechnung
(Art. 208
ZGB)   90
bbbbbb) Klage gegen
Dritte (Art.
220 ZGB)   92

bbbbb) Spezifischer Schutz
des Gesamt-
gutsanspruchs   93

aaaaaa) Erfordernis
gemeinsamer
Verfügung   93
bbbbbb) Schutz des
Gesamtgutes in
Fällen
alleiniger
Verfügungsbe-
rechtigung
eines Ehe-
gatten   94
cccccc) Besondere
Schutzbestim-
mungen
zugunsten des
Gesamtgutes   95

2.2. Selbständige Verfügbarkeit   96

a) Vorbemerkung   96
b) Rechtsausübung gegenüber Dritten   97

aa) Vorschlagsanspruch   97
bb) Gesamtgutsanspruch   100

3. Ergebnis   102

§ 7 Ehevertragliche Begünstigung im Spannungsfeld zwischen Rechtsgeschäft unter Lebenden und Verfügung
von Todes wegen

I. Einleitende Bemerkungen   104

II. Positivrechtliche Ausgangslage: Behandlung als im
Verhältnis zu bestimmten Pflichtteilserben herabsetzbare Liberalität   109

Seite

1. Vorgeschichte: BGE 102 II 313 ff.   109
2. Regelung in Art. 216 Abs. 2 und 241
   Abs. 3 ZGB   111
3. Entscheidung des Gesetzgebers für eine im
   Verhältnis zu bestimmten Pflichtteilserben
   herabsetzbare Liberalität   112

III. Abgrenzung von den Verfügungen von Todes wegen   114

1. Vorbemerkungen   114
2. Anordnung auf den Todesfall   115
3. Besondere, vom allgemeinen Erbrecht abweichende
   Pflichtteilsregelung   117
4. Gesetzessystematik   118
5. Zeitpunkt des Eintritts der Wirkungen   122

    5.1. Allgemeines   122

      a) Abgrenzungsmerkmal zwischen
        Rechtsgeschäften unter Lebenden und
        Verfügungen von Todes wegen   122
      b) Lebzeitige Wirkungslosigkeit der
        Verfügung von Todes wegen   124
      c) Lebzeitige Pflichtbindung beim
        Rechtsgeschäft unter Lebenden   127
      d) Sonderfall des Rechtsgeschäfts mit
        Wirkungen sowohl vor als auch nach dem
        Tod einer Partei   128

    5.2. Ehevertrag mit Begünstigung des
        überlebenden Ehegatten   130

      a) Allgemeine Wirkungen inter vivos   130
      b) Besondere Wirkungen der Vorschlags-
        bzw. Gesamtgutszuweisung   131

       aa) Begründung eines bedingten
         Anspruchs des einzelnen Ehe-
         gatten   131
       bb) Verpflichtung zur Liquidations-
         weise   132
       cc) Verpflichtung zur Erhaltung des
         Zuwendungssubstrats   132

      c) Erfordernis gemeinsamer Verfügung   134
      d) Einheitliches Rechtsgeschäft mit
        transmortaler Wirkung   135

6. Erfasstes Vermögen   136

    6.1. Vermögen des Verpflichteten oder dessen
        Nachlass?   136
    6.2. Keine Zuwendung aus dem Nachlass   137
    6.3. Vermögen beider Ehegatten   138

7. Subjekt der Zuwendung   140

Seite

8. Gesetzliche Ordnung und vertragliche
   Vereinbarung 141

   8.1. Gesetzliche Ordnung 141

       a) Vorschlagsbeteiligung 141
       b) Gesamtgutsteilung 142

   8.2. Vertragliche Vereinbarung 143

   8.3. Verhältnis und Vergleich von gesetzlicher
        Ordnung und vertraglicher Vereinbarung 143

9. Güterstandsabhängigkeit 147

IV. Ergebnis 148

V. Praktische Auswirkungen der Qualifikation als
   Rechtsgeschäft unter Lebenden 150

   1. Vorbemerkungen 150
   2. Geschäftsfähigkeit der Parteien 151
   3. Berufung auf Willensmängel 152
   4. Form 153
   5. Auslegung 153
   6. Aufhebung 153
   7. Ausschlagung 154
   8. Haftung 154
   9. Reihenfolge der Herabsetzung 154
   10. Berechnung der Pflichtteile 156

BESONDERER TEIL: GRUNDBUCHRECHT

C. VORSCHLAGSZUWEISUNG ALS GRUNDLAGE ZUM
   EIGENTUMSERWERB IM BEREICH DES ABSOLUTEN
   EINTRAGUNGSPRINZIPES

§ 8 Eigentumsverhältnisse nach Auflösung des
    Güterstandes durch Tod

I. Keine dingliche Wirkung der Vorschlagszuweisung 159

II. Vorschlagsforderung: Güterrechtlicher Anspruch
    obligatorischer Natur 160

III. Spaltung der Rechtszuständigkeiten 162

Seite

§ 9 Tilgung der Vorschlagsforderung durch
Eigentumsübertragung an Grundstücken

I. Einleitende Bemerkungen   164

    1. Freiheit in der Bestimmung des
        Tilgungsgegenstandes   164
    2. Vorzugsstellung des überlebenden Ehegatten   164

II. Eigentumsübertragung   165

    1. Vorbemerkung   165
    2. Grundgeschäft   166

        2.1. Ehevertrag mit Vorschlagszuweisung?   166

             a) Güterrechtliches
                Verpflichtungsgeschäft   166
             b) Nicht grundbuchrechtliches
                Verpflichtungsgeschäft   167

        2.2. Der Vertrag über den Abschluss der
             güterrechtlichen Auseinandersetzung   168

             a) Fehlende positivrechtliche Regelung   168
             b) Verpflichtungsgeschäft   169
             c) Arten der güterrechtlichen
                Auseinandersetzungsvereinbarung   171

                aa) Realteilung   171

                    aaa)   Zulässigkeit bei
                             Grundstücken   171
                    bbb)   Tatsächlich vollzogene
                             Teilung   171

                        aaaa)   Allgemeines   171
                        bbbb)   Grundstücke   172

                            aaaaa) Bestand der
                                   Realteilung   172

                                aaaaaa) Meinungs-
                                        stand   172
                                bbbbbb) Eigene
                                        Auffassung   173

                            bbbbb) Koinzidenz von
                                   Verpflichtung und
                                   Verfügung   174

                bb) Teilungsvertrag   176

                    aaa)   Auseinanderfallen von
                             Verpflichtungs- und
                             Verfügungsgeschäft   176

Seite

bbb)   Form des Vertrages   178

aaaa)   Lücke   178
bbbb)   Lösungsvorschlag   178

aaaaa) Ausgangslage   178
bbbbb) Analogie zum
Vermächtnis-
anspruch   179
ccccc) Enger Konnex
zwischen
güterrechtlicher
Auseinandersetzung
und Erbteilung   180
ddddd) Identischer
Personenkreis   180
eeeee) Auseinander-
setzungszwang   181
fffff) Umfang der
Formerleich-
terung   182

aaaaaa) Meinungs-
stand   182
bbbbbb) Eigene
Auffassung   184

ggggg) Ergebnis   186

3.   Grundbucheintragung   187

3.1. Überblick   187
3.2. Eintragung der Erben   188

a) Deklaratorische Bedeutung   188
b) Legitimation zur Grundbuchanmeldung   190
c) Direkte Eintragung des überlebenden
Ehegatten?   191

3.3. Eintragung des überlebenden Ehegatten   193

D. GESAMTGUTSZUWEISUNG ALS FALL DES EIGENTUMSERWERBS
IM BEREICH DES RELATIVEN EINTRAGUNGSPRINZIPES

§ 10 Gesamthandsverhältnis während der Dauer des
Güterstandes

I. Vorbemerkung   196

II. Güterrechts- und Gesamthandsverhältnis   196

1.   Gesamteigentum als Folge der
Gütergemeinschaft   196

Seite

2. Personell geprägte, vertragliche
   Gesamthandschaft   198
3. Ungeteilte Gesamtberechtigung   199

III. Entstehung des Gesamteigentums   202

1. Vorhandene Gegenstände   202
2. Während der Gütergemeinschaft neu erworbene
   Gegenstände   204
3. Folgen für den gutgläubigen Rechtserwerb   205
4. Dingliche Wirkung des Ehevertrages?   206

IV. Grundbuchliche Behandlung   208

§ 11 Eigentumsverhältnisse nach Auflösung des
     Güterstandes durch Tod

I. Akkreszenz zugunsten des überlebenden Ehegatten   210

1. Zum Vergleich: Eigentumsrechte ohne
   Gesamtgutszuweisung   210
2. Gesamtgutszuweisung   213

II. Vergleich mit der Vorschlagszuweisung und der
    einfachen Gesellschaft mit Anwachsungs-
    vereinbarung   216

III. Grundbuchliche Behandlung   218

1. Ausserbuchlicher Eigentumserwerb   218

   1.1. Deklaratorische Grundbucheintragung   218
   1.2. Nichtrechtsgeschäftlicher, aber doch auf
        Rechtsgeschäft beruhender Eigentums-
        erwerb   220

2. Ausweis zur Grundbucheintragung   222

   2.1. Vorbemerkung   222
   2.2. Eröffnung des Ehevertrages?   223
   2.3. Ehevertrag und Todesschein   227

3. Grundbuchanmeldung   228

ABKÜRZUNGSVERZEICHNIS

a.A.	= am Anfang
a.a.O	= am angeführten Ort
Abs.	= Absatz
Abt.	= Abteilung
a.E.	= am Ende
a.M.	= anderer Meinung
Amtl. Bull.	= Amtliches Bulletin der Bundesversammlung
Anm.	= Anmerkung(en)
Art.	= Artikel
AJP	= Aktuelle Juristische Praxis, Lachen 1992 ff.
ASR	= Abhandlungen zum schweizerischen Recht, Bern
AT	= Allgemeiner Teil
Aufl.	= Auflage
aZGB	= frühere Fassung des ZGB
BBl	= Bundesblatt der Schweizerischen Eidgenossenschaft
Bd.	= Band
Bde.	= Bände
BGB	= Bürgerliches Gesetzbuch für das Deutsche Reich vom 18. August 1896, mit seitherigen Änderungen
BGE	= Entscheidungen des Schweizerischen Bundesgerichtes, Amtliche Sammlung, Lausanne 1875 ff.
BGH	= Bundesgerichtshof
BJM	= Basler Juristische Mitteilungen, Basel 1954 ff.
BN	= Der bernische Notar, Bern/Langenthal 1939 ff.
BSG	= Bernische Systematische Gesetzessammlung
BT	= Besonderer Teil
bzw.	= beziehungsweise
D	= Digesten des Corpus iuris civilis
Ders.	= Derselbe
d.h.	= das heisst
Diss.	= Dissertation
E.	= Erwägung
EG ZGB	= Gesetz betreffend die Einführung des schweizerischen Zivilgesetzbuches vom 28. Mai 1911, mit seitherigen Änderungen (Bern, BSG 211.1)
EJPD	= Eidgenössisches Justiz- und Polizeidepartement
f.	= und folgende (Seite, Note usw.)

FamRZ	= Zeitschrift für das gesamte Familienrecht, Bielefeld
ff.	= und folgende (Seiten, Noten usw.)
Gai	= Gaius
gl.M.	= gleicher Meinung
GBV	= Verordnung des Bundesrates betreffend das Grundbuch vom 22. Februar 1910, mit seitherigen Änderungen (SR 211.432.1)
Halbbd.	= Halbband
h.L.	= herrschende Lehre
h.M.	= herrschende Meinung
hrsg.	= herausgegeben
i.e.S.	= im engeren Sinne, im eigentlichen Sinne
i.f.	= in fine = am Ende
IPRG	= Bundesgesetz über das Internationale Privatrecht vom 18. Dezember 1987 (SR 291)
i.S.	= in Sachen
i.V.m.	= in Verbindung mit
i.w.S.	= im weiteren Sinne
JdT	= Journal des Tribunaux, Lausanne 1853 ff.
JZ	= Juristenzeitung, Tübingen 1951 ff.
lit.	= litera
m.a.W.	= mit anderen Worten
m.E.	= meines Erachtens
m.w.H.	= mit weiteren Hinweisen
N.	= Note, Randnote
NG	= Notariatsgesetz vom 28. August 1980, mit seitherigen Änderungen (Bern, BSG 169.11)
ND	= Notariatsdekret vom 28. August 1980, mit seitherigen Änderungen (Bern, BSG 169.111)
NJW	= Neue juristische Wochenschrift, München/Berlin 1947/48 ff.
NN.	= Noten, Randnoten
No.	= numéro
Nr.	= Nummer
NR	= Nationalrat
OR	= Bundesgesetz über das Obligationenrecht vom 30. März 1911/18. Dezember 1936, mit seitherigen Änderungen (SR 220)
Paul	= Paulus
Pomp	= Sex. Pomponius

Prot. Komm. StR	= Protokolle der Ständeratskommission
recht	= recht, Zeitschrift für juristische Ausbildung und Praxis, Bern 1983 ff.
S.	= Seite
scil.	= scilicet = das heisst, nämlich
SchlT	= Schlusstitel
SJZ	= Schweizerische Juristen-Zeitung, Zürich 1904 ff.
sog.	= sogenannt
SPR	= Schweizerisches Privatrecht
SR	= Systematische Sammlung des Bundesrechts
Teilbd.	= Teilband
u.a.	= unter anderem
Ulp	= Ulpian
usw.	= und so weiter
vgl.	= vergleiche
z.B.	= zum Beispiel
ZBGR	= Schweizerische Zeitschrift für Beurkundungs- und Grundbuchrecht, Wädenswil 1920 ff.
ZBJV	= Zeitschrift des Bernischen Juristenvereins, Bern 1864/65 ff.
ZGB	= Schweizerisches Zivilgesetzbuch vom 10. Dezember 1907, mit seitherigen Änderungen (SR 210)
ZGRG	= Zeitschrift für Gesetzgebung und Rechtsprechung in Graubünden, Chur
ZR	= Blätter für Zürcherische Rechtsprechung, Zürich
ZSR	= Zeitschrift für schweizerisches Recht, Basel 1852 ff.

MATERIALIEN UND LITERATURVERZEICHNIS

A. MATERIALIEN

- Botschaft des Bundesrates an die Bundesversammlung über die Änderung des Schweizerischen Zivilgesetzbuches (Wirkungen der Ehe im allgemeinen, Ehegüterrecht und Erbrecht) vom 11. Juli 1979, mit Entwurf, BBl 1979 II, S. 1191 ff., zitiert: Botschaft, Seitenzahl des Separatdrucks der Botschaft, Nr. 79.043

- Bericht mit Vorentwurf für eine Revision des Zivilgesetzbuches (Stiftungsrecht und Eröffnung von Ehe- und Erbverträgen) des EJPD vom 10. Juni 1993

- Zusammenstellung des Bundesamtes für Justiz über die Ergebnisse des Vernehmlassungsverfahrens über den Vorentwurf für eine Revision des Zivilgesetzbuches (Stiftungsrecht und Eröffnung von Ehe- und Erbverträgen) vom 21. Juni 1995

B. LITERATURVERZEICHNIS

VON AESCH   R. von Aesch, Nochmals: Zur Frage der Vorschlagsverteilung gemäss Art. 214 Abs. 3 ZGB, SJZ 49/1953, S. 189 ff.

VON BALIGAND   Albert von Baligand, Der Ehevertrag, Diss. Würzburg, München 1906

BAUMANN   G. Baumann, Der Einfluss des ehelichen Güterrechts auf das Grundeigentum, ZBGR 19/1938, S. 113 ff.

BAUR   Fritz Baur, Lehrbuch des Sachenrechts, unter Mitwirkung von Jürgen Baur, 15. Aufl., München 1989

BECK   Alexander Beck, Grundriss des Schweizerischen Erbrechts, 2. Aufl., Bern 1976

BENÖHR   Hans-Peter Benöhr, Das sogenannte Synallagma in den Konsensualkontrakten des klassischen römischen Rechts, Diss. Hamburg 1965 (=Hamburger Rechtsstudien, herausgegeben von Mitgliedern der Rechtswissenschaftlichen Fakultät der Universität Hamburg, Heft 54)

BICHSEL   Hermann Bichsel, Untersuchung zum allgemeinen Güter- und Erbrecht der Ehegatten sowie zu den Schranken ehevertraglicher Abweichungen von der gesetzlichen Vorschlagsbeteiligung bzw. Gesamtgutteilung nach dem Bundesratsentwurf vom 11. Juli 1979, unter Berücksichtigung von Erbvorempfängen und Schenkungen bei der güterrechtlichen Vorschlagsermittlung und bei der erbrechtlichen Ausgleichung, BN 1982, S. 1 ff.

BILLINGER   Adolf Billinger, Der Ehevertrag nach schweizerischem Zivilgesetzbuch unter besonderer Berücksichtigung seines möglichen Inhalts, Diss. Zürich 1931

BLOCH   Konrad Bloch, Vorschlagsverteilung der Ehegatten und Pflichtteilsrecht der Erben, SJZ 49/1953, S. 1 ff.

BREITSCHMID   Peter Breitschmid, Ehegüter- und Erbrecht - Grenzfragen und Zusammenhänge, Testament und Erbvertrag, Praktische Probleme im Lichte der aktuellen Rechtsentwicklung, hrsg. von P. Breitschmid, Bern und Stuttgart 1991 (= St. Galler Studien zum Privat-, Handels- und Wirtschaftsrecht, Bd. 26), S. 125 ff.

BUCHER AT   Eugen Bucher, Schweizerisches Obligationenrecht Allgemeiner Teil, 2. Aufl., Zürich 1988

BUCHER BT	Eugen Bucher, Obligationen- recht Besonderer Teil, 3. Aufl., Zürich 1988
BUCHHOLZ	Stephan Buchholz, Zur binden- den Wirkung des Erbvertrages, FamRZ 1987, S. 440 ff.
BURCKHARDT	Sebastian Burckhardt, Maxi- male Begünstigung es überle- benden Ehegatten nach neuem Eherecht ohne maximale Benachteiligung der Kinder, SJZ 83/1987, S. 4 ff.
CARONI	Pio Caroni, Zur Geschichte und Dogmatik der Ge- samthaftung im schweizeri- schen Recht, ZBJV 103/1967, S. 289 ff.
CAVIN	Pierre Cavin, Régime matrimo- nial et droit de succession, Mélanges François Guisan, Lausanne 1950, S. 105 ff.
CURTI-FORRER	Eugen Curti-Forrer, Schweize- risches Zivilgesetzbuch mit Erläuterungen, Zürich 1911
DENZLER	Oskar Denzler, Die Liquida- tion der Güterverbindung in- folge Todes eines Ehegatten, Diss. Zürich 1937
DESCHENAUX, Communauté	Henri Deschenaux, La nature juridique de la communauté de biens entre époux d'après les droits français, allemand et suisse, Diss. Fribourg, Paris 1934
DESCHENAUX, Expectative	Henri Deschenaux, Le protec- tion de l'expectative de bé- néfice dans le régime de la participation aux acquêts, Gedächtnisschrift Peter Jäggi, Freiburg Schweiz 1977, S. 151 ff.
DESCHENAUX, Revision	Henri Deschenaux, Revision du régime matrimonial, ZSR 76/1957, S. 419a ff.
DESCHENAUX, SPR V/3, I und II	Henri Deschenaux, Das Grund- buch, SPR Bd. V, Teilbd. 3,

	Abt. I und II, Basel und Frankfurt am Main 1988, 1989
DESCHENAUX/STEINAUER	Henri Deschenaux/Paul-Henri Steinauer, Le nouveau droit matrimonial, Effets généraux, régime matrimonial, successions, Berne 1987
DIENER	Hanspeter Diener, Vereinbarungen über Aenderungen der Vorschlagsteilung, Diss. Zürich 1950/1951
DRUEY	Jean Nicolas Druey, Grundriss des Erbrechts, 3. Aufl., Bern 1992
DÜRR	David Dürr, Die Meistbegünstigung des überlebenden Ehegatten nach dem neuen Güter- und Erbrecht und seinen Übergangsbestimmungen, BJM 1987, S. 1 ff.
EBENROTH	Carsten Thomas Ebenroth, Erbrecht, Juristisches Kurzlehrbuch für Studium und Praxis, München 1992
EGGEN	Gerhard Eggen, Aus der Praxis familien- und erbrechtlicher Beziehungen zu Grund und Boden, ZGBR 31/1950, S. 249 ff.
EGGER	August Egger, Zürcher Kommentar, Bd. II: Das Familienrecht, 1. Abt.: Das Eherecht, Art. 90-251 ZGB, 2. Aufl., Zürich 1936
EGGER, Vorschlag	August Egger, Ehevertragliche Vereinbarungen über den Vorschlag, ZGB Art. 214 Abs. 3, ZBGR 33/1952, S. 165 ff.
EICHLER	Hermann Eichler, Institutionen des Sachenrechts, Ein Lehrbuch, Bd. II, 1. Halbbd.: Eigentum und Besitz, Berlin 1957
ENDEMANN	Friedrich Endemann, Anwartschaft, Handwörterbuch der Rechtswissenschaft, Bd. I, Berlin und Leipzig 1926, S. 237 ff.

ENNECCERUS/NIPPERDEY	Ludwig Enneccerus/Hans Carl Nipperdey, Allgemeiner Teil des Bürgerlichen Rechts, 15. Aufl., I. Halbbd., Tübingen 1959, II. Halbbd., Tübingen 1960
ESCHER	Arnold Escher, Zürcher Kommentar, Bd. III: Das Erbrecht, 1. Abt.: Die Erben, Art. 457-536 ZGB, 3. Aufl., Zürich 1959, 2. Abt.: Der Erbgang, Art. 537-640 ZGB, 3. Aufl., Zürich 1960
ESCHER, Miszellen	Arnold Escher, Miszellen aus Theorie und Praxis des schweizerischen Erbrechtes, SJZ 29/1933, S. 241 ff.
EULAU	Martin Eulau, Eigentumsänderungen unter Ehegatten, Diss. Basel 1941
FELLMANN	Moritz Fellmann, Die Verantwortlichkeit der Ehegatten für ihre Errungenschaft, Diss. Freiburg 1985
FLUME	Werner Flume, Allgemeiner Teil des Bürgerlichen Rechts, Bd. II: Das Rechtsgeschäft, 3. Aufl., Berlin, Heidelberg, New York 1979
FORKEL	Hans Forkel, Grundfragen der Lehre vom privatrechtlichen Anwartschaftsrecht, Berlin 1962 (=Berliner Juristische Abhandlungen, Bd. 6)
FRANK	Richard Frank, Grundprobleme des neuen Ehe- und Erbrechts der Schweiz, Basel und Frankfurt am Main 1987
FRIEDRICH	Hans-Peter Friedrich, Berner Kommentar, Bd. I: Einleitung und Personenrecht, Einleitung, Art. 1-10 ZGB, Bern 1962
FRIEDRICH, Grundbuch	Hans-Peter Friedrich, Grundbuch und eheliches Güterrecht, ZBGR 35/1954, S. 241 ff.

FULPIUS	Jaques Fulpius, Le conjoint survivant en droit matrimonial et successoral suisse, Diss. Genève 1968
GANZONI	Robert Ganzoni, Die Verträge der Ehegatten mit Dritten und unter sich nach dem schweizerischen Zivilgesetzbuch verglichen mit dem Privatrecht von Graubünden, unter Ausschluss des Ehevertrages, Diss. Bern 1915
GEISER, Grundbuchführung	Thomas Geiser, Neues Eherecht und Grundbuchführung, ZBGR 68/1987, S. 15 ff.
GEISER, Güterstände	Thomas Geiser, Die vertraglichen Güterstände, Vom alten zum neuen Eherecht, hrsg. von H. Hausheer, Bern 1986 (=ASR Bd. 503), S. 111 ff.
GERNHUBER, Schuldverhältnis	Joachim Gernhuber, Das Schuldverhältnis, Handbuch des Schuldrechts, Bd. 8, Tübingen 1989
GERNHUBER/COESTER-WALTJEN	Joachim Gernhuber/Dagmar Coester-Waltjen, Lehrbuch des Familienrechts, 4. Aufl., München 1994
GLOOR	Albert Gloor, Der aussergrundbuchliche Eigentumserwerb nach schweizerischen Recht, Diss. Zürich 1929
GMÜR	Max Gmür, Berner Kommentar, Bd. II: Familienrecht, 1. Abt.: Das Eherecht, Art. 90-251 ZGB, 2. Aufl., Bern 1923
GNEKOW	Michael Gnekow, Die Liquidation der allgemeinen Gütergemeinschaft nach dem Ableben eines Ehegatten (unter Berücksichtigung der Anwendung erbrechtlicher Normen), Diss. Zürich 1975
GÖHRE	Hans-Dieter Göhre, Die Abänderung des gesetzlichen Güterstandes durch Ehevertrag

und Verfügung von Todes wegen, Diss. Frankfurt am Main 1964

GONVERS-SALLAZ

Armand Gonvers-Sallaz, Le registre foncier suisse, commentaire de l' ordonnance fédérale du 22 février 1910 sur le registre foncier, Lausanne 1938

GROSSEN,
Propriété commune

Jacques-Michel Grossen, Propriété commune et registre foncier, ZBGR 40/ 1959, S. 1 ff.

GROSSEN, Régime

Jacques-Michel Grossen, Régime matrimonial ou "solution successorale"?, SJZ 76/1980, S. 191 ff.

GUHL,
Gesamthandsverhältnisse

Theo Guhl, Gesamthandsverhältnisse und deren grundbuchliche Behandlung, ZBJV LIII/1917, S. 1 ff., S. 49 ff.

GUHL, Sicherung

Theo Guhl, Sicherung und Begünstigung der Ehegatten nach ehelichem Güterrecht und Erbrecht, Festschrift zum 70. Geburtstag von Professor Dr. Peter Tuor, Zürich 1946, S. 9 ff.

GUHL/MERZ/KOLLER

Theo Guhl, Hans Merz, Alfred Koller, Das Schweizerische Obligationenrecht mit Einschluss des Handels- und Wertpapierrechts, 8. Aufl., Zürich 1991

GUINAND/STETTLER

Jean Guinand/Martin Stettler, Droit civil II, Successions (art. 457-640 CC), deuxième édition, Fribourg 1992

GUISAN

François Guisan, Recherche théorique de la limite entre le contrat et l'acte à cause de mort, Lausanne 1934

HAAB

Robert Haab, August Simonius, Werner Scherrer, Dieter Zobl, Zürcher Kommentar, Bd. IV: Das Sachenrecht, 1. Abt.: Das

Eigentum (Art. 641-729), 2. Aufl., Zürich 1977

HALLER

Monika Haller, auf dem Weg zu einem neuen ordentlichen Güterstand (Ein Vergleich des schweizerischen Rechts, insbesondere des Revisionsentwurfes mit dem deutschen Recht), Diss. Zürich 1971

HALLSTEIN

Walter Hallstein, Gesetzliche Erbfolge, B. Der Ehegatten, Rechtsvergleichendes Handwörterbuch für das Zivil- und Handelsrecht des In- und Auslandes, hrsg. von Franz Schlegelberger, Bd. III, Berlin 1931, S. 781 ff.

HARDER

Manfred Harder, Zuwendungen unter Lebenden auf den Todesfall, Diss. Berlin 1967, Berlin 1968 (=Berliner Juristische Abhandlungen, Bd. 18)

HAUSER

Peter Hauser, Der Erbteilungsvertrag, Diss. Zürich 1973

HAUSHEER, Abgrenzung

Heinz Hausheer, Die Abgrenzung der Verfügungen von Todes wegen von den Verfügungen unter Lebenden, Testament und Erbvertrag, Praktische Probleme im Lichte der aktuellen Rechtsentwicklung, hrsg. von P. Breitschmid, Bern und Stuttgart 1991 (= St. Galler Studien zum Privat-, Handels- und Wirtschaftsrecht, Bd. 26), S. 79 ff.

HAUSHEER, Errungenschaftsbeteiligung

Heinz Hausheer, Der neue ordentliche Güterstand der Errungenschaftsbeteiligung, Vom alten zum neuen Eherecht, hrsg. von H. Hausheer, Bern 1986 (=ASR Bd. 503), S. 55 ff.

HAUSHEER, Fragen

Heinz Hausheer, Fragliches und offene Fragen bei der Anwendung des neuen Eherechts, Mélanges en l' honneur de

Jacques-Michel Grossen, publié par la Faculté de Droit et des Sciences économiques de l' Université de Neuchâtel, Bâle/Francfort-sur-le-Main 1992, S. 141 ff.

HAUSHEER,
Generationenwechsel

Heinz Hausheer, Zum Generationenwechsel im Familienunternehmen und dem Zusammenspiel des Erbrechts mit dem ehelichen Güterrecht und dem Gesellschaftsrecht de lege leta et ferenda, Festschrift zum 60. Geburtstag von Arthur Meier-Hayoz, Bern 1982, S. 203 ff.

HAUSHEER, Grenzfragen

Heinz Hausheer, Grenzfragen des Erbrechts und ihre Reflexwirkung auf das Grundbuch, ZBGR 52/1971, S. 257 ff.

HAUSHEER, Güterstand

Heinz Hausheer, Der zukünftige (ordentliche) gesetzliche Güterstand im schweizerischen Recht, ZSR 96/1977, S. 157 ff.

HAUSHEER/PFÄFFLI

Heinz Hausheer/Roland Pfäffli, Zur Bedeutung des Anwachsungsprinzips bei der einfachen Gesellschaft und bei der Gütergemeinschaft im Todesfall; zur Tragweite von BGE 119 II 119 ff. für die Grundbuchführung, ZBJV 130/1994, S. 38 ff.

HAUSHEER/REUSSER/GEISER

Heinz Hausheer, Ruth Reusser, Thomas Geiser, Kommentar zum Eherecht, Bd. I, Art. 159-180 ZGB, Art. 8a und 8b SchlT, Bern 1988; Berner Kommentar, Bd. II: Das Familienrecht, 1. Abt.: Das Eherecht, 3. Teilbd.: Das Güterrecht der Ehegatten, 1. Unterteilbd.: Allgemeine Vorschriften, Art. 181-195a ZGB, Der ordentliche Güterstand der Errungenschaftsbeteiligung, Art. 196-220 ZGB, Bern 1992; 2. Unterteilbd.: Die Gütergemeinschaft, Art. 221-

246 ZGB, Die Gütertrennung, Art. 247-251 ZGB, Bern 1996

HECK — Philipp Heck, Grundriss des Schuldrechts, Tübingen 1929

HEGGLIN — Anton Hegglin, Der Vor- und Rückschlag im schweizerischen ehelichen Güterrecht, Diss. Freiburg 1926

HEGNAUER, Gütergemeinschaft — Cyril Hegnauer, Die Gütergemeinschaft des neuen Eherechts, ZBGR 67/1986, S. 275 ff.

HEGNAUER/BREITSCHMID — Cyril Hegnauer/Peter Breitschmid, Grundriss des Eherechts, 3. Aufl., Bern 1993

HENNINGER — Anton Henninger, Der ausserordentliche Güterstand im neuen Eherecht, Diss. Freiburg 1989 (=Arbeiten aus dem juristischen Seminar der Universität Freiburg Schweiz, Nr. 90)

HENRICI — Hermann Henrici, Ehevertrag und Erbvertrag. Beiträge zum Ehevertragsrecht, ZSR 33/1914, S. 1 ff., 131 ff., 249 ff.

HEUSLER — Andreas Heusler, Institutionen des Deutschen Privatrechts, Bd. II, Leipzig 1886

HOHL — Irene Hohl, Gesellschaften unter Ehegatten, Diss. Basel 1995/1996 (= Basler Studien zur Rechtswissenschaft, Reihe A: Privatrecht, Bd. 35)

HOMBERGER — Arthur Homberger, Zürcher Kommentar, Bd. IV: Das Sachenrecht, 3. Abt.: Besitz und Grundbuch, Art. 917-977 ZGB, 2. Aufl., Zürich 1938

HONSELL-Bearbeiter — Heinrich Honsell/Nedim Peter Vogt/Wolfgang Wiegand (Herausgeber), Kommentar zum Schweizerischen Privatrecht,

	Obligationenrecht I, Art. 1-529 OR, Basel 1992
E. HUBER, Erläuterungen I, II	Eugen Huber, Schweizerisches Zivilgesetzbuch, Erläuterungen zum Vorentwurf des Eidgenössischen Justiz- und Polizeidepartementes, Bd. I: Einleitung, Personen-, Familien- und Erbrecht, Bd. II: Sachenrecht und Text des Vorentwurfes vom 15. November 1900, 2. Aufl., Bern 1914
E. HUBER, Grundlagen	Eugen Huber, Die Grundlagen einer schweizerischen Gesetzgebung über das eheliche Güterrecht, (Referat, Verhandlungen des Schweizerischen Juristenvereins, Erstes Heft, Basel 1894)
E. HUBER, Sachenrecht	Eugen Huber, Zum schweizerischen Sachenrecht, Drei Vorträge mit Anmerkungen, Bern 1914
E. HUBER, System I, II, IV	Eugen Huber, System und Geschichte des Schweizerischen Privatrechts, Bde. I, II und IV, Basel 1886, 1888 und 1893
E. HUBER, Vorträge	Eugen Huber, Zehn Vorträge des Herrn Prof. E. Huber über ausgewählte Gebiete des neuen Rechts, Bern 1911
H. HUBER, Änderung	Hans Huber, Nach der Änderung der bundesgerichtlichen Rechtsprechung zur Vorschlagszuweisung an den überlebenden Ehegatten, ZBGR 60/1979, S. 259 ff.
H. HUBER, Bemerkung	Hans Huber, Bemerkung zu BGE 102 II 313 ZBGR 58/1977, S. 250 ff.
H. HUBER, Besprechung	Hans Huber, Besprechung der Dissertation Klaus über Pflichtteilsrecht und güterrechtliche Verfügungen, ZBGR 55/1974, S. 381 ff.
HUWILER	Bruno Huwiler, Beiträge zur Dogmatik des neuen ordentli-

chen Güterstandes der Errungenschaftsbeteiligung, Das neue Ehe- und Erbrecht des ZGB mit seiner Übergangsordnung und seinen Auswirkungen auf das Scheidungs-, Miet-, Handels-, Steuer- und Betreibungsrecht, Berner Tage für die juristische Praxis 1987, hrsg. von H. Albert Kaufmann und Bruno Huwiler, Bern 1988, S. 63 ff.

JÄGGI   Peter Jäggi, Zwei Fragen aus dem Erbteilungsrecht, SJZ 63/1967, S. 113 ff.

JENNY   Franz Jenny, Gesamteigentum und Grundbuch, ZBGR 40/1959, S. 193 ff.

JOST   Arthur Jost, Grundbuch und Erbteilung, SJZ 64/1968, S. 33 ff.

KASER   Max Kaser, Römisches Privatrecht: ein Studienbuch, 16. Aufl., München 1992

H. A. KAUFMANN,
Herabsetzung   Horst Albert Kaufmann, Ehevertragliche Vorschlagsausbedingung und pflichtteilsrechtliche Herabsetzung, Berner Festgabe zum schweizerischen Juristentag 1979, Bern, Stuttgart 1979, S. 233 ff.

H. A. KAUFMANN,
Nachteile   Horst Albert Kaufmann, Keine vermögensrechtlichen Nachteile in der Errungenschaftsbeteiligung und im Pflichtteilsrecht wegen Erfüllung sittlicher Pflichten, Festschrift zum 60. Geburtstag von Hans Giger, S. 197 ff., Bern 1989

H. A. KAUFMANN,
Vorschlagszuweisung   Horst Albert Kaufmann, Die Vorschlagszuweisung an den überlebenden Ehegatten und die pflichtteilsrechtliche Herabsetzung, Bern 1981

J. KAUFMANN	J. Kaufmann, Das Verhältnis von Art. 214 Absatz 1 ZGB zum Erbrecht, SJZ 8/1912, S. 231 ff.
KELLER/SCHÖBI	Max Keller/Christian Schöbi, Das Schweizerische Schuldrecht, Bd. I, Allgemeine Lehren des Vertragsrechts, 3. Aufl., Basel und Frankfurt am Main 1988
KIPP/COING	Theodor Kipp/Helmut Coing, Erbrecht, Ein Lehrbuch, 14. Bearbeitung, Tübingen 1990
KLAUS	Roman Klaus, Pflichtteilsrecht und güterrechtliche Verfügungen, Diss. Zürich 1971
KNAPP	Charles Knapp, Le régime matrimonial de l'union des biens, Neuchâtel 1955
KRADOLFER	Christoph Kradolfer, Schutz des Rechts der Ehefrau auf Vorschlagsteilhabe im ordentlichen Güterstand der Güterverbindung, Diss. Zürich 1974
KRAMER	Martha Kramer, Die Auseinandersetzung der Gesamthandgemeinschaft im schweizerischen Recht, Diss. Zürich 1943
Kreisschreiben Obergericht Zürich	Kreisschreiben der Verwaltungskommission des Obergerichtes des Kantons Zürich an die Notariate und Grundbuchämter über Neues Eherecht und Grundbuch, vom 16. Dezember 1987, ZBGR 69/1988, S. 135 ff.
KUMMER	Max Kummer, Berner Kommentar, Bd. I: Einleitung und Personenrecht, Einleitung, Art. 1-10 ZGB, Bern 1962
KUMMER, Grundriss	Max Kummer, Grundriss des Zivilprozessrechts nach den Prozessordnungen des Kantons

	Bern und des Bundes, 4. Aufl., Bern 1984
KUNZ	Romano Kunz, Über die Rechtsnatur der Gemeinschaft zur gesamten Hand, Versuch einer dogmatischen Konstruktion, Diss. Zürich, Bern 1963 (=ASR Heft 355)
LANGE	Heinrich Lange, Bindung des Erblassers an seine Verfügungen, NJW 1963, S. 1571 ff.
LANGE/KUCHINKE	Heinrich Lange/Kurt Kuchinke, Lehrbuch des Erbrechts, 3. Aufl., München 1989
LARENZ, Allgemeiner Teil	Karl Larenz, Allgemeiner Teil des Deutschen Bürgerlichen Rechts, 7. Aufl., München 1989
LARENZ, Schuldrecht	Karl Larenz, Lehrbuch des Schuldrechts, Bd. I, Allgemeiner Teil, 14. Aufl., München 1987; Bd. II, Besonderer Teil, 1. Halbbd., 13. Aufl., München 1986
LEEMANN	H. Leemann, Änderungen am Grundeigentum nach dem Gemeinschaftsrecht, SJZ 13/1916, S. 101 ff.
LEMP	Paul Lemp, Berner Kommentar, Bd. II: Familienrecht, 1. Abt.: Das Eherecht, 2. Halbbd.: Die Wirkungen der Ehe im allgemeinen, Das Güterrecht der Ehegatten, Art. 159-251 ZGB, 3. Aufl., Bern 1963
LIVER, Eigentum	Peter Liver, Gemeinschaftliches Eigentum, ZBJV 100/1964, S. 261 ff.
LIVER, SPR V/1	Peter Liver, Das Eigentum, SPR Bd. V, 1. Halbbd., Basel und Stuttgart 1977
LÜTHE	Elisabeth Lüthe, Eigengut und Errungenschaft im neuen ordentlichen Güterstand, Diss. Freiburg, Zell 1981

MARTI, Notariatsrecht	Hans Marti, Bernisches Notariatsrecht, Bern 1983
MARTI, Notariatsprozess	Hans Marti, Notariatsprozess, Grundzüge der öffentlichen Beurkundung in der Schweiz, Bern 1989
MASANTI-MÜLLER	Regula Masanti-Müller, Verwaltung und Vertretung in der Gütergemeinschaft, Dogmatische Grundlagen und praktische Konsequenzen, Diss. Bern 1995 (=ASR Bd. 568)
MEIER-HAYOZ	Arthur Meier-Hayoz, Berner Kommentar, Bd. IV: Das Sachenrecht, 1. Abt.: Das Eigentum, 1. Teilbd.: Systematischer Teil und Allgemeine Bestimmungen, Art. 641-654 ZGB, 5. Aufl., Bern 1981; 2. Teilbd.: Das Grundeigentum I, Art. 655-679 ZGB, 3. Aufl., Bern 1974
MEIER-HAYOZ/FORSTMOSER	Arthur Meier-Hayoz/Peter Forstmoser, Grundriss des schweizerischen Gesellschaftsrechts, 7. Aufl., Bern 1993
MERZ, SPR VI/1	Hans Merz, Obligationenrecht, Allgemeiner Teil, SPR Bd. VI, 1. Teilbd., Basel und Frankfurt am Main 1984
MERZ, Übertragung	Hans Merz, Die Übertragung des Grundeigentums gestützt auf gesetzliche Erbfolge, Testament, Erbvertrag oder Auflösung des Güterstandes infolge Todes eines Ehegatten, ZGBR 36/1955, S. 121 ff.
MOOR	Pierre Moor, La convention sur le bénéfice dans le régime matrimonial de l'union des biens, Diss. Lausanne 1966
MOSER	Walter Moser, Über die Abgrenzung der Rechtsgeschäfte von Todes wegen von den Rechtsgeschäften unter Lebenden, Diss. Bern 1926

MÜLLER-FREIENFELS	Wolfram Müller-Freienfels, Kernfragen des Gleichberechtigungsgesetzes, JZ 1957, S. 685 ff.
K. MÜLLER	Karl Heinz Müller, Zur Problematik der Abgrenzung von Rechtsgeschäften unter Lebenden und von Todes wegen, Diss. Bern 1971/1973
O. MÜLLER	Otto Müller, Die Auflösung der allgemeinen ehelichen Gütergemeinschaft, ZBJV 86/1930, S. 476 ff.
MÜNCH	Hans Münch, Die Ermittlung und Behandlung des Vor- und Rückschlages im ehelichen Güterrecht der Schweiz, Diss. Zürich 1941
Musterurkunde	Musterurkunden-Sammlung des Verbandes bernischer Notare, Bern 1981 mit alljährlichen Nachführungen (zitiert: Musterurkunde mit Nummer)
NÄF-HOFMANN	Marlies und Heinz Näf-Hofmann, Das neue Ehe- und Erbrecht im Zivilgesetzbuch, Wirkungen der Ehe im allgemeinen, Ehegüterrecht und Erbrecht, Einführung für den Praktiker, 2. Aufl., Zürich 1989
OERTMANN, Entgeltliche Geschäfte	Paul Oertmann, Entgeltliche Geschäfte, München 1912
OERTMANN, Rechtsbedingung	Paul Oertmann, Die Rechtsbedingung (condicio iuris), Untersuchungen zum bürgerlichen Recht und zur allgemeinen Rechtslehre, Leipzig/Erlangen 1924
VON OLSHAUSEN	Eberhard von Olshausen, Die Konkurrenz von Güterrecht und Erbrecht bei Auflösung der Zugewinngemeinschaft durch Tod eines Ehegatten, Diss. Kiel 1968
OSTERTAG	Fritz Ostertag, Berner Kommentar, Bd. IV: Sachenrecht,

III. Abt.: Art. 919-977 ZGB, 2. Aufl., Bern 1917

OTT Walter Ott, Der Schutz der Anwartschaft auf den Vorschlagsanteil unter dem Güterstand der Errungenschaftsbeteiligung mit Hilfe der güterrechtlichen Herabsetzungs und Rückforderungsklage, Festschrift für Cyril Hegnauer zum 65. Geburtstag, Bern 1986, S. 289 ff.

PERRIN Jean-François Perrin, Comparaisons pour la réforme du droit matrimonial, Lausanne 1985

E. PETER Emil Peter, Das "Erbrecht der Ehegatten", ZSR 18, S. 1 ff.

Hj. PETER Hansjörg Peter, Das bedingte Geschäft, Seine Pendenz im römischen und im schweizerischen Privatrecht mit Bemerkungen zum genehmigungsbedürftigen Geschäft im römischen Recht, Zürich 1994

PETITJEAN Josy Petitjean, Zum Bundesgerichturteil zur Vorschlagszuweisung, SJZ 73/1977, S. 288 ff.

PFÄFFLI, Antragsprinzip Roland Pfäffli, Das Antragsprinzip im Grundbuchrecht unter besonderer Berücksichtigung des Erbgangs, BN 1985, S. 63 ff.

PFÄFFLI, Auswirkungen Roland Pfäffli, Die Auswirkungen des neuen Ehe- und Erbrechts auf die Grundbuchführung, BN 1986, S. 281 ff.

PFÄFFLI, Meistbegünstigung Roland Pfäffli, Die Meistbegünstigung des Ehegatten nach Güterrecht und Erbrecht, SJZ 1996, S. 5 ff.

PFÄFFLI, Prüfungspflicht Roland Pfäffli, Zur Prüfungspflicht des Grundbuchverwalters, AJP 12/1992, S. 1510 ff.

PFÄFFLI,
Rechtsprechung 1994

Roland Pfäffli, Rechtspre-chung und ausgewählte Rechts-fragen 1994, BN 1994, S. 293 ff.

PFÄFFLI, Revision

Roland Pfäffli, Zur Revision der Grundbuchverordnung mit besonderer Berücksichtigung des neuen Ehe- und Erbrechts, BN 1988, S. 221 ff.

PIAGET

Justin-Eugène Piaget, De la situation juridique et plus spécialement des droits successoraux du conjoint survivant d'après le Code ci-vil suisse, Diss. Genève 1910, Neuchâtel 1910

PICENONI,
Ineinandergreifen

Vito Picenoni, Das Ineinan-dergreifen güterrechtlicher und erbrechtlicher Vorschrif-ten, ZBGR 46/1965, S. 193 ff.

PICENONI,
Grundbuchgeschäfte

Vito Picenoni, Die Behandlung der Grundbuchgeschäfte im Erbgang, ZBGR 53/1972, S. 129 ff.

PIOTET, Attribution

Paul Piotet, L'attribution au conjoint survivant du béné-fice de l'union conjugale et les réserves successorales, SJZ 76/1980, S. 173 ff. und S. 189 ff.

PIOTET, Distinction

Paul Piotet, De la distinc-tion entre actes entre vifs et actes à cause de mort, JdT 116/1968, S. 354 ff.

PIOTET, Errungen-
schaftsbeteiligung

Paul Piotet, Die Errungenschaftsbeteiligung nach schweizerischem Ehegü-terrecht, Bern 1987

PIOTET, Réduction

Paul Piotet, La réduction successorale des modi-fications conventionnelles de la répartition légale du bé-néfice dans le régime matri-

	monial de l'union des biens, ZBGR 59/1978, S. 1 ff.
PIOTET, Répartition	Paul Piotet, La réduction successorale de la répartition conventionelle du bénéfice de l'union conjugale, aujourd'hui et demain, ZSR 101/1982, S. 247 ff.
PIOTET, Réserves	Paul Piotet, Réserves et réduction en cas de contrat de mariage sur la liquidation du régime matrimonial, SJZ 86/1990, S. 37 ff.
PIOTET, SPR IV/1, IV/2	Paul Piotet, Erbrecht, SPR Bd. IV, 1. Halbbd., Basel und Stuttgart 1978; 2. Halbbd., Basel und Stuttgart 1981
RAISER	Ludwig Raiser, Dingliche Anwartschaften, Tübingen 1961 (=Tübinger Rechtswissenschaftliche Abhandlungen, Bd. 1)
REUSSER	Ruth Reusser, Die allgemeinen Vorschriften des Güterrechts, Vom alten zum neuen Eherecht, hrsg. von H. Hausheer, Bern 1986 (=ASR Bd. 503), S. 35 ff.
REY, Grundzüge	Heinz Rey, Grundzüge des neuen Eherechts, recht 1988, S. 1 ff.
REY, Sachenrecht I	Heinz Rey, Die Grundlagen des Sachenrechts und das Eigentum, Grundriss des Schweizerischen Sachenrechts, Bd. I, Bern 1991
ROBOZ	Jean Roboz, De la liquidation du régime de l'union des biens, Diss. Genève 1915
RÖSLI	Arnold Rösli, Herabsetzungsklage und Ausgleichung im schweizerischen Zivilgesetzbuch (Art. 522-533 und 626-633 ZBG), Diss. Zürich 1935/1936
ROSSEL/MENTHA	Virgile Rossel/F.-H. Mentha, Manuel du droit civil suisse,

Tome deuxième, deuxième édition, Lausanne/Genève 1922

VON ROTH
Paul von Roth, System des Deutschen Privatrechts, Zweiter Teil, Familienrecht, Tübingen 1881

ROTHENFLUH
Alex Rothenfluh, Zur Abgrenzung der Verfügungen von Todes wegen von den Rechtsgeschäften unter Lebenden, Diss. Bern 1983, Zürich 1984

RUF
Peter Ruf, Die Bedeutung der Eröffnung von Eheverträgen für die Eigentumsübertragung von Grundstücken, BN 1985, S. 101 ff.

RÜSCH
Arthur Rüsch, Die Begünstigung des überlebenden Ehegatten unter besonderer Berücksichtigung des Art. 473 ZGB, Diss. Zürich 1936, Wil 1938

VON SAVIGNY
Friedrich Carl von Savigny, Das Obligationenrecht als Theil des heutigen Römischen Rechts, Bd. II, Berlin 1853

SCHLATTER
Ernst Siegfried Schlatter, Die Änderung und Aufhebung des Güterstandes, Diss Zürich 1948/1952

SCHLEISS
Richard Schleiss, Hausrat und Wohnung in Güterstandsauseinandersetzung und Erbteilung (nach den neuen Art. 219, 244 und 612a ZGB), Diss. Bern 1989

H. SCHMID
Hermann Schmid, Struktur des entgeltlichen Erbverzichts gemäss Art. 495 Abs. 1 ZGB, Diss. Bern 1991

J. SCHMID, Grundbuchführung
Jürg Schmid, Neues Eherecht und Grundbuchführung, ZBGR 68/1987, S. 295 ff.

J. SCHMID, Spezialfragen
Jürg Schmid, Spezialfragen bei der öffentlichen Beurkundung von Erbverträgen und von

	Eheverträgen, ZGRG 3/1991, S. 50 ff.
SCHNYDER, Rechtsgestaltung	Bernhard Schnyder, Private Rechtsgestaltung im neuen Ehe- und Erbrecht, BN 1986, S. 309 ff.
SCHNYDER, Vertragsfreiheit	Bernhard Schnyder, Vertragsfreiheit als Privatrechtsbegriff, Diss. Freiburg 1960
SCHÖNBERG	S. Schönberg, Die Grundbuchpraxis, Aarau 1924
SCHULER	Manfred Schuler, Die Mehrwertbeteiligung unter Ehegatten, Diss. Zürich, Davos 1984
SCHWAGER	Rudolf Schwager, Möglichkeiten der rechtsgeschäftlichen Gestaltung, Vom alten zum neuen Eherecht, hrsg. von H. Hausheer, Bern 1986 (=ASR Bd. 503), S. 181 ff.
SIMONIUS	Pascal Simonius, Die Wirkungen der internen Gütergemeinschaft, BJM 1967, S. 218 ff.
SIMONIUS/SUTTER	Pascal Simonius/Thomas Sutter, Schweizerisches Immobiliarsachenrecht, Bd. I: Grundlagen, Grundbuch und Grundeigentum, Basel 1995
SOERGEL-Bearbeiter	Bürgerliches Gesetzbuch, mit Einführungsgesetz und Nebengesetzen, Kommentar (begründet von Hs. Th. Soergel, neu hrsg. von W, Siebert), Bd. 7: Familienrecht I, §§ 1297-1588, Stuttgart, Berlin, Köln, Mainz 1988
SPAHNI	Thomas Georg Spahni, Die Bedingung, Ein Beitrag zur Dogmatik der bedingten Verträge nach schweizerischem Recht, Diss. Zürich 1984
SPIRIG	Eugen Spirig, Zürcher Kommentar, Bd. V: Obliga-

	tionenrecht, Teilbd. 1 k, Die Abtretung von Forderungen und die Schuldübernahme, Art. 164-174 OR, 3. Aufl., Zürich 1993
STAMMLER	Rudolf Stammler, Das Recht der Schuldverhältnisse in seinen allgemeinen Lehren. Studien zum bürgerlichen Gesetzbuch für das Deutsche Reich. Berlin 1897
STAUDINGER-Bearbeiter	Julius von Staudinger, Kommentar zum Bürgerlichen Gesetzbuch mit Einführungsgesetz und Nebengesetzen Bd. III: Sachenrecht, 1. Teil, §§ 854-1017, 11. Aufl., Berlin 1956; III. Buch: Sachenrecht, Einleitung zu §§ 854 ff., §§ 854-902, 12. Aufl., Berlin 1989; Bd. V: Erbrecht, 1. Teil, 11. Aufl., Berlin 1954
STEINAUER I, II	Paul-Henri Steinauer, Les droits réels; Tome premier, deuxième édition, Berne 1990; Tome deuxième, deuxième édition, Berne 1994
STEINAUER, Calcul	Paul-Henri Steinauer, Le calcul des réserves héréditaires et de la quotité disponible en cas de répartition conventionelle du bénéfice dans la participation aux acquêts (art. 216 al. 2 CC), Mélanges Pierre Engel, Lausanne 1989, S. 403 ff.
Stellungnahme Bundesamt für Justiz	Verwaltungpraxis der Bundesbehörden: Zuweisung des Gesamtgutes an den überlebenden Ehegatten unter der neurechtlichen Gütergemeinschaft, Stellungnahme des Bundesamtes für Justiz (nach Rücksprache mit HAUSHEER und STEINAUER), vom 9. Dezember 1987, ZBGR 69/1988, S. 106 ff.
STETTLER/WAELTI	Martin Stettler/Fabien Waelti, Droit civil IV, Le

régime matrimonial, Les dispositions générales (art. 181 à 195a CC), La participation aux acquêts (art. 196 à 220 CC), Fribourg 1992

STIEFEL — Gottfried Stiefel, über den Begriff der Bedingung im schweizerischen Zivilrecht, Diss. Zürich 1917, Aarau 1918

STIRNEMANN — Max Stirnemann, Zur Abhandlung Dr. Alice Wegmann, ZBJV 107/1971, S. 274 ff.

STOBBE/LEHMANN — Otto Stobbe/H.O. Lehmann, Handbuch des Deutschen Privatrechts, Bd. IV: Familienrecht, 3. Aufl., Berlin 1900

STOCKER — Werner Stocker, Zum Schweizerischen Ehegüterrecht, Revisionspostulate und Auslegungsfragen, ZSR 76/1957, S. 329a ff.

SUTTER — Emil Sutter, Die Abgrenzung des Ehevertrages gegenüber dem Erbvertrag unter besonderer Berücksichtigung der Verhältnisse bei der Güterverbindung, Diss. Zürich 1939

VON TUHR I, II/1, II/2 — Andreas von Tuhr, Der Allgemeine Teil des Deutschen Bürgerlichen Rechts, Bd. I, Bd. II 1. und 2. Hälfte, Leipzig 1910 und München/Leipzig 1914 und 1918

VON TUHR, Schenkungslehre — Andreas von Tuhr, Bemerkungen zur Schenkungslehre des schweizerischen Obligationenrechts, SJZ 18/1922, S. 201 ff.

VON TUHR/ESCHER — Andreas von Tuhr/Arnold Escher, Allgemeiner Teil des Schweizerischen Obligationenrechts, Bd. II, 3. Aufl., Zürich 1974

VON TUHR/PETER — Andreas von Tuhr/Hans Peter, Allgemeiner Teil des Schwei-

	zerischen Obligationenrechts, Bd. I, 3. Aufl., Zürich 1979
VON TUHR/PETER/ESCHER	Andreas von Tuhr/Hans Peter/Arnold Escher, Allgemeiner Teil des Schweizerischen Obligationenrechts, Supplement zur dritten Auflage, Zürich 1984
TUOR/SCHNYDER/SCHMID	Peter Tuor/Bernhard Schnyder/Jörg Schmid, Das Schweizerische Zivilgesetzbuch, 11. Aufl., Zürich 1995
TUOR	Peter Tuor, Berner Kommentar, Bd. III: Das Erbrecht, 1. Abt.: Die Erben, Art. 457-536 ZGB, 2. Aufl., Zürich 1952
TUOR/PICENONI	Peter Tuor/Vito Picenoni, Berner Kommentar, Bd. III: Das Erbrecht, 2. Abt.: Der Erbgang, Art. 537-640 ZGB, 2. Aufl., Bern 1966
VAN DEN DAELE	Wolfgang van den Daele, Probleme des gegenseitigen Vertrages, Untersuchungen zur Äquivalenz gegenseitiger Leistungspflichten, Diss. Hamburg 1967/1968 (=Hamburger Rechtsstudien, Heft 61)
VITAL	H.L. Vital, Die Verfügungsfreiheit des Erblassers nach dem schweizerischen Zivilgesetzbuch, Diss. Bern 1915
VOGEL	J. Vogel, Ehevertrag und güterrechtliche Auseinandersetzung, ZBJV 50/1914, S. 122 ff.
VOLLERY	Luc Vollery, Les relations entre rapports et réunions en droit successoral, Diss. Fribourg 1993, 1994 (=Travaux de la faculté de droit de l' Université de Fribourg Suisse No. 134)
WEGMANN	Alice Wegmann, Eigentumsübertragung von Liegenschaften beim Güterstand der Gütergemeinschaft, ZBJV 107/1971, S. 271 ff.

WEIL
Bruno Weil, Das Wesen des familienrechtlichen Vertrages, Diss. Zürich 1934

WEISS
Gottfried Weiss, Die Eintragungswirkungen des Güterrechtsregisters und ihre Beziehungen zum Grundbuchrecht, Diss. Zürich, St. Gallen 1915

WIEGAND
Wolfgang Wiegand, Die Reform des Eherechts unter besonderer Berücksichtigung des Güterrechts, BN 1984, S. 265 ff.

WIELAND
Carl Wieland, Zürcher Kommentar, Bd. IV: Das Sachenrecht, Art. 641-977 ZGB, Zürich 1909

WINDSCHEID/KIPP
Bernhard Windscheid/Theodor Kipp, Lehrbuch des Pandektenrechts, Bd. I, 9. Aufl., Frankfurt am Main 1906

WISSMANN
Kurt Wissmann, Das neue Ehegüterrecht, Vom altrechtlichen zum neurechtlichen Ehevertrag, ZBGR 67/1986, S. 321 ff.

WÜRDINGER
Hans Würdinger, Die privatrechtliche Anwartschaft als Rechtsbegriff, Diss. München 1927/1928

ZITELMANN
Ernst Zitelmann, Internationales Privatrecht, Bd. II, 1. Hälfte, Leipzig 1898

ZOBL, Anwartschaft
Dieter Zobl, Zur Rechtsfigur der Anwartschaft und zu deren Verwendbarkeit im schweizerischen Recht, Festschrift zum 60. Geburtstag von Arthur Meier-Hayoz, Bern 1982, S. 495 ff.

ZOBL, Auswirkungen
Dieter Zobl, Die Auswirkungen des neuen Eherechtes auf das Immobiliarsachenrecht, SJZ 84/1988, S. 129 ff.

ZOBL, Gesamthandschaften
Dieter Zobl, Änderungen im Personenbestand von Gesamthandschaften, Diss. Zürich

1973 (=Zürcher Beiträge zur Rechtswissenschaft, Nr. 418)

ALLGEMEINER TEIL

A. GRUNDLEGUNG

§ 1 Vorschlags- und Gesamtgutszuweisung als Fälle der
     ehevertraglichen Begünstigung des überlebenden Ehegat-
     ten und wichtigstes praktisches Motiv zum Abschluss ei-
     nes Ehevertrages

I.   Ehevertragliche Begünstigung - Begriff und Aussage-
     gehalt

1.   Begriff

     In der Literatur wird die ehevertragliche Vorschlags-
     bzw. Gesamtgutzuweisung an den überlebenden Ehegatten
     allgemein als "Begünstigung" bezeichnet[1]. Der Begriff

---

1   So bereits 1914, kurz nach Inkrafttreten des ZGB, von
     HENRICI, S. 294 (bezüglich der Vorschlagszuweisung) und
     S. 296 (bezüglich der Gesamtgutzuweisung); vgl. wei-
     ter: BILLINGER, S. 28 (zur Vorschlagszuweisung) und
     S. 73 (zur Gesamtgutzuweisung); RÜSCH, S. 6; GUHL,
     Sicherung, S. 26 ff. (betreffend Gesamtgutzuweisung)
     und S. 31 ff. (betreffend Vorschlagszuweisung); DIENER,
     S. 34 f. Aus dem Schrifttum zum neuen Eherecht: HAUS-
     HEER, Errungenschaftsbeteiligung, S. 74 (zur Vor-
     schlagszuweisung); GEISER, Güterstände, S. 131 (zur Ge-
     samtgutzuweisung); SCHWAGER, S. 199; BREITSCHMID,
     S. 126, m.w.H. in Anm. 1; HAUSHEER/REUSSER/GEISER,
     N. 21 zu Art. 216 ZGB und N. 36 zu Art. 241 ZGB;
     PFÄFFLI, Meistbegünstigung, S. 5 f. (bezüglich der Vor-
     schlagszuweisung) und S. 8 (bezüglich der Gesamtgutzu-
     weisung).
     Abgelehnt wird der Begriff der güterrechtlichen
     Begünstigung - jedenfalls für die Güterverbindung - von
     DIENER, S. 56 f., der - davon ausgehend, dass es nicht
     Sache des Güterrechts sei, den überlebenden Ehegatten
     zu begünstigen (S. 37) - für die Vorschlagsteilung eine
     Begründung in den tatsächlichen Verhältnissen der Ehe-
     gatten verlangt; Begünstigung ist damit für ihn nur
     "Verhinderung einer Benachteiligung desjenigen Ehegat-
     ten, der mehr zur Errichtung eines Vorschlages beige-

gründet indessen auf keiner in der Zivilrechtslehre gefestigten allgemeinen Definition. Vielmehr erscheint er
im Zusammenhang ganz verschiedener privatrechtlicher
Tatbestände, ohne dass von Begünstigung als einem einheitlichen Terminus des Privatrechts gesprochen werden
könnte[2]. Das ZGB erwähnt den Begriff weder bei der Regelung der Vorschlags-[3] noch bei jener der Gesamtgutszuweisung[4]; ebenso wenig liegt eine allgemeine gesetzliche Umschreibung vor. Hier ist unter Begünstigung zu
verstehen die rechtsgeschäftlich, durch Ehevertrag, begründete, von der subsidiären gesetzlichen Regelung[5]
abweichende Vereinbarung über die Beteiligung am Vorschlag bzw. die Teilung des Gesamtgutes, die zur Folge
hat, dass der überlebende Ehegatte bei der güterrechtlichen Auseinandersetzung im Vergleich zur gesetzlichen
Regelung vermögensrechtlich besser gestellt wird[6].

---

tragen hat" (S. 55); ähnlich auch RÜSCH, S. 16. Aufgrund des von ihm verlangten Erfordernisses eines güterrechtlichen Hintergrundes für ehevertragliche Vereinbarungen über die Vorschlagsbeteiligung fallen die
vertraglichen Zuweisungen an den überlebenden Ehegatten
für DIENER überhaupt ausser Betracht; vgl. S. 85. DIE-
NERS Argumentation hat sich nicht durchgesetzt; vgl.
auch die Kritik an DIENER bei MOOR, S. 73 f.

2   Vgl. RÜSCH, S. 5 f., mit Aufzählung weiterer als
    Begünstigung bezeichneter Fälle.
3   Art. 216 ZGB.
4   Art. 241 ZGB.
5   Art. 215 Abs. 1 bzw. 241 Abs. 1 ZGB.
6   Vgl. RÜSCH, S. 6.
    Mit Begünstigung ist hier begrifflich nur der Fall der
    ehevertraglichen Besserstellung des überlebenden Ehe-
    gatten gemeint. Die Wirkung einer Begünstigung kann al-
    lerdings auch der gesetzlichen Regel der Vorschlagsbe-
    teilung und, weil das Gesamtgut auch eingebrachte Gü-
    ter umfasst, besonders der Gesamtgutsteilung zukommen,
    wenn nicht jeder Ehegatte gleich viel Vorschlag gebil-
    det bzw. zum Gesamtgut beigesteuert hat; vgl. GNEKOW,
    S. 143, Anm. 144. Die rein ökonomisch-individualisti-
    sche Betrachtung, welcher Ehegatte wieviel an Vorschlag
    bzw. Gesamtgut beigetragen hat, ist jedoch abzulehnen,
    weil sie die Ehe verkommerzialisiert und im Widerspruch
    zur Konzeption des Gesetzgebers steht; vgl. Botschaft,
    S. 130. Ebenso DESCHENAUX/STEINAUER, S. 389: "La com-
    munauté de destin résultant du mariage doit en effet l'
    emporter sur une vision par trop financière et
    comptable de la vie conjugale." Ähnlich für die gesetz-
    liche güterrechtliche Lösung der deutschen Zugewinnge-
    meinschaft MÜLLER-FREIENFELS, S. 690: "Bei der Auflö-

Begünstigung ist jeder Anspruch des überlebenden Ehegatten am Vorschlag oder Gesamtgut, der über seinen gesetzlichen Anteil hinausgeht[7] und stufenlos bis zur maximalen Begünstigung durch die hier zu behandelnde Vorschlags- oder Gesamtgutszuweisung reichen kann. Die Maximalbegünstigung[8] stellt den Regelfall dar[9] und liegt konkret darin, dass der überlebende Ehegatte bei der durch den Tod ausgelösten Liquidation des Güterstandes aus Güterrecht[10] nicht nur die ihm von Gesetzes wegen zustehende Hälfte von Vorschlag bzw. Gesamtgut, sondern grundsätzlich[11] den gesamten Vorschlag oder das gesamte Gesamtgut zugewiesen erhält.

2. Beschränkter Aussagegehalt

2.1. Kein Abgrenzungskriterium zwischen güter- und erbrechtlichen Rechtsgeschäften

Der Aussagegehalt des Begriffs der Begünstigung beschränkt sich darauf, die Zuweisung von Vermögen an den überlebenden Ehegatten über die gesetzlich vorgesehene Vorschlagsbeteiligung bzw. Gesamtgutsteilung hinaus zu bezeichnen[12]. Dagegen sagt die begriffliche Umschreibung der Vorschlags- und Gesamtgutszuweisung an den überlebenden Ehegatten als Begünstigung nichts aus über

---

sung einer derart engen, die ideellen wie materiellen Seiten jeder Persönlichkeit umfassenden Lebens- und Schicksalsgemeinschaft wäre es unrichtig und letzten Endes undurchführbar, den Beitrag jedes Partners im einzelnen nachträglich auszurechnen."

7 So auch die Botschaft, S. 133, welche den Anspruch "eines Ehegatten über seine gesetzliche Vorschlagsbeteiligung hinaus" als Begünstigung bezeichnet.

8 Sie wird nachfolgend der sprachlichen Vereinfachung wegen nur noch kurz als "Begünstigung" umschrieben.

9 Hinten § 1 II.

10 Die erbrechtlichen Ansprüche des überlebenden Ehegatten bilden nicht Gegenstand dieser Arbeit.

11 Vorbehalten bleiben allfällige Pflichtteilsrechte nach Art. 216 Abs. 2 bzw. Art. 241 Abs. 3 ZGB.

12 Dazu soeben § 1 I 1.

deren Charakter als güter- oder erbrechtliches Rechtsgeschäft[13]. Die Einordnung als güter- oder erbrechtliches Geschäft hat vielmehr unter anderen Aspekten zu
erfolgen[14] als unter dem Begriff der Begünstigung. Dieser findet nämlich, wie das regelmässig in eine Kombination güter- und erbrechtlicher Vorkehren mündende
Streben nach maximaler Begünstigung des überlebenden
Ehegatten zeigt[15], sowohl auf güterrechtliche wie auch
auf erbrechtliche Tatbestände Anwendung[16].

2.2. Kriterium für die Qualifikation als unentgeltliches Rechtsgeschäft?

RÜSCH, dessen Begriff der Begünstigung des überlebenden
Ehegatten hier übernommen worden ist[17], umschreibt die
Begünstigung weiter als Gewährung bzw. Zusicherung ei-
nes Vermögensvorteils ohne oder jedenfalls ohne ent-
sprechende Gegenleistung[18]. Im Ergebnis wird damit die
Begünstigung als unentgeltliches Rechtsgeschäft charak-

---

13 Anders BILLINGER, der die Begünstigung durch Zuweisung
    des ganzen Vorschlages oder Gesamtgutes an den überle-
    benden Ehegatten als nicht dem Wesen eines Ehevertrages
    entsprechendes erbrechtliches Rechtsgeschäft qualifi-
    ziert (vgl. S. 64 f. für die Vorschlags- und S. 73 für
    die Gesamtgutszuweisung). Den direkten Schluss von der
    Begünstigung eines Ehegatten auf ein Rechtsgeschäft
    erbrechtlicher Natur zieht auch DIENER, S. 57 und,
    besonders die Zuweisung des Vorschlages an den überle-
    benden Ehegatten betreffend, S. 68 f.
14 Dazu eingehend hinten § 7.
15 Betont etwa von BURCKHARDT, S. 4: "Um seinen Ehegatten
    weitestgehend im Fall des eigenen Todes zu begünstigen,
    stehen einem neben den erbrechtlichen auch ehevertrag-
    liche Mittel zur Verfügung, die eine weitergehende
    Begünstigung zulassen als allein nach dem Erbrecht mög-
    lich wäre". Ebenso DÜRR, S. 18: "Alternativ oder kumu-
    lativ zur güterrechtlichen Begünstigung werden oft auch
    erbrechtliche Vorkehren im Interesse des überlebenden
    Ehegatten getroffen."
16 Vgl. dazu RÜSCH, S. 8 f.; GUHL, Sicherung, S. 25; aus
    der Literatur zum neuen Eherecht statt vieler:
    BREITSCHMID, S. 126 ff.
17 Vorne bei Anm. 6.
18 RÜSCH, S. 7.

terisiert[19] und dem Tatbestand der Schenkung[20] bzw., soweit keine entsprechende Gegenleistung vorliegt, der gemischten Schenkung[21] gleichgestellt[22]. Im Zusammenhang mit der Regelung der Herabsetzbarkeit der ehevertraglichen Begünstigung in Art. 216 Abs. 2 und Art. 241 Abs. 3 ZGB hat sich denn auch der Reformgesetzgeber im Verhältnis zu bestimmten Pflichtteilserben für eine Liberalität entschieden[23]. Wenn auch das positivrechtliche Ergebnis, dass die Vorschlags- und Gesamtgutszuweisung gegenüber bestimmten Noterben als Liberalität herabsetzbar ist, keinesfalls in Frage gestellt werden soll, ist unter dogmatischen Gesichtspunkten die Qualifikation der gegenseitigen Zuwendung des Vorschlags bzw. des Gesamtgutes an den überlebenden Ehegatten als unentgeltliches Geschäft mit Vorbehalten zu versehen. Sie berücksichtigt nämlich nicht, dass die ehevertragliche Begünstigung des überlebenden Ehegatten nicht einseitig ohne oder ohne entsprechende Gegenleistung erfolgen kann, sondern eine gegenseitige Verpflichtung der Ehegatten zur Vorschlags- bzw. Gesamtgutszuweisung und beidseitige Leistungen voraussetzt[24]. Beide Ehegatten räumen sich gegenseitig ein Anwartschaftsrecht[25] bzw. ein bedingtes Vollrecht auf den ganzen Vorschlag bzw. das ganze Gesamtgut ein, worin durchaus Leistungen zu erkennen sind[26]. Überdies wäre die Verwendung eines besonderen Begriffs der

---

19 Vgl. etwa für die Vorschlagszuweisung PIOTET, Répartition, S. 265: "L' attribution par contrat de mariage à un des conjoints du bénéfice de l' union conjugale au-delà de sa part légale constitue une liberalité ..."
20 Schenkung ist die unentgeltliche, d.h. an keine Gegenleistung geknüpfte Leistung des Schenkers an den Beschenkten; vgl. BUCHER BT, S. 147.
21 Siehe dazu statt vieler BUCHER BT, S. 155.
22 So liegt nach HAUSHEER/REUSSER/GEISER, N. 37 zu Art. 216 ZGB, "in der Begünstigung des 'überlebenden' Ehegatten immer eine Schenkung von Todes wegen"; vgl. auch DIESELBEN, N. 44 zu Art. 241 ZGB.
23 Dazu hinten § 7 II 3. Vgl. auch Anm. 22 soeben.
24 Zur Frage der Qualifikation der ehevertraglichen Begünstigung als einseitig oder zweiseitig verpflichtender Vertrag vgl. hinten § 3 II.
25 Vgl. hinten § 6 III.
26 Vgl. auch Anm. 148 und 507 hinten.

"Begünstigung" für die Zuweisung des ganzen Vorschlages
oder Gesamtgutes nicht gerechtfertigt, wenn er mit dem
Tatbestand der Schenkung identisch sein sollte. In Anbetracht der vom Gesetzgeber mit dem Erlass von Art.
216 Abs. 2 und Art. 241 Abs. 3 ZGB getroffenen - praktisch zu begrüssenden - Regelung sei indessen hier der
Frage nach der Entgeltlichkeit oder Unentgeltlichkeit
der ehevertraglichen Begünstigung nicht näher nachgegangen. Im Ergebnis charakterisiert sich die Vor-
schlags- bzw. Gesamtgutszuweisung an den überlebenden
Ehegatten damit als Begünstigung ausschliesslich im
Sinne einer gewillkürten Besserstellung des Überlebenden gegenüber der Position, die er von Gesetzes wegen
einnehmen würde[27].

II. Hauptmotiv zum Abschluss eines Ehevertrages

Unter den verschiedenen Motiven, die zum Abschluss eines Ehevertrages Anlass geben können, kommt der Begünstigung des überlebenden Ehegatten vorrangige Bedeutung
zu[28]. Das bei wirtschaftlichem Erfolg der Ehe naturgemäss sich einstellende Bedürfnis nach Begünstigung
des einen durch den anderen Ehegatten[29] hat besonders
in der Form der ehevertraglichen[30] Gestaltungsmittel
der Vorschlags- bzw. Gesamtgutszuweisung an den überle-

---

27 RÜSCH, S. 5.
28 PICENONI, Ineinandergreifen, S. 194: "Jedem Praktiker
    ist bekannt, dass, abgesehen von der Vereinbarung der
    Gütertrennung, die meisten Eheverträge der Existenzsi-
    cherung des überlebenden Ehegatten, besonders der
    Ehefrau, dienen." H. HUBER, Besprechung, S. 382: "Es
    werden deshalb seit langem und je länger desto mehr
    Eheverträge - allenfalls in Verbindung mit Verfügungen
    von Todes wegen - in der erklärten Absicht geschlossen,
    die vermögensrechtlichen Verhältnisse des überlebenden
    Ehegatten so vorteilhaft wie möglich zu gestalten."
    Vgl. aus jüngerer Zeit auch: BICHSEL, S. 10; DÜRR, S. 1
    f.; VOLLERY, S. 172, bei Anm. 227.
29 GUHL, Sicherung, S. 9.
30 Die neben den eheguterrechtlichen ebenfalls bestehenden
    wichtigen Möglichkeiten der erbrechtlichen Begünstigung
    des überlebenden Ehegatten bilden nicht Gegenstand die-
    ser Arbeit und werden daher nicht behandelt.

benden Ehegatten seit langem[31] grösste Verbreitung erfahren[32]. Noch unter der Geltung des alten Eherechts
wurde die Zahl der dem überlebenden Ehegatten den gesamten Vorschlag zuweisenden Eheverträge auf über
50'000 geschätzt[33]. An dieser weiten Verbreitung der
ehevertraglichen Begünstigung des überlebenden Ehegatten, die bis ins Jahr 1976[34] einherging mit einer jahr-
zehntelangen bundesgerichtlichen Rechtsprechung, welche
die Vorschlagszuweisung nicht der pflichtteilsrechtlichen Herabsetzung unterstellte[35], hat sich mit dem Inkrafttreten des neuen Eherechts am 1. Januar 1988 und
dem damit verbundenen Übergang von der Güterverbindung
zur Errungenschaftsbeteiligung als ordentlichem Güterstand nichts geändert: Die Zuweisung beider Vor-

---

31 Anders noch die Beurteilung im Jahre 1923 durch GMÜR,
    N. 32 zu Art. 214 aZGB, der ehevertragliche Vereinba-
    rungen über die Vorschlagsteilung als seltene Erschei-
    nungen darstellt, aber immerhin die Möglichkeit, dass
    dem überlebenden Ehegatten dadurch der ganze Vorschlag
    zugewiesen werden kann, ausdrücklich erwähnt. Bereits
    1926 weist dann HEGGLIN darauf hin, die Vorschlagszu-
    weisung werde gewöhnlich zugunsten des überlebenden
    Ehegatten vereinbart (S. 127) und die ehevertragliche
    Quotenteilung am Gesamtgut erfolge im an den Tage ge-
    tretenen Bestreben, den überlebenden Ehegatten be-
    sonders zu schützen (S. 128 f.).
32 GUHL, Sicherung, S. 35; CAVIN, S. 107 f.; EGGER, Vor-
    schlag, S. 167; BLOCH, S. 4.
33 H. HUBER, Änderung, S. 260. Vgl. zum überragenden Stel-
    lenwert der Vorschlagszuweisung in der notariellen Pra-
    xis auch die Äusserungen in Prot. Komm. StR, S. 353,
    wonach rund 80 % aller Eheverträge nichts anderes bein-
    halten als die Zuweisung des ganzen Vorschlages im To-
    desfalle. BICHSEL, S. 13, hat anhand einer Untersuchung
    für die Jahre 1971-1980 festgestellt, dass 80 % der
    Eheverträge die Güterverbindung betreffen und davon
    wiederum 80 % die Gesamtvorschlagszuweisung vorsehen;
    nach seiner Statistik beträgt der Anteil der Eivever-
    träge auf Gütergemeinschaft 10 %, jener auf Gütertren-
    nung 8 %.
34 BGE 102 II 313 ff. i.S. Nobel. Die durch diesen Ent-
    scheid erfolgte Praxisänderung ist durch den neuen Art.
    216 Abs. 2 ZGB weitgehend wieder rückgängig gemacht
    worden. Vgl. dazu hinten § 7 II 2.
35 BGE 58 II 1 ff., 82 II 477 ff., 99 II 9 ff., 99 Ia 305
    ff., 100 II 270 ff. Vgl. die eingehende Darstellung der
    Rechtsprechung unter altem Eherecht bei H. A. KAUFMANN,
    Herabsetzung, S. 233 ff., besonders S. 233 f., S. 236,
    S. 239 f.

schläge[36] bzw. des Gesamtgutes an den überlebenden Ehegatten findet weiterhin überaus häufige Anwendung[37] [38].

---

36 Im Gegensatz zur Güterverbindung verfügt in der Errungenschaftsbeteiligung auch die Ehefrau über Errungenschaft und vermag dadurch ebenfalls Vorschlag zu bilden. Wenn hier, allgemeiner Übung entsprechend und der sprachlichen Vereinfachung zuliebe, kurz von Vorschlagszuweisung die Rede ist, hat man sich doch bewusst zu sein, dass effektiv zwei Vorschläge bestehen können, nämlich jener des Ehemannes und jener der Ehefrau. Vgl. WISSMANN, S. 333; DÜRR, S. 3; ferner: HEGNAUER/BREITSCHMID, N. 26.10; TUOR/SCHNYDER/SCHMID, S. 231.

37 BREITSCHMID, S. 128, zählt neben Art. 473 ZGB sowie dem vertraglichen Erbverzicht Art. 216 und Art. 241 ZGB als die gebräuchlichen Spielarten der Meistbegünstigung auf. Vgl. im einzelnen auch zur Vorschlagszuweisung: Ein Ehevertrag wozu?, Informationsschrift des Verbandes bernischer Notare, 1992, S. 7: "Häufig wird eine Zuweisung der beiden Vorschläge an den überlebenden Ehegatten vereinbart"; zur Gesamtgutszuweisung: NÄF-HOFMANN, S. 366, N. 2130: "Als häufigste 'andere Teilung' wird wohl die Zuteilung des ganzen Gesamtgutes an den überlebenden Ehegatten zur Alleinberechtigung gewählt".

38 Im Vergleich zu Vorschlags- und Gesamtgutszuweisung sind die übrigen ehevertraglichen Gestaltungsmöglichkeiten zur Begünstigung des überlebenden Ehegatten weniger oder überhaupt nicht geeignet. So erfasst im ordentlichen Güterstand die - allerdings im Gegensatz zur Vorschlagszuweisung bereits von Gesetzes wegen, d.h. ohne rechtsgeschäftliche Vereinbarung, geltende - Mehrwertbeteiligung nach Art. 206 ZGB nur Anteile am Mehrwert bei Vorliegen der besonderen Situation von Investitionen eines Ehegatten in Gut des anderen, während die ehevertragliche Zuweisung von grundsätzlich der Errungenschaft angehörenden Vermögenswerten zum Eigengut gemäss Art. 199 ZGB zufolge der dadurch bewirkten Schmälerung der Errungenschaft das Gegenteil einer güterrechtlichen Begünstigung des überlebenden Ehegatten zur Folge hat, nämlich den Entzug von potentiellem Zuwendungssubstrat; vgl. SCHNYDER, Rechtsgestaltung, S. 317, wonach durch das Mittel des Art. 199 ZGB die Errungenschaftsbeteiligung "arg ausgehöhlt" werden kann. Zu den einer Begünstigung des überlebenden Ehegatten tendenziell entgegengesetzten Motiven von Art. 199 ZGB vgl. ferner SCHWAGER, S. 188 f.. Auch Art. 219 ZGB weist als reines Vorrecht auf Zuweisung in der güterrechtlichen Auseinandersetzung nur ein geringes Begünstigungspotential auf; vgl. BREITSCHMID, S. 152. Im Güterstand der Gütergemeinschaft gilt für den Mehrwertanteil nach Art. 239 ZGB und die Teilungsvorrechte nach Art. 244 ZGB das für die Errungenschaftsbeteiligung hinsichtlich der Art. 206 und 219 ZGB Gesagte; wie bei Umwidmung von Errungenschaft in Eigengut nach Art. 199 ZGB schmälert sodann bei der Gütergemeinschaft jede die allgemeine Gütergemeinschaft im Sinne von Art.

Die verbreitete ehevertragliche Begünstigung des überlebenden Ehegatten entspricht dem Grundgedanken des Fa-
milienschutzes[39] und wird innerhalb der Familie auch
weitgehend akzeptiert: Gemäss einer Umfrage aus jünge-
rer Zeit erachten fast 90 % der Nachkommen die unter
ihren Eltern ehevertraglich mittels Vorschlagszuweisung
vereinbarte Begünstigung des überlebenden Ehegatten als
normal[40].

---

222 ZGB einschränkende Gütergemeinschaft (Art. 223 f.
ZGB) bzw. die über die gesetzliche Umschreibung des Eigengutes hinausgehende ehevertragliche Erweiterung dieser Gütermasse den Umfang des Gesamtgutes und damit das
Begünstigungspotential der Gesamtgutszuweisung. Die
Vereinbarung der Gütertrennung schliesslich führt mit
Ausnahme des Zuweisungsrechts bei Miteigentum (Art. 251
ZGB) zur Negation güterrechtlicher Ansprüche überhaupt
und bildet tendenziell ein Instrument nicht der Ehegat-
ten-, sondern der Nachkommenbegünstigung; vgl.
BREITSCHMID, S. 152.
39 GUHL, Sicherung, S. 9.
40 PERRIN, S. 134, Tableau 38.

§ 2 Vorschlags- und Gesamtgutszuweisung im System der Ehevertragsfreiheit mit typisierten Güterständen und subsidiärem ordentlichem Güterstand

I. Allgemeine Anforderungen an das eheliche Güterrecht

Beim Erlass ehelichen Güterrechts hat der Gesetzgeber verschiedenen, sich teilweise widersprechenden Bedürfnissen Rechnung zu tragen[41]. Während eine optimale, einzelfallgerechte Anpassung der güterrechtlichen Ordnung an die je individuellen Verhältnisse und Wünsche der Ehegatten vollständige ehevertragliche Gestaltungsfreiheit erheischte, rufen Rechtssicherheit und Verkehrsinteressen nach möglichst weitgehend zwingender Regelung des ehelichen Güterrechts[42]. Überdies hat das eheliche Güterrecht auch für jene Ehepaare, die sich um ihre vermögensrechtlichen Belange überhaupt nicht kümmern, eine güterrechtliche Ordnung vorzusehen[43].

---

41 Zum folgenden vgl. TUOR/SCHNYDER/SCHMID, S. 214-216.
42 Zur Antinomie zwischen zwingender Regelung des Güterrechts in Form eines einheitlichen Systems für alle Ehegatten und unbeschränkter Autonomie vgl. bereits GANZONI, S. 12 f.
Die angesprochene Spannung wird zusätzlich überlagert durch die der Gestaltung des Ehegüterrechts anhaftende innere Widersprüchlichkeit, zwischen individueller Freiheit jedes Ehegatten und dem Interesse der Gemeinschaft der Eheleute einen vermittelnden Weg zu bahnen; dazu STOCKER, S. 334a f.
43 Schon EUGEN HUBER erkannte, dass die meisten Nupturienten keinen Ehevertrag abschliessen, sich aber, "auch wenn sie auf das vermögensrechtliche Band, in das sie treten, mit keinem Gedanken Achtung geben", darauf verlassen können sollen, dass alsdann als subsidäres eheliches Guterrecht "das, was im allgemeinen recht und billig ist, von selbst Geltung erhalten habe"; vgl. E. HUBER, Grundlagen, S. 18.

II. Grundprinzipien des ehelichen Güterrechts des ZGB

Im Bestreben, den soeben[44] erwähnten Anforderungen gerecht zu werden, sieht das ZGB in seiner Normierung des ehelichen Güterrechts Zwang und Freiheit vor[45], welche in folgenden Grundprinzipien Ausdruck gefunden haben:

1. Ehevertragsfreiheit und subsidiärer ordentlicher Güterstand

Das Ehegüterrecht des ZGB charakterisiert sich durch die Anerkennung der Freiheit des Ehevertrages mit gesetzlicher Statuierung einer subsidiär geltenden Ordnung[46]. Der in Ausübung der Freiheit des Ehevertrages privatautonom durch die Parteien getroffenen güterrechtlichen Ordnung gebührt grundsätzlich der Vorrang; erst wo kein Vertrag vorliegt - und wo kein Tatbestand des Eintritts des ausserordentlichen Güterstandes gegeben ist[47] -, greift ex lege der ordentliche Güterstand Platz[48] [49].

Ehevertragsfreiheit gewährt das ZGB nicht nur in bezug auf die Wahl eines von mehreren gesetzlich geregelten Güterständen[50], sondern auch in dem Sinne, als auf der Grundlage des gewählten Güterstandes gewisse von der

---

44 § 2 I.
45 TUOR/SCHNYDER/SCHMID, S. 215.
46 E. HUBER, Grundlagen, S. 47.
47 Art. 155, 185 und 188 f. ZGB.
48 Vgl. E. HUBER, Erläuterungen I, S. 165. Der erwähnte Grundsatz gilt seit Inkrafttreten des ZGB unverändert.
49 Indem es einen subsidiären Güterstand normiert, basiert das Güterrecht des ZGB auf einem System der fakultativen Wahl eines Güterstandes im Gegensatz zu jenem der zwingenden Wahl, in welchem die Ehegatten sich notwendigerweise für einen der vom Gesetz zur Verfügung gestellten Güterstände entscheiden müssen; vgl. DESCHENAUX, Revision, S. 469a.
50 Vor Inkrafttreten des ZGB anerkannten einzelne kantonale Rechte die Ehevertragsfreiheit ausschliesslich zur Wahl eines gesetzlich statuierten Güterstandes, liessen aber Abweichungen davon nicht zu. Vgl. E. HUBER, Grundlagen, S. 53.

gesetzlichen Ordnung abweichende Vereinbarungen erlaubt werden[51]. Der Ehevertrag dient also vorerst zur Wahl eines Güterstandes, sodann aber auch zur Bestimmung von Varianten[52] und Modalitäten[53] des gewählten Güterstandes[54]; die Wahl eines Güterstandes kann in diesem Sinne als *primärer*, die Vereinbarung von Abweichungen von gesetzlichen Regeln innerhalb des einzelnen Güterstandes als *sekundärer* Inhalt des Ehevertrages betrachtet werden. Die Wahl eines Güterstandes erstreckt sich dabei immer auf den gesamten Güterstand, während sich die Modifikation eines Güterstandes notwendigerweise auf einen Teilbereich der gewählten güterrechtlichen Ordnung beschränkt[55].

2. Inhaltliche Schranken der Ehevertragsfreiheit[56]

2.1. Allgemeines

Inhaltlich können die Brautleute ihren Güterstand in Abweichung vom ordentlichen Güterstand nur innerhalb

---

51 E. HUBER, Grundlagen, S. 53.
52 Varianten stellen innerhalb des Güterstandes der Gütergemeinschaft die allgemeine Gütergemeinschaft (Art. 222 ZGB), die Errungenschaftsgemeinschaft (Art. 223 ZGB) und die Ausschlussgemeinschaft (Art. 224 ZGB) dar.
53 Als Modalitäten oder Modifikationen eines Güterstandes lassen sich besonders Vereinbarungen über die Vorschlags- und Gesamtgutszuweisung bezeichnen. Vgl. weitere Beispiele bei HEGNAUER/BREITSCHMID, NN. 23.11 f.
54 E. HUBER, Vorträge, S. 122; HENRICI, S. 20, unterscheidet innerhalb der der Form des Ehevertrages bedürftigen güterrechtlichen Vereinbarungen ebenfalls zwischen der Wahl des Güterstandes und der Änderung von dem gewählten Güterstand angehörenden Einzelverhältnissen oder -vorschriften. Vgl. ebenso die zwischen Wahl des Güterstandes sowie Varianten und Modalitäten des gewählten Güterstandes differenzierende Unterscheidung der Inhalte des Ehevertrages bei HEGNAUER/BREITSCHMID, NN. 23.08-23.12.
55 HAUSHEER/REUSSER/GEISER, N. 7 zu Art. 182 ZGB.
56 TUOR/SCHNYDER/SCHMID, S. 216, zählen neben dem Inhalt auch Formvorschriften und Anforderungen an die Parteien zu den Schranken des Ehevertrages.

der gesetzlichen Schranken wählen, aufheben oder ändern[57]. Ehevertragliche Freiheit besteht nur binnen des
vom Güterrecht des ZGB gesetzten Rahmens[58].

2.2. Typengebundenheit[59]

Die Wahl eines Güterstandes als primärer Ehevertragsin-
halt ist beschränkt auf die im Gesetz als Vertragstypen
vorgesehenen Güterstände[60]. Der Grundsatz der Typengebundenheit beruht auf einem numerus clausus der vom Gesetz zur Verfügung gestellten Güterstände[61] und verlangt im Interesse der Rechtssicherheit[62], dass sich
die Ehegatten nur für die Errungenschaftsbeteiligung,
die Gütergemeinschaft oder die Gütertrennung als Güterstand entscheiden können[63]. Mischformen oder andere als
die im Gesetz vorgesehenen Güterstände können nicht
vereinbart werden, womit die Typengebundenheit eine ab-
solute ist[64].

2.3. Typenfixierung

Mit der Wahl eines der gesetzlich vorgegebenen Güterstände stehen die Grundlagen der güterrechtlichen Ordnung fest[65]: Errungenschaftsbeteiligung, Gütergemeinschaft und Gütertrennung sind im Gesetz als Typen mit
je eigenen Regeln, als "in sich geschlossene und auf

---

57   Art. 182 Abs. 2 ZGB.
58   Vgl. FRANK, § 3 N. 150, S. 52.
59   Vgl. dazu HEGNAUER/BREITSCHMID, N. 23.07; HAUS-
      HEER/REUSSER/GEISER, N. 7 zu Art. 181 ZGB.
60   TUOR/SCHNYDER/SCHMID, S. 216 f.
61   Vgl. auch REUSSER, S. 38: "Es besteht ... ein gesetz-
      lich vorgegebener Typenzwang".
62   FRANK, § 9 N. 7, S. 120.
63   Vgl. VON TUHR/PETER, § 31 I, S. 249.
64   Vorbehältlich übergangsrechtlicher Geltung eines
      altrechtlichen Güterstandes und internationalprivat-
      rechtlicher Geltung ausländischen Güterrechts nach Art.
      52 ff. IPRG.
65   E. HUBER, Grundlagen, S. 53.

unterschiedliche Lebensbedürfnisse zugeschnittene Regelungsalternativen"[66], umschrieben. Ihre positiv-rechtliche Regelung lässt jedoch Spielraum für ehevertraglich begründbare Varianten und Modalitäten[67]; die Typenfixierung ist daher nur eine relative.

III. Einordnung der güterrechtlichen Begünstigung

1. Ausgangslage

Der Gesetzgeber hat - wie dargelegt[68] - der Privatauto-nomie im Rahmen des ehelichen Güterrechts[69] in zweifa-cher Weise Spielraum gewährt: Zum einen durch die den Ehegatten offenstehende Wahl zwischen drei gesetzlich geregelten Güterständen, zum anderen durch die ihnen eingeräumte Möglichkeit, innerhalb des gewählten Güter-standes ehevertraglich Abänderungen vorzunehmen[70]. Die güterrechtliche Begünstigung lässt sich auf beiden Stu-fen, der primären der Güterstandswahl und der sekun-dären der Modifikation des gewählten Güterstandes, ein-ordnen.

Vorschlags- wie Gesamtgutszuweisung an den überlebenden Ehegatten bedürfen der Vereinbarung durch Ehevertrag[71]. Beide sind insofern typische Inhalte[72] des Ehevertra-ges, als sie zum einen - als Primärinhalt - die Wahl

---

66 HAUSHEER/REUSSER/GEISER, N. 7 zu Art. 181 ZGB.
67 REUSSER, S. 38 und S. 40, mit Übersicht über die ehe-vertraglichen Variationsmöglichkeiten bei Errungen-schaftsbeteiligung und Gütergemeinschaft in den Tabel-len 2 und 3.
68 § 2 II 1 hievor.
69 Als Vermögensrecht untersteht das eheliche Güterrecht grundsätzlich der Privatautonomie; vgl. HEG-NAUER/BREITSCHMID, N. 23.03.
70 HAUSHEER, Grenzfragen, S. 258. Ebenso WEIL, S. 44.
71 Art. 216 Abs. 1 und Art. 241 Abs. 2 ZGB.
72 BICHSEL, S. 10, bezeichnet Vorschlags- und Gesamtgutszuweisung gar als "Wesentlichste Inhalte" des Ehevertrages überhaupt.

eines bestimmten Güterstandes und zum anderen - als
Sekundärinhalt[73] - die Begründung besonderer Ansprüche
im Rahmen des gewählten Güterstandes umfassen[74]: Der
gewählte Güterstand - Errungenschaftsbeteiligung[75] bei
Vorschlags- und Gütergemeinschaft bei Gesamtgutszuweisung - stellt die Grundregeln der zwischen den Ehegatten geltenden güterrechtlichen Ordnung auf, während
sich die spezifischen Ansprüche auf Vorschlags- bzw.
Gesamtgutszuweisung erst aufgrund der besonderen vertraglichen Ausgestaltung des vereinbarten Güterstandes
ergeben.

2. **Vorschlagszuweisung**

Die Vorschlagszuweisung an den überlebenden Ehegatten
stellt eine Güterstandsänderung innerhalb der Errungenschaftsbeteiligung dar[76]. Indem sie die gesetzlich-
subsidiäre Vorschlagsbeteiligung bei Auflösung des Güterstandes ändert, enthält sie eine auf das Liquidati-
onsstadium bezogene Modifikation des ordentlichen Güterstandes[77].

Durch den mit der Vorschlagszuweisung ausschliesslich
eine gesetzlich vorgesehene Änderung des ordentlichen

---

73 Zu primärem und sekundärem Inhalt des Ehevertrages
    siehe § 2 II 1 hievor.
74 Vgl. dazu und zum folgenden E. HUBER, Vorträge, S. 122.
75 Mit Vereinbarung der Vorschlagszuweisung bleibt es beim
    Güterstand der Errungenschaftsbeteiligung, welche auch
    ordentlicher Güterstand ist, womit an sich keine Wahl
    eines anderen Güterstandes vorliegt. Ist einmal
    Vorschlagszuweisung vereinbart, gilt jedoch auch die
    Errungenschaftsbeteiligung als vertraglicher Güterstand
    (dazu sogleich § 2 III 2), so dass es unter diesem
    Aspekt angezeigt ist, ebenfalls von einem gewählten Gü-
    terstand zu sprechen.
76 Vgl. HAUSHEER/REUSSER/GEISER, N. 36 und Überschrift vor
    NN. 33 ff. zu Art. 182 ZGB.
77 HEGNAUER/BREITSCHMID, N. 23.11. Die Anpassung von "aus
    dem gesetzlichen Güterstande erwachsenden Rechtsbezie-
    hungen" an die individuellen Verhältnisse hat bereits
    VON BALIGAND, S. 19, als "Modifizierung" des Güterstan-
    des bezeichnet.

Güterstandes beinhaltenden, sog. speziellen Ehevertrag[78] wird auch die Errungenschaftsbeteiligung zu einem vertraglichen Güterstand[79]. Obwohl die Vorschlagszuweisung innerhalb der Errungenschaftsbeteiligung als
dem ordentlichen gesetzlichen Güterstand verbleibt, ist
die mit ihr geschaffene Anspruchsgrundlage vertraglicher und nicht gesetzlicher Natur.

3. Gesamtgutszuweisung

Im Fall der Gesamtgutszuweisung an den überlebenden
Ehegatten wird vorab ehevertraglich als Güterstand die
Gütergemeinschaft gewählt[80] und diese sodann im Hinblick auf die Teilung des Gesamtgutes modifiziert. Es
liegt eine Güterstandsänderung im Rahmen der Gütergemeinschaft vor[81]. Im Gegensatz zu der sich auf eine Modifikation des ordentlichen Güterstandes beschränkenden
Vorschlagszuweisung setzt die Begründung der Gesamtgutszuweisung demnach sowohl die Wahl eines anderen Güterstandes[82] als auch dessen Modifikation[83] voraus. Die

---

78 Als spezieller Ehevertrag wird jener bezeichnet, der
    nur eine innerhalb der inhaltlichen Gestaltungsfreiheit
    liegende Änderung eines normierten Güterstandstypus,
    besonders auch des gesetzlichen Güterstandes, enthält;
    vgl. GERNHUBER/COESTER-WALTJEN, § 32 I, S. 470; SOER-
    GEL-GAUL, N. 14 vor § 1408 BGB und N. 8 zu § 1408 BGB.
79 HAUSHEER/REUSSER/GEISER, N. 14 zu Art. 181 ZGB.
80 Die Gütergemeinschaft kann als einziger Güterstand nur
    durch   Ehevertrag   begründet   werden;   vgl.
    HEGNAUER/BREITSCHMID, N. 28.03.
81 HAUSHEER/REUSSER/GEISER,   N.   43   und   Überschrift   vor
    NN. 40 ff. zu Art. 182 ZGB.
82 HEGNAUER/BREITSCHMID, N. 23.08.
    Die Wahl eines vertraglichen Güterstandes beschreibt
    VON BALIGAND, S. 19, als "Kodifizierung": Davon ausge-
    hend, dass der Inhalt des Ehevertrages sich in drei
    Stufen - von der Festsetzung der Höhe der Gütermassen
    über individuelle Anpassungen des Güterstandes bis hin
    zu dessen Ersetzung durch Wahl eines vertraglichen Gü-
    terstandes - entwickelt hat, bezeichnet VON BALIGAND,
    S. 19 f., im Anschluss an eine ältere Terminologie die
    Verträge der ersten und zweiten Art als "Modifizierung"
    des Güterstandes, der er die "Kodifizierung", d.h. die
    Aufstellung eines vollkommen vertraglichen Güterstan-
    des,   gegenüberstellt.   Sofern   ein   derartiger

Zuweisung des Gesamtgutes an den überlebenden Ehegatten beruht auf einem sowohl generellen als auch speziellen Ehevertrag[84].

"Kodifikationsvertrag" im Sinne völlig freier Festsetzung des Güterrechts verstanden wird, verstiesse er allerdings gegen die in Art. 182 Abs. 2 ZGB vorbehaltenen Schranken und wäre angesichts des numerus clausus der Güterstände unzulässig. Kodifizierung des Güterstandes kann unter dem ZGB niemals die Setzung objektiven Rechts bedeuten, welche durch Rechtsgeschäft nicht möglich ist. Durch Rechtsgeschäft lassen sich nur subjektive Rechte innerhalb des vorgegebenen objektiven Rechts begründen; vgl. VON TUHR/PETER, § 20 I, S. 143.

83   Vgl. HEGNAUER/BREITSCHMID, N. 23.12.

84   Ein genereller Ehevertrag liegt hinsichtlich der Typenwahl des Güterstandes der Gütergemeinschaft vor, ein spezieller Ehevertrag in bezug auf die Änderung der Gesamtgutsteilung gegenüber der nichtzwingenden gesetzlichen Normierung; vgl. SOERGEL-GAUL, N. 14 vor § 1408 BGB und N. 8 zu § 1408 BGB.

B. STRUKTUR UND GEGENSTAND DES EHEVERTRAGES AUF VORSCHLAGS- BEZIEHUNGSWEISE GESAMTGUTSZUWEISUNG AN DEN ÜBERLEBENDEN EHEGATTEN

§ 3 Charakterisierung des Vertrags

I. Zweiseitiges Rechtsgeschäft

Vorschlags- und Gesamtgutszuweisung an den überlebenden Ehegatten setzen den Abschluss eines Ehevertrages voraus[85]. Dieser ist als Vertrag stets ein zweiseitiges Rechtsgeschäft[86], das auf der übereinstimmenden gegenseitigen Willensäusserung der Parteien - in casu der Ehegatten oder Brautleute - gründet und auf die Herbeiführung eines rechtlichen Erfolges abzielt[87]. In ihren übereinstimmenden Willenserklärungen, die als Konsens die Grundvoraussetzung des Vertrages darstellen[88], vereinbaren die beiden Ehevertragsparteien, dass für den Fall des Ablebens des ersten Ehegatten dem überlebenden beide Vorschläge[89] bzw. das ganze Gesamtgut zufallen sollen. Die Zuweisung des Vorschlages oder Gesamtgutes - und sei es auch nur des eigenen Vorschla-

---

85 Art. 216 Abs. 1 bzw. Art. 241 Abs. 2 ZGB.
86 VON BALIGAND, S. 2; SUTTER, S. 19; VON TUHR II/1, S. 223; VON TUHR/PETER, § 20 IV 3, S. 148; DESCHENAUX/STEINAUER, S. 169; HAUSHEER/REUSSER/GEISER, N. 6 zu Art. 182 ZGB.
87 Zum Begriff des Rechtsgeschäftes vgl. VON TUHR/PETER, § 20 I, S. 143; BUCHER AT, S. 40 f.
88 Statt aller: BUCHER AT, S. 110.
89 Seit der Revision des Eherechts vermag neben dem Mann auch die Ehefrau Errungenschaft als der Vorschlagsberechnung zugrundeliegende Gütermasse zu bilden. Zur Begünstigung des überlebenden Ehegatten sind deshalb die Vorschläge beider Ehegatten in die Vereinbarung einzubeziehen und dem überlebenden zuzuweisen: HAUSHEER/REUSSER/GEISER, N. 21 zu Art. 216 ZGB. Die Zuweisung beider Vorschläge an den überlebenden Ehegatten bedeutet, dass dieser seinen ganzen eigenen Vorschlag behalten darf und denjenigen des vorverstorbenen Ehegatten vollumfänglich erhält; vgl. DÜRR, S. 3; NÄF-HOFMANN, S. 327, N. 1908; Musterurkunde Nr. 421, Anm. 8. Vgl. zum ganzen auch Anm. 36 hievor.

ges bzw. des eigenen internen Anteils am Gesamtgut - durch einseitiges Rechtsgeschäft eines Ehegatten allein ist ausgeschlossen[90] [91], weil es sich dabei um Modifikationen des Güterstandes handelt, die nicht in einseitiger Willenserklärung[92], sondern ausschliesslich ehevertraglich verabredet werden können[93].

---

90 Wenn PIOTET, Attribution, S. 182, die Möglichkeit erwähnt, dass "l' un des conjoints attribue sa part de bénéfice à l' autre par testament", ist das insoweit nicht zutreffend, als der Vorschlag - und auch das Gesamtgut - nicht durch einseitiges Rechtsgeschäft zugewiesen werden kann; soweit dennoch in einem untechnischen Sinne von einer testamentarischen - oder erbvertraglichen - Zuweisung des Vorschlags bzw. Gesamtguts an den überlebenden Ehegatten die Rede ist, kann es sich dabei nicht um eine Modifikation der güterrechtlichen Auseinandersetzung handeln, sondern allenfalls um ein erbrechtliches Vermächtnis oder eine erbrechtliche Teilungsvorschrift; vgl. dazu MOOR, S. 62 f., m.w.H.
91 Es wird hier bereits ein wesentlicher Unterschied zwischen güterrechtlicher Vorschlags- bzw. Gesamtgutszuweisung und erbrechtlichen Geschäften in Umrissen erkennbar: Jene erfordert stets ein zweiseitiges Rechtsgeschäft und eine gemeinsame Verfügung beider Ehegatten, diese sind als ein- oder zweiseitige Rechtsgeschäfte möglich und enthalten letztlich, auch wenn sie zweiseitig als Erbvertrag abgeschlossen werden, stets eine einseitige Verfügung, nämlich jene des Erblassers; zum Verfügungsrecht eingehender hinten § 3 II 3 2 a bb.
92 Vgl. VON BALIGAND, S. 2: "Einseitige Willenserklärungen eines Ehegatten, wodurch Güterrechtsverhältnisse verändert werden, kommen also hier nicht in Betracht...".
93 Vgl. DESCHENAUX/STEINAUER, S. 169: "C' est uniquement d' un commun accord, c' est-à-dire par un contrat de mariage, que les époux peuvent modifier le régime sous lequel ils vivent, ...". Ebenso STETTLER/WAELTI, S. 25, N. 41: "Toute modification du régime est ainsi subordonnée à l' accord du conjoint ...".

II. Einseitig oder zweiseitig verpflichtender Vertrag?

1. Schuldrechtliche Vertragskategorien und deren Anwendbarkeit auf den Ehevertrag

Im Obligationenrecht werden Verträge mit Blick auf die Verteilung der vertraglichen Leistungspflichten[94] traditionell in einseitig und zweiseitig verpflichtende Verträge (contractus unilaterales und contractus bilaterales) eingeteilt[95]. Innerhalb der beidseitig verpflichtenden Verträge wird weiter unterschieden zwischen wesentlich zweiseitigen, sog. synallagmatischen Verträgen (contractus bilaterales aequales), bei denen die gegenseitigen Leistungen in einem Austauschverhältnis zueinander stehen, zum einen und unvollkommen zweiseitigen Verträgen (contractus bilaterales inaequales), bei welchen kein Austausch der Leistungen erfolgt, zum anderen[96].

Die angeführten Kategorienbildungen beziehen sich stricto sensu auf Schuldverträge[97]. Angesichts der allgemeinen Bedeutung des Vertrages als Mittel zur Begründung, Änderung und Aufhebung von Rechtsverhältnissen und seines Erscheinens in allen Teilen des Privatrechts, namentlich auch im Familienrecht als Ehevertrag[98], darf eine Anwendung der schuldrechtlichen Vertragskategorien auf andere Verträge jedoch nicht ausge-

---

94 BUCHER AT, S. 100.
95 Vgl. ausser BUCHER, a.a.O., VON TUHR/PETER, § 20 V, S. 149, und KELLER/SCHÖBI, S. 11, welche beide verkürzt, aber gleichbedeutend von einseitigen und zweiseitigen Verträgen sprechen.
96 VON TUHR/PETER, § 20 V 2 a und b, S. 149 f.; BUCHER AT, S. 100.
97 Vgl. die einleitende Bemerkung bei VON TUHR/PETER, § 20 V, S. 149: "Unter den Schuldverträgen kann man ..... unterscheiden:".
98 VON TUHR/PETER, § 20 IV, besonders 3, S. 147 f. Vgl. bereits VON SAVIGNY, Bd. II, S. 7: "Im Privatrecht ferner kann der Vertrag bestimmend eingreifen auf alle Bestandtheile desselben: auf Familienverhältnisse sowohl, als auf dingliche Rechte und auf Obligationen."

schlossen sein. Dies umso weniger, als Art. 7 ZGB die "allgemeinen Bestimmungen des Obligationenrechtes über die Entstehung, Erfüllung und Aufhebung der Verträge" ebenfalls auf andere zivilrechtliche Verhältnisse anwendbar erklärt[99]. Die Verweisung erfasst auch weitere als die im sich zu eng erweisenden Gesetzestext genannten Bestimmungen, nämlich die "Allgemeinen Bestimmungen" des Obligationenrechts schlechthin[100]. Sodann fallen in den Bereich der übertragenen Anwendung unter anderem alle nicht-schuldrechtlichen Verträge, worunter insbesondere der Ehevertrag[101].

2. Gegenseitigkeit

2.1. Begünstigung

Entsprechend der mit der Vorschlags- oder Gesamtgutszuweisung verfolgten materiellen Sicherstellung[102] soll beim Ableben des ersten der andere, überlebende Ehegatte begünstigt werden: Im Fall des Vorversterbens des Ehemannes die Ehefrau, im Falle des Erstablebens der Ehefrau der Ehemann[103]. Die Begünsti-

---

99   Die Anwendung kann dabei nur eine analoge, d.h. auf die Eigenart sowohl des zu beurteilenden Verhältnisses als auch der dem obligationenrechtlichen Zusammenhang entnommenen Regel Rücksicht nehmende, sein; vgl. VON TUHR/PETER, § 1 IV, S. 4; ferner FRIEDRICH, N. 51 zu Art. 7 ZGB.
100 FRIEDRICH, N. 37 zu Art. 7 ZGB.
101 FRIEDRICH, N. 44 zu Art. 7 ZGB, führt den Ehevertrag als zweiseitigen Vertrag aus dem Familienrecht ausdrücklich unter den anderen Rechtsverhältnissen, auf welche die Bestimmungen des Obligationenrechts Anwendung finden, an. Ebenso BUCHER AT, S. 72 f.
102 Vgl. auch vorne § 1 II.
103 Weil offen ist, welcher Ehegatte vorversterben und welcher überleben wird, bezieht sich die ehevertragliche Begünstigung nicht auf einen individuell bestimmten Ehegatten, sondern lautet generell zugunsten des überlebenden. Vgl. dazu auch § 4 IV 1.

gung[104] wird je im Falle des Überlebens jedem der beiden Ehegatten zuteil und ist damit eine gegenseitige[105].

2.2. Verpflichtung

Der als gegenseitig erkannten Begünstigung entspricht eine Reziprozität der von den Ehegatten im Ehevertrag in individueller Hinsicht eingegangenen Verpflichtungen[106]: Einerseits verpflichtet sich der Ehemann für den Fall seines Vorversterbens zur Zuweisung von Vorschlag oder Gesamtgut an die ihn überlebende und damit in den Genuss der Begünstigung[107] gelangende Ehefrau, andererseits die Ehefrau für den Fall ihres Vorversterbens zur Zuweisung an den sie überlebenden und diesfalls die Begünstigung[108] erlangenden Ehemann. Jeder Ehegatte gibt im Ehevertrag je ein identisches Versprechen ab. Die Ehegatten sind demnach beide, für den Fall des Versterbens des ersten unter

---

104 Mit Begünstigung ist hier ausschliesslich der Erwerb des Vollrechts gemeint; begünstigt im Sinne des Erwerbs eines Anwartschaftsrechts sind beide Ehegatten bereits im Zeitpunkt des Vertragsschlusses. Vgl. dazu hinten § 6 III.
105 HAUSHEER/REUSSER/GEISER, N. 34 zu Art. 216 ZGB und N. 36 zu Art. 241 ZGB.
106 Die nachfolgenden Ausführungen im Text gehen von je individuellen Verpflichtungen jedes einzelnen Ehegatten aus, und zwar vor jeweils durch den vorverstorbenen zugunsten des überlebenden eingegangenen. Diese Betrachtungsweise dient allein der Klärung der subjektiven Verpflichtungslage jedes einzelnen Ehegatten. Es darf darob nicht vergessen werden, dass die güterrechtliche Verpflichtungsfähigkeit zur Zuweisung von Vorschlag und Gesamtgut in allen Fällen nur beiden Ehegatten gemeinsam zukommt, d.h. es liegen unter dem Aspekt der Verpflichtungsfähigkeit nie Verpflichtungen allein des vorversterbenden zugunsten des überlebenden Ehegatten vor, sondern stets gemeinsame Verpflichtungen beider Ehegatten; vgl. dazu auch § 3 II 3 2 a aa hienach. Zu den beiden in individualbezogener Sicht auszumachenden Verpflichtungen und deren Verhältnis zueinander ferner hinten § 3 II 3 2 b.
107 Unter Begünstigung ist hier wiederum rein der Erwerb des Vollrechts zu verstehen; vgl. Anm. 104 hievor.
108 Vgl. vorangehende Anm. 107.

ihnen, zur Zuweisung des Vorschlages bzw. des Gesamtgutes an den Überlebenden, somit gegenseitig, verpflichtet.

2.3. Zwischenergebnis

Die Vorschlags- bzw. Gesamtgutszuweisung führt zu einer
gegenseitigen Begünstigung und beruht auf von beiden
Ehegatten ehevertraglich eingegangenen und insofern *gegenseitigen Verpflichtungen*[109]. Der Ehevertrag auf Begünstigung des überlebenden Ehegatten charakterisiert
sich damit vorerst als beide Parteien verpflichtender
Vertrag. Es ist jedoch weiter zu prüfen, ob nicht, wie
eine Lehrmeinung annimmt, trotz Zweiseitigkeit der Verpflichtungslage nicht ein zweiseitiger Vertrag, sondern zwei einseitig verpflichtende Verträge vorliegen.

3.   Zwei einseitige Verträge oder ein zweiseitiger Vertrag?

3.1. Meinungsstand

PIOTET zerlegt den Ehevertrag auf Begünstigung des
überlebenden Ehegatten in zwei getrennte Vereinbarungen, die beide Gegenstand eines je eigenen Ehevertrages
sein könnten[110]: Die eine regle den Fall des Vorversterbens des Ehemannes, die andere jenen des Vorversterbens der Ehefrau[111]. Jeder der Ehegatten weise dem
anderen, ihn überlebenden, seinen Vorschlagsanteil zu,
womit zwei separate, inhaltlich je einseitige Verträge

---

109 Soeben § 3 II 2 1 und 2 2.
110 PIOTET, Réduction, S. 13: "Il y a, en somme, deux
     conventions qui sont comprises dans le contrat de ma-
     riage et qui pourraient faire l' objet chacune d' un
     contrat de mariage distinct...".
111 PIOTET, a.a.O.; DERS., Attribution, S. 178: "..... il
     s' agit ainsi de deux réglementations conventionelles
     .....: l' une du cas du prédécès du mari, l' autre du
     cas du prédécès de l' épouse".

ohne Gegenverpflichtung vorlägen[112]. Entsprechend qualifiziert PIOTET die ehevertragliche Begünstigung des
überlebenden Ehegatten als Schenkung von Todes wegen[113]
[114], somit als klassischen einseitig verpflichtenden
Vertrag[115].

Die Gegenmeinung, vertreten vor allem von H. A. KAUF-
MANN, beurteilt den Ehevertrag auf Begünstigung des
überlebenden Ehegatten als gegenseitigen Vertrag, in
dem sich beide Ehegatten zur Begünstigung des überlebenden unter ihnen verpflichten[116]. Es sei verfehlt, in
einem solchen, den überlebenden Ehegatten begünstigenden Ehevertrag zwei voneinander unabhängige Zuwendungen
zu erblicken[117]. Vielmehr liege ein Vertrag auf
Gegenseitigkeit zugunsten des Überlebenden vor[118].

---

112 Vgl. PIOTET, Attribution, S. 178: "L' attribution
d' une part du bénéfice est dans les deux cas gratuite,
parce qu' elle n' est pas due en échange d' une contre-
prestation."
113 Vgl. für die Vorschlagszuweisung PIOTET,
Errungenschaftsbeteiligung, S. 167.
114 Im Zusammenhang mit der Regelung der Herabsetzbarkeit
in Art. 216 Abs. 2 und 241 Abs. 3 ZGB hat sich der Gesetzgeber im Verhältnis zu bestimmten Pflichtteilserben zwar für eine Liberalität entschieden; vgl. hinten
§ 7 II 3. Unter dogmatischen Gesichtspunkten betrachtet
stellt jedoch die Begünstigung des überlebenden Ehegatten keine Schenkung dar; vgl. auch vorne § 1 I 2 2 und
Anm. 507 hienach.
115 Die Schenkung ist das wohl häufigste Beispiel eines
einseitig verpflichtenden Vertrages; vgl. BUCHER AT,
S. 100.
116 H. A. KAUFMANN, Herabsetzung, S. 254-256; DERS.,
Vorschlagszuweisung, S. 100; ebenso H. HUBER, Bemerkung, S. 252 f.
117 H. A. KAUFMANN, Vorschlagszuweisung, S. 100, mit in
Anm. 332 enthaltenem Hinweis auf den Entscheid des
Obergerichts Zürich, in: ZR 78/1979 Nr. 126, S. 283.
118 H. A. KAUFMANN, Herabsetzung, S. 255.

3.2. Eigene Auffassung

a) Kontext des Güterstandes

aa) Gemeinschaftliche Verpflichtung

Die Auffassung, wonach der Ehevertrag auf Begünstigung des überlebenden Ehegatten in zwei separate Vereinbarungen mit je einseitig eingegangenen Verpflichtungen des Ehemannes zugunsten der Ehefrau für den Fall seines Ablebens bzw. der Ehefrau zugunsten des Ehemannes im Falle ihres Ablebens zu zerlegen sei[119], abstrahiert vorab davon, dass die Vorschlags- bzw. Gesamtgutszuweisung Modalitäten der güterrechtlichen Auseinandersetzung bei der Errungenschaftsbeteiligung[120] bzw. der Gütergemeinschaft[121] festlegt. Mit der güterrechtlichen Liquidation ist die Auflösung des Güterstandes als eines Gemeinschaftsverhältnisses betroffen, welches im Rahmen der Vorschlagszuweisung ein Abrechnungsverhältnis[122], bei der Gesamtgutszuweisung gar ein dingliches Rechtsverhältnis[123] darstellt und notwendigerweise beide Ehegatten und ihre Vermögen erfasst. Als Teil der Auflösung des Güterstandes als ganzes "Regelungsgefüge"[124] bedarf die Vorschlags- bzw. Gesamtgutszuweisung einer gemeinschaftlichen Verpflichtung durch beide Ehegatten. Ein Ehegatte kann niemals nur sich allein einseitig zur Vorschlags- oder Gesamtgutszuweisung verpflichten, weil er den Güterstand als eine beide Ehegatten einbeziehende vermögensrechtliche Ordnung und alle mit diesem verbundenen Modifikatio-

---

119 So PIOTET, Réduction, S. 13; DERS., Attribution, S. 178; vgl. auch DERS., Réserves, S. 37.
120 Vgl. § 2 III 2.
121 Vgl. § 2 III 3.
122 Zum Vorschlag als obligatorische Forderung hinten § 5 I 2 1.
123 Dazu hinten § 5 II 2.
124 HAUSHEER/REUSSER/GEISER, N. 7 zu Art. 181 ZGB.

nen[125] nicht ausschliesslich für sich bestimmen kann,
ohne dass sich ebenfalls der andere, am
Gemeinschaftsverhältnis des Güterstandes ebenso beteiligte, Ehegatte sich mitverpflichten würde und in der
Folge auch mitverpflichtet bleibt[126]. Unter dem Aspekt
der Verpflichtungsfähigkeit[127] kann daher die Vor-
schlags- bzw. Geamtgutszuweisung nie ein einseitig nur
einen Ehegatten verpflichtender Vertrag sein. Vielmehr
können beide Ehegatten sich nur gemeinsam, in Form eines Ehevertrages, zu einer bestimmten Art der Teilung
von Vorschlag und Gesamtgut verpflichten. Dabei legen
sie mit der Vorschlags- oder Gesamtgutszuweisung in gegenseitig bindender Weise einen Liquidationsmodus für
ihren Güterstand fest. Entsprechend der gemeinschaftlich einzugehenden Verpflichtung sind denn auch beide
Ehevertragsparteien zur derart verabredeten
Liquidationsordnung mit allen sich daraus ergebenden
weiteren Folgen[128] verpflichtet[129]. Der Ehevertrag er-

---

125 Vorschlags- und Gesamtgutszuweisung sind solche
Modifikationen eines Güterstandes; vgl. vorne § 2 III 2
und 3.
126 Vgl. allgemein STETTLER/WAELTI, S. 25, N. 41: "Toute
modification du régime est ainsi subordonnée à l' accord du conjoint ...". Ebenso DESCHENAUX/STEINAUER,
S. 169.
Weil die Vorschlags- bzw. Gesamtgutszuweisung Modalitäten der Auflösung des Güterstandes als eines
Gemeinschaftsverhältnisses betrifft, sind mit ihr immer
Rechte und Pflichten beider Ehegatten verbunden, so
dass unter diesem Aspekt ein einseitig verpflichtender
Vertrag undenkbar ist.
127 Der hier - in Anlehnung an jenen der Handlungs- und
besonders der Geschäftsfähigkeit - verwendete Begriff
der Verpflichtungsfähigkeit soll bezeichnen, wer sich
zur Festlegung des Güterstandes und seiner Modifikationen gültig verpflichten kann.
128 Als solche sind etwa die mit dem gewählten Güterstand
der Errungenschaftsbeteiligung oder der Gütergemeinschaft verbundenen Eigentums-, Nutzungs-, und Haftungsverhältnisse etc. zu nennen. Vgl. dazu auch unten § 7
III 5 2 a, wo die erwähnten Folgen als lebzeitige
Wirkungen der ehevertraglichen Begünstigung behandelt
werden. Unter dem Aspekt dieser weiteren mit der Vereinbarung der Vorschlags- oder Gesamtgutszuweisung verbundenen Folgen, die innerhalb des gewählten Güterstandes ein ganzes Bündel an Rechten und Pflichten beider
Ehegatten mit sich bringen, zeigt sich besonders deut-

weist sich damit im Kontext des Güterstandes, aus dem er nicht herausgelöst werden darf[130], als auf gemeinschaftlich eingegangener Verpflichtung beider Ehegatten gründender und diese beide gegenseitig verpflichtender Vertrag.

bb) Erfordernis gemeinsamer güterrechtlicher Verfügung

Die Vorschlags- oder Gesamtgutszuweisung an den überlebenden Ehegatten erfordert über die gemeinschaftliche Verpflichtung hinaus auch eine gemeinsame güterrechtliche Verfügung[131] beider Ehegatten: Über Vorschlag und Gesamtgut kann durch einen Ehegatten allein nicht - und auch nicht über den eigenen Vorschlag bzw.

---

lich, dass kein einseitig verpflichtender Vertrag vorliegen kann.

129 Zu der damit, abgesehen vom Erfordernis gemeinschaftlicher Verpflichtung für Wahl und Modifikationen des Güterstandes, im einzelnen im Hinblick gerade auf die Auflösung des Güterstandes für jeden Ehegatten individuell begründeten Verpflichtung vgl. oben § 3 II 2 2 und besonders § 3 II 3 2 b aa hienach.

130 Zutreffend H. A. KAUFMANN, Herabsetzung, S. 256.

131 Eine vom Verpflichtungsgeschäft zu unterscheidende güterrechtliche Verfügung bzw. die in ihr ausgeübte güterrechtliche Dispositionsbefugnis wird in der schweizerischen Literatur grundsätzlich nicht behandelt; die wohl einzige Ausnahme bildet KLAUS, S. 12 f. Generell wird einfach festgestellt, der Ehevertrag entfalte Wirkungen unmittelbar mit seinem Abschluss - so HEGNAUER/BREITSCHMID, N. 23.05; DESCHENAUX/STEINAUER, S. 176 -, oder es wird besonders dort, wo mit einem Ehevertrag unmittelbar dingliche Rechtsänderungen einhergehen, ausgeführt, der Ehevertrag sei Verpflichtungs- und Verfügungsgeschäft zugleich; so REUSSER, Vorschriften, S. 41; GEISER, Güterstände, S. 115; DERS., Grundbuchführung, S. 26; DESCHENAUX/STEINAUER, S. 177 bei Anm. 26a; HAUSHEER/REUSSER/GEISER, N. 53 zu Art. 182 ZGB. Wenn auch Verpflichtungs- und Verfügungsgeschäft tatsächlich im Ehevertrag äusserlich zusammenfallen, so besteht doch stets eine eigenständige güterrechtliche Verfügung, welche - wie das allgemeine Verfügungsgeschäft; dazu statt aller: BUCHER AT, S. 42 - eine Veränderung im Bestand der subjektiven güterrechtlichen Ansprüche herbeiführt.

Gesamtgutsanteil - einseitig verfügt werden[132], weil
damit die güterrechtliche Stellung beider Ehegatten erfasst wird. Die güterrechtliche Dispositionsbefugnis[133]
in bezug auf die Vorschlags- bzw. Gesamtgutszuweisung
als "güterrechtliche Verfügungen"[134] steht nur beiden
Ehegatten gemeinschaftlich zu. Die die Vorschlags- oder
Gesamtgutszuweisung an den Überlebenden vereinbarenden
Ehegatten sind daher zufolge der hiefür fehlenden Verfügungsmacht nicht "je isolierte Verteiler"[135] ihres
Vorschlages bzw. Gesamtgutsanteils, wie sie PIOTET
sieht[136], sondern sie haben vielmehr in gemeinsamer
Verfügung den Liquidationsmodus ihres Güterstandes zu
bestimmen.

---

132 Das von PIOTET, Réduction, S. 13 oben, angeführte Beispiel enthält dagegen Zuwendungsobjekte, die in der
ausschliesslichen Verfügungsmacht je einer Partei stehen; sie sind deshalb nicht mit der Vorschlags- und
Gesamtgutszuweisung vergleichbar.

133 Nach der Umschreibung von KLAUS, S. 13, ist die
güterrechtliche Dispositionsbefugnis "eine Befugnis,
die den Ehegatten *kraft Güterrechts* zusteht und die
deshalb *von ihnen* aber auch *nur von ihnen und *nur unter
ihnen* ausgeübt werden kann" (Kursivschrift im Original), und zwar, wie der Vollständigkeit halber zu ergänzen ist, nur gemeinsam.

134 KLAUS, S. 12 mit Anm. 21.

135 So die Kritik bei H. A. KAUFMANN, Herabsetzung, S. 254.

136 Vorne § 3 II 3 1. Neben der Qualifikation als einseitig
verpflichtendes Geschäft betont PIOTET besonders auch
die Einseitigkeit der Verfügung: Vgl. PIOTET, Attribution, S. 178: ".... *chacun des époux attribue* sa part
de bénéfice à l' autre qui lui survit"; DERS., Réduction, S. 13: "une interdépendence des attributions de
bénéfice par *chaque* conjoint à l' autre"; DERS., Attribution, S. 178: "...qu' au décès *du disposant*" (m.E.
müsste es zuletzt angesichts der den Ehegatten nur gemeinsam zukommenden Fähigkeit zu güterrechtlichen Verfügungen richtigerweise "d' un des disposants" heis-
sen!; Kursivschrift überall nicht im Original). PIOTET
setzt denn die ehevertragliche Begünstigung dem
tatsächlich stets in einseitiger Verfügung erfolgenden
Rechtsgeschäft von Todes wegen gleich; vgl. Répartí-
tion, S. 255: "Si le mari attribue pour le cas de son
prédécès tout le bénéfice à la femme, il fait une libéralité à cause de mort réductible. Si inversement, pour
le cas où elle prédécéderait, la femme attribue tout le
bénéfice au mari, elle fait une libéralité à cause de
mort réductible."

Im Erfordernis der gemeinsamen Verfügung über Vorschlag
und Gesamtgut zeigt sich ein wesentlicher Unterschied
zwischen dem auf gegenseitige Begünstigung gerichteten
Ehevertrag und dem gegenseitigen Erbvertrag, in welchem
trotz Gegenseitigkeit der Zuwendungen jede Partei in
einseitiger Verfügung über ihren ausschliesslich ihrer
Verfügungsmacht unterstehenden Nachlass je die Gegenpartei als Erben einsetzt, so dass zwei einseitige Verfügungen vorliegen[137]. Im Gegensatz zum Ehevertrag, in
dem über den Güterstand und dessen Liquidationsordnung
nur gemeinsam verfügt werden kann, ist eine einheitli-
che gemeinsame Verfügung über beide Nachlässe in einem
gegenseitigen Erbvertrag ausgeschlossen[138]. Über den
Nachlass kann der Erblasser, und nur er, allein und
einseitig verfügen, über die zur güterrechtlichen
Auseinandersetzung gehörenden Ansprüche können dies nur
die Ehegatten gemeinsam. Das Erfordernis der gemeinsamen güterrechtlichen Verfügung wirkt sich derart aus,
dass die spezifischen Anforderungen an die
Handlungsfähigkeit[139] und der Ausschluss der Vertretung
im Ehevertrag stets auf beide Parteien Anwendung finden, während sie im Erbvertrag nur für die jeweils von
Todes wegen verfügende Partei gelten[140], so dass etwa
der Erbvertrag auf gegenseitige Erbeinsetzung durchaus
und entsprechend den beiden einseitigen Verfügungen so
abgeschlossen werden kann, dass in zwei Verträgen nur
der jeweils von Todes wegen Verfügende auftritt und die
Gegenpartei rechtsgeschäftlich vertreten wäre.

---

137 BGE 46 II 16. Vgl. auch FLUME, S. 146: "Beim Erbvertrag
     ... ist - ungeachtet des Vertrages - die Regelung wie
     beim Testament jeweils eine solche desjenigen, über
     dessen Vermögen für den Todesfall eine Anordnung ge-
     troffen wird. Der andere Vertragspartner hat zu dieser
     Anordnung gar keine Legitimation."
138 Vgl. dazu im Zusammenhang mit dem erfassten Vermögen
     auch hinten § 7 III 6 3.
     Eingehend zur verfügenden Partei im Erbvertrag
     H. SCHMID, S. 12 ff.
139 Vgl. Art. 183 ZGB für den Ehe- und Art. 468 ZGB für den
     Erbvertrag.
140 Vgl. TUOR, N. 21 der Vorbemerkungen zum Erbvertrag.

b) Individualbezogene Sicht

aa) Zwei Verpflichtungen

Wenn auch die Abreden über Vorschlags- bzw.
Gesamtgutszuweisung als Teile der güterrechtlichen Auseinandersetzung in gemeinschaftlicher Verpflichtung[141]
und gemeinsamer Verfügung[142] zu treffen sind, lassen
sich darin subjektiv bezogen auf den einzelnen Ehegatten durchaus zwei Verpflichtungen erblicken[143] [144]. In
individueller Sicht hat sich jeder Ehegatte für den
Fall seines eigenen Vorversterbens zur Vorschlags- bzw.
Gesamtgutszuweisung an den überlebenden Ehegatten verpflichtet. Die beiden einzelnen Zuweisungen des jeweils
einen an den anderen Ehegatten, welchen nach dogmatischen Kriterien Leistungscharakter eigen ist[145], stehen
indessen nicht isoliert nebeneinander, sondern sind
miteinander verknüpft.

bb) Verhältnis der beiden individuellen Verpflichtungen

Die im Ehevertrag auf Vorschlags- bzw. Gesamtgutzuweisung an den überlebenden Ehegatten festgestellten individuellen Verpflichtungen der beiden Parteien enthalten
"zwei wechselweise bedingte Zuwendungen"[146]. Jeder Ehegatte verpflichtet sich zur Vorschlags- oder Gesamt-

---

141 § 3 III 3 2 a aa.
142 § 3 III 3 2 a bb.
143 Dazu bereits vorne § 3 II 2 2.
144 Dem von PIOTET gewählten Ansatz kann insoweit ohne weiteres gefolgt werden. Abgelehnt wird nur die von ihm
 weiter vertretene These, die beiden Verpflichtungen der
 Ehegatten stellten völlig losgelöst voneinander bestehende, je einseitig verpflichtende Verträge mit je einseitigen Verfügungen dar.
145 Vgl. § 1 I 2 2 und Anm. 148 hienach. Ferner hinten Anm.
 507.
146 LEMP, N. 81 zu Art. 214 aZGB, für den Fall der
 Vorschlagszuweisung. Die Situation bei Gesamtgutzuweisung ist analog.

gutszuweisung an den Überlebenden im Hinblick darauf, dass der andere Ehegatte dies auch tut. Umgekehrt bedingt sich jeder der Ehegatten für den Fall seines Überlebens die Zuweisung des gesamten Vorschlages bzw. Gesamtgutes aus[147]. Die von den beiden Ehegatten eingegangenen Leistungspflichten[148] erfolgen somit je um der Gegenleistung willen[149]. Es liegt die Situation des "do ut des" vor[150]. Mit Blick auf den Zweck der Sicherstellung des überlebenden Ehegatten sind die beiden Versprechen nur miteinander gewollt und niemals das eine auch ohne das andere: Die Verpflichtungen beider Ehegatten sind insofern in der Entstehung voneinander abhängig, womit ein sog. *genetisches Synallagma* vorliegt[151]. Die Verpflichtung des einen Ehegatten zur Vorschlags- bzw. Gesamtgutszuweisung an den überlebenden entsteht nur zusammen mit der entsprechenden Verpflichtung des anderen Ehegatten[152]: Die beiden im Ehevertrag auf Begünstigung des überlebenden Ehegatten enthaltenen Leistungen[153] stehen in einem gegenseitigen

---

147 H. A. KAUFMANN, Herabsetzung, S. 254.
148 Leistungen beider Parteien liegen in Form des Erwerbs je eines unbedingten Anwartschaftsrechts, eines bedingten Anspruchs auf das Vollrecht und ideeller Vorteile im Sinne des Bewusstseins um gegenseitig getätigte Vorsorge für den überlebenden Ehegatten vor; vgl. auch vorne § 1 I 2 2 sowie Anm. 507 hienach.
149 Dieses Merkmal ist nach der Umschreibung von LARENZ, Schuldrecht, Bd. I, § 15 I, S. 203 f., ausschlaggebend für den gegenseitigen Vertrag; ähnlich HECK, S. 126. Vgl. auch bereits VON SAVIGNY, Bd. II, S. 12 f.: "... das Wesen des gegenseitigen Vertrages ... besteht darin, dass die beiden Obligationen in untrennbarer Verbindung gedacht werden müssen, so dass die eine nur um der anderen Willen, und mit ihr zugleich bestehend, zu denken ist, weshalb beide nur zwei Hälften eines und desselben Rechtsgeschäfts bilden."
150 Vgl. für das antike römische Recht D 2, 14, 7 pr. 2 (Ulp 4 ed). Dazu BENÖHR, S. 13 ff. Für das geltende Recht: HECK, S. 126; LARENZ, Schuldrecht, Bd. I, § 15 I, S. 202.
151 Vgl. zum genetischen Synallagma: GERNHUBER, Schuldverhältnis, S. 315; LARENZ, Schuldrecht, Bd. I, § 15 I, S. 203; BENÖHR, S. 1 ff.
152 Vgl. GERNHUBER, Schuldverhältnis, S. 315, wonach beim genetischen Synallagma "die Leistungspflichten nur zusammen entstehen oder gar nicht".
153 Zum Leistungscharakter vgl. Anm. 148 hievor, m.w.H.

Abhängigkeits- und Austauschverhältnis[154], womit innerhalb der Kategorie der beidseitig verpflichtenden Verträge ein Fall der sog. wesentlich zweiseitigen oder
synallagmatischen Verträge (contractus bilaterales aequales)[155] vorliegt.

Die ehevertragliche Begünstigung des überlebenden Ehegatten erscheint damit als synallagmatischer Vertrag
nichtobligatorischen, sondern güterrechtlichen Inhalts.

Dass in der Regel ausser dem Kommorientenfall[156] einer
der Ehegatten überlebt und damit nur eine der beiden
begründeten Verpflichtungen, nämlich jene zugunsten des
Überlebenden, als Erwerb des Vollrechts[157] vollzogen
werden wird[158], vermag an der Charakterisierung als wesentlich zweiseitiger Vertrag nichts zu ändern. Für
diese ist vielmehr allein entscheidend, dass die Vor-
schlags- bzw. Gesamtgutszuweisung auf zwei Verpflichtungen beruht, die gegenseitig voneinander abhän-

---

154 Es kann vorliegend m.a.W. gesagt werden, dass
     "Versprechen und Gegenversprechen sich gegenseitig her-
     vorrufen und bedingen", was nach STAMMLER, S. 85, all-
     gemeines Merkmal des gegenseitigen Vertrages ist.
155 Zum Begriff statt vieler: VON TUHR/PETER, § 20 V 2 a,
     S. 149; BUCHER AT, S. 100.
156 Für den Sonderfall des gleichzeitigen Ablebens beider
     Ehegatten ist bei Fehlen einer diesen Fall regelnden
     ehevertraglichen Bestimmung die güterrechtliche Aus-
     einandersetzung nach der subsidiären gesetzlichen Regel
     von Art. 215 bzw. 241 ZGB durchzuführen; vgl. für die
     Errungenschaftsbeteiligung HAUSHEER/REUSSER/GEISER, N.
     21 zu Art. 216 ZGB.
157 Ein Anwartschaftsrecht und ideelle Vorteile erwerben
     stets beide Ehegatten unmittelbar mit Ehevertrags-
     schluss - vgl. dazu Anm. 148 hievor, m.w.H. -, so dass
     sich die Einseitigkeit ausschliesslich auf den Erwerb
     des Vollrechts beschränkt.
158 Insofern, d.h. aus der Vollzugsoptik, mit Blick auf den
     Erwerb des Vollrechts, ist PIOTETS Darlegung, wonach
     die eine Zuwendung die andere ausschliesse, völlig
     richtig. Die gegenseitige Ausschliessung betrifft aber
     nur den Vollzug des Vollrechtserwerbs, jedoch nicht die
     beidseitig vorliegenden Verpflichtungen und die darin
     enthaltenen Leistungen; anders PIOTET, Réduction,
     S. 13: "nos deux prestations s' excluent réciproque-
     ment".

gig sind[159], insbesondere in gegenseitiger Abhängigkeit enstehen[160].

Die Qualifikation der Vorschlags- bzw. Gesamtgutszuweisung als synallagmatischer Vertrag ist mit Blick auf die Rechtsfolgen umgehend wieder zu relativieren. Zugleich mit Abschluss des Ehevertrages auf Begünstigung des überlebenden Ehegatten haben nämlich beide Parteien ihre Leistungspflichten in Form der Verschaffung eines beidseitigen Anwartschaftsrechts sowie ideeller Werte[161] bereits erfüllt, womit wichtige, mit der Qualifizierung als synallagmatischer Vertrag verbundene Behelfe[162] entfallen bzw. gar nicht mehr erforderlich sind.

---

159 Diese für das Synallagma charakteristische gegenseitige Abhängigkeit der beiden Verpflichtungen der Ehegatten wird denn auch von PIOTET anerkannt; vgl. etwa die Ausführungen in Réduction, S. 13: "... on peut admettre *une interdépendance des attributions* de bénéfice par chaque conjoint à l' autre" (Kursivschrift nicht im Original); a.a.O., S. 15: "... ce contrat comprend donc deux conventions à cause de mort, qui sont en principe *liées*" (Kursivschrift nicht im Original). Ähnlich Attribution, S. 178: "... il s' agit ainsi de deux réglementations conditionelles - d' ailleurs souvent *liées*" (Kursivschrift nicht im Original). Ebenso wurde die Gegenseitigkeit der ehevertraglichen Begünstigung des überlebenden Ehegatten in BGE 102 II 325 E. 4 b i.f. festgestellt; das Bundesgericht setzte sich indessen mit der apodiktischen und nicht weiter begründeten Bemerkung, die Zuweisung des Mannes an die Frau sei nicht Gegenleistung für die entsprechende Zuwendung der Frau an den Mann, über die erkannte Gegenseitigkeit hinweg.
160 Nach VAN DEN DAELE, S. 30, erweist sich das hier vorliegende genetische Synallagma "als die schlechthin wesentliche Rechtsfolge des gegenseitigen Vertrages". Es steht in Zusammenhang mit der Regelung des Tauschs historisch am Anfang und ist im Gegensatz zum konditionellen (Abhängigkeit der vereinbarten Leistungspflichten in ihrem Bestand) und funktionellen Synallagma (Abhängigkeit der Leistungspflichten in ihrer Abwicklung) unverzichtbar für den gegenseitigen Vertrag; vgl. VAN DEN DAELE, S. 29 f.
161 Zum Inhalt der Leistungen vgl. Anm. 148 hievor, m.w.H.
162 Im einzelnen betrifft es die exceptio non adimpleti contractus nach Art. 82 f. OR, die Behelfe des Gläubigers nach Art. 107 und 109 OR im Falle der Nichterfüllung sowie die Bestimmung von Art. 119 Abs. 2 OR über

cc) Vergleich mit einseitiger Zuweisung

Dass die Vorschlags- und Gesamtgutzuweisung an den überlebenden Ehegatten die Struktur eines zweiseitig verpflichtenden Vertrages aufweist, erhellt auch aus einem Vergleich mit der ebenfalls möglichen güterrechtlichen Zuweisung von Vorschlag bzw. Geamtgut an nur eine Seite, z.B. ausschliesslich an die Ehefrau: Dieser Ehevertrag enthielte - immer in einer individualbezogenen Sicht, d.h. abstrahiert von der gemeinschaftlichen Verpflichtung und Verfügung, wie sie Vereinbarungen über die Auflösung des Güterstandes allgemein eigen ist[163] - bloss eine einseitige Verpflichtung des Ehemannes, nämlich die Zuweisung seines Vorschlags bzw. seines Anteils am Gesamtgut an die Ehefrau und den Verzicht auf die entsprechenden Anteile an Vorschlag bzw. Gesamtgut der Ehefrau. Diese einseitige Ausrichtung der ehevertraglichen Begünstigung auf einen Ehegatten allein ist aber strukturell und im Blick auf die dahinterstehenden Zwecke etwas völlig anderes als die gegenseitige Vorschlags- und Gesamtgutzuweisung. Das mit der gegenseitigen Verknüpfung der Zuweisungen verfolgte gemeinschaftliche Ziel der Ehegatten, Vorsorge für den überlebenden Partner zu treffen, entfällt. Ist aber die nur über Gegenseitigkeit der Verpflichtungen zu erreichende Begünstigung des überlebenden Ehegatten Ehevertragszweck[164], wollen die Parteien eben gerade nicht einseitige, unabhängig voneinander stehende Verpflichtungen eingehen[165].

---

die Unmöglichkeit der Erfüllung; vgl. BUCHER AT, S. 101.

163 Vorne § 3 II 3 2 a.

164 Zur Begünstigung als Hauptmotiv zum Abschluss eines Ehevertrages vorne § 1 II.

165 Zweck des Ehevertrages ist die Sicherstellung des überlebenden, somit des einen wie des anderen Ehegatten. Die Ehegatten wollen "damit stets nur das eine und das andere und niemals das eine ohne das andere", womit in den Worten GERNHUBERS, Schuldverhältnis, S. 315, das für den gegenseitigen Vertrag charakteristische genetische Synallagma umschrieben wird.

§ 4 Überlebensklausel

I. Zulässigkeit

Die Zuweisung des Vorschlages bzw. Gesamtgutes an den
überlebenden Ehegatten erfolgt mittels einer sog.
Überlebensklausel[166] - häufig auch als Überlebensbedingung bezeichnet[167] -, deren Zulässigkeit praktisch einhellig anerkannt ist[168]. Eine vereinzelte Gegenmeinung
erachtet die Vorschlagszuweisung an den überlebenden
Ehegatten als unzulässig mit der Begründung, der

---

166 Vgl. den Begriff bei GNEKOW, S. 141; HAUSHEER, Abgrenzung, S. 83; HAUSHEER/REUSSER/GEISER, N. 34 zu Art. 216
ZGB.
167 Vgl. die in der nachfolgenden Anm. 168 angegebene Literatur. Wenn hier dem allgemeineren Begriff Überlebensklausel der Vorzug gegeben wird, so deshalb, weil
neben einer Bedingung auch eine Befristung in ihr enthalten ist; vgl. § 4 II-IV hienach.
168 Zur   Vorschlagszuweisung: SCHWAGER,   S.   191;
HEGNAUER/BREITSCHMID, N. 26.80. Zur Gesamtgutszuweisung: GEISER, Güterstände, S. 130 f.; SCHWAGER, S. 197;
HEGNAUER/BREITSCHMID, N. 28.43.
Unter dem Aspekt der Überlebensbedingung wurde die Vor-
schlags- bzw. Gesamtgutszuweisung an den überlebenden
Ehegatten auch im alten Recht generell als möglich er-
achtet; vgl. aus der Literatur zur Vorschlagszuweisung:
HENRICI, S. 294; GMÜR, N. 33 zu Art. 179 aZGB, N. 32 zu
Art. 214 aZGB; HEGGLIN, S. 126 f.; BILLINGER, S. 28,
64; RÖSLI, S. 74 f.; EGGER, N. 20 zu Art. 214 aZGB;
RÜSCH, S. 23, 46; SUTTER, S. 71 ff.; MÜNCH, S. 78 f.;
GUHL, Sicherung, S. 34 f.; CAVIN, S. 116 f., 120; EG-
GER, Vorschlag, S. 174; ESCHER, N. 6 zu Art. 462 aZGB;
PICENONI, Ineinandergreifen, S. 195 f.; LEMP, N. 81 zu
Art. 214 aZGB; KLAUS, S. 33, m.w.H. in Anm. 5; zur Ge-
samtgutszuweisung: HENRICI, S. 296; BILLINGER, S. 31
und 73; GMÜR, N. 6 zu Art. 226 aZGB; EGGER, NN. 1 und 2
zu Art. 226 aZGB; GUHL, Sicherung, S. 26; O. MÜLLER,
S. 487; EGGER, Vorschlag, S. 168; ESCHER, N. 7 zu Art.
462 aZGB; LEMP, NN. 7 und 15 zu Art. 226 aZGB; PICE-
NONI, Ineinandergreifen, S. 201; KLAUS, S. 48 f.; GNE-
KOW, S. 138 f. Trotz allgemeiner Bejahung der Möglichkeit, den Ehevertrag mit einer Überlebensklausel zu
versehen, erblickten indessen unter dem alten Eherecht
einige Autoren - so unter den vorstehend aufgeführten
besonders BILLINGER, RÜSCH, SUTTER, MÜNCH, O. MÜLLER
und CAVIN - darin eine erbrechtliche Erscheinung und
leiteten daraus Restriktionen in Form der Herabsetzbarkeit oder der Wahrung der Erbvertragsform für die
grundsätzlich als zulässig anerkannte Vereinbarung ab.

Ehevertrag sei als güterrechtliche Vereinbarung ein
bedingungsfeindliches Rechtsgeschäft[169]. Ihr ist
entgegenzuhalten, dass der Ehevertrag, obwohl zu den
grundsätzlich bedingungsfeindlichen Rechtsgeschäften
des Familienrechts[170] gehörend, nicht zu den fa-
milienrechtliche Statusverhältnisse begründenden
Rechtsgeschäften wie Eheschliessung oder Entstehung des
Kindesverhältnisses zählt, auf die allein sich das auf
sittlichen Gründen beruhende Bedingungsverbot bei
familienrechtlichen Rechtsgeschäften bezieht[171], und
andererseits inhaltlich eheliches Vermögensrecht be-
schlägt, welches der Privatautonomie und damit der Gestaltung durch Bedingungen und Befristungen zugänglich
ist[172]. Im einzelnen kann folglich in der
Überlebensklausel sowohl eine Bedingung[173] als auch
eine Befristung[174] erblickt werden.

II. Bedingung

1. Begriff und Funktion

Bedingung im Rechtssinne ist eine ungewisse, zukünftige[175] Tatsache, von deren Eintritt nach dem Partei-

---

169 VON AESCH, S. 191 f.
170 VON TUHR/ESCHER, § 84 VI, S. 261.
171 STIEFEL, S. 174 ff. Vgl. auch die Gliederung der
    familienrechtlichen Verträge in die Kategorien der Sta-
    tusverträge und der Eheverträge bei SCHNYDER, Vertrags-
    freiheit, S. 26, Anm. 26.
    Zur Zulässigkeit von Bedingungen beim Ehevertrag allge-
    mein vgl. VON TUHR II/2, S. 285; HENRICI, S. 53; KLAUS,
    S. 32, m.w.H. in Anm. 1.
172 HEGNAUER/BREITSCHMID, N. 23.03.
173 Dazu § 4 II hienach.
174 Dazu § 4 III hienach.
175 Die Zukünftigkeit als Element der bedingenden Tatsache
    wird in Art. 151 Abs. 1 OR zwar nicht erwähnt, ist aber
    im Merkmal der Ungewissheit mitenthalten; vgl. STIEFEL,
    S. 66. Nach der herkömmlichen Auffassung verlangt der
    Begriff der Bedingung nicht nur eine bei den beteilig-
    ten Parteien vorliegende subjektive, sondern eine für
    menschliches Wissen überhaupt bestehende objektive Un-

willen die Wirksamkeit eines Rechtsgeschäftes insgesamt oder eine einzelne Geschäftswirkung abhängt[176]. Abhängig von der als Bedingung vereinbarten Tatsache ist nur die Rechtsfolge; bedingt ist demnach nicht der Parteiwille und auch nicht die Existenz des Rechtsgeschäftes, sondern allein dessen Wirkung[177].

Funktional erscheint die Bedingung als wichtiges Mittel der Privatautonomie, indem sie den Parteien gestattet, die Wirkungen ihres Willens den verschiedenen als möglich voraussehbaren, aber ungewissen Gestaltungen der Zukunft anzupassen[178]. Das Institut der Bedingung ermöglicht es, durch Parteiwillen ein Rechtsgeschäft einem bestimmten Strukturplan, bestehend aus einer Verzweigungsmöglichkeit zu mindestens zwei alternativen Vorgängen, zu unterwerfen[179].

---

gewissheit, weshalb keine eigentliche Bedingung vorliegt, wenn die Wirksamkeit eines Vertrages von einer in der Vergangenheit oder Gegenwart liegenden Tatsache (conditio in praeteritum vel praesens relata) abhängen soll; vgl. VON TUHR/ESCHER, § 84 IV, S. 258 f.; eingehend STIEFEL, S. 61-66 und S. 116; dazu nun auch Hj. PETER, S. 196-200. Wenn auch mit der herrschenden Lehre für die echte Bedingung am Erfordernis der künftigen Tatsache festzuhalten ist, darf andererseits nicht ausgeschlossen sein, objektiv zwar feststehende, für beide Parteien aber subjektiv ungewisse gegenwärtige oder vergangene Umstände als "uneigentliche" Bedingungen ebenfalls den Vorschriften von Art. 151 ff. OR zu unterstellen, weil hier in gleicher Weise wie im Fall der Bezugnahme auf eine zukünftige Tatsache ein Schwebezustand hinsichtlich der Wirksamkeit des Rechtsgeschäftes besteht; vgl. MERZ, SPR VI/1, S. 149, m.w.H. auch zum deutschen und französischen Recht in Anm. 3. Bildet Gegenstand der Bedingung gar nicht das gegenwärtige oder vergangene Ereignis selbst, sondern erst dessen Bekanntwerden für die Parteien, so ist mit STIEFEL, S. 116, Anm. 4, echte Bedingung anzunehmen.

176 STIEFEL, S. 66; VON TUHR/ESCHER, § 84 I, S. 254; MERZ, SPR VI/1, S. 148; BUCHER AT, S. 507.
177 STIEFEL, S. 55; VON TUHR II/2, S. 270.
178 STIEFEL, S. 44; VON TUHR/ESCHER, § 84 I, S. 255; MERZ, SPR VI/1, S. 150.
179 Vgl. SPAHNI, S. 8.

2. Ehevertragliche Begünstigung des überlebenden Ehegatten

2.1. Individuell: Zwei wechselseitig bedingte Zuwendungen

Die Vorschlags- oder Gesamtgutszuweisung an den überlebenden Ehegatten wird allgemein als an die Bedingung des Überlebens geknüpfte Begünstigung bezeichnet[180]. In individueller, auf den einzelnen Ehegatten bezogener Sicht liegen zwei Zuweisungen vor, nämlich vom Mann an die Frau und von der Frau an den Mann[181]. Im Vergleich zur einseitigen Zuweisung des Vorschlages bzw. Gesamtgutes an einen bestimmten Ehegatten unter der Bedingung seines Überlebens qualifiziert sich die gegenseitige ehevertragliche Begünstigung als das Ergebnis zweier derartiger, wechselseitig je unter einer Überlebensbedingung stehender Zuwendungen[182] [183].

2.2. Bedingendes Ereignis

Bei der auf Gegenseitigkeit ausgerichteten ehevertraglichen Begünstigung des überlebenden Ehegatten ist das bedingende Ereignis nicht etwa bereits im Vorversterben

---

180 Statt vieler: HAUSHEER/REUSSER/GEISER, N. 21 zu Art. 216 ZGB.
181 Dazu § 3 II 2 2.
182 LEMP, N. 81 zu Art. 214 aZGB und N. 7 zu Art. 226 aZGB mit Darstellung der beiden in der gegenseitigen Begünstigung enthaltenen Zuweisungen: "... das ganze Gesamtgut solle 'dem überlebenden Ehegatten' gehören, also der Frau, wenn der Mann zuerst stirbt, und diesem, wenn jene vor ihm ablebt"; KLAUS, S. 33; MOOR, S. 101: "La doctrine a toujours analysé cette convention comme l' ensemble de deux clauses favorisant un conjoint déterminé, chacune d' elles étant modalisée par une condition de survie."
183 Die beiden Zuweisungen stehen dabei unter je entgegengesetzter Bedingung, womit - vom Sonderfall gleichzeitigen Ablebens beider Ehegatten abgesehen - feststeht, dass sich die eine oder andere Variante verwirklichen wird, was bedeutet, dass die Vorschlags- oder Gesamtgutszuweisung an den überlebenden Ehegatten auch als rein befristetes Rechtsgeschäft betrachtet werden kann; vgl. hinten § 4 III.

eines Ehegatten und im Überleben des anderen zu erblik-
ken, weil das Vorversterben des einen und das Überleben
des anderen Ehegatten ein zwar künftiges, nicht aber
ein ungewisses Ereignis darstellt und damit nicht unter
den Begriff der Bedingung als künftiges, ungewisses Ereignis[184] fällt. Der Tod eines Menschen ist ein sicher,
nur ungewiss wann, eintretendes Ereignis; als - nach
der gemeinrechtlichen Terminologie so genannter - dies
certus an, incertus quando ist er nur Befristung, nicht
Bedingung[185] [186].

Tatsächlich ungewiss und damit als dies incertus an
Gegenstand der Bedingung bildend ist allein, welcher
namentlich bestimmte Ehegatte - Mann oder Frau - zuerst
versterben und welcher überleben wird. Ausschliesslich
diese direkte individuelle Bestimmung des in den Genuss
der ehevertraglichen Begünstigung[187] gelangenden Ehegatten erfolgt durch die Bedingung des Überlebens[188].

---

184 Zum Bedingungsbegriff vorne § 4 II 1.
185 WINDSCHEID/KIPP, Bd. I, § 96 a, S. 503 f. mit Anm. 4;
STIEFEL, S. 140; VON TUHR/ESCHER, § 62 II 1, S. 46.
Vgl. auch konkret zu der den Vollzug der güterrechtlichen Begünstigung des überlebenden Ehegatten herbeifüh-
renden Auflösung des Güterstandes durch Tod eines Ehegatten MOOR, S. 30: "la dissolution [du régime matrimo-
nial] est un jour *certus an, incertus quando,* le jour
de la mort de l' un des époux" (Ergänzung in rechtecki-
gen Klammern durch den Verfasser, Kursivschrift im Original).
186 Zur Befristung und deren Abgrenzung von der Bedingung
vgl. hinten § 4 III 1.
187 Auch hier zu verstehen als Erwerb des Vollrechts; vgl.
Anm. 104 hievor.
188 Indirekt, d.h. unbesehen darum, ob Mann oder Frau, ist
der Empfänger der Begünstigung als überlebender Ehegatte bereits bestimmt; unter der Bedingung des Überlebens entscheidet sich nur noch direkt, ob es individuell der Mann oder die Frau sein wird. Vgl. KNAPP,
S. 281 f., N. 848: "Le bénéficiaire est toujours déterminé; mais il peut l' être de manière ferme ou de manière conditionnelle.... Dans le cas des époux, le
fait de la survivance détermine simplement de manière
ferme celui-ci ou celle-là qui était déjà conditionnel-
lement désigné."
Vgl. zur Unterscheidung zwischen direkter und indirekter Bestimmung des begünstigten Ehegatten auch HENRICI,
S. 294.

Entsprechend verzweigt sich erst auf der Ebene der individualisierten Bestimmung des Begünstigungsempfängers der Strukturplan des Ehevertrages auf Vorschlags- bzw. Gesamtgutszuweisung an den überlebenden Ehegatten zu zwei alternativen Varianten, von denen ungewiss ist, welche eintreten wird. Weil nicht im Tod eines Ehegatten, sondern allein in der auf Zufall beruhenden Sterbereihenfolge eine unbekannte Tatsache liegt, welche zum bedingenden Ereignis gemacht werden kann, ist der Tod nur im eben umschriebenen Sinne des Vorversterbens bzw. Überlebens eines genau bestimmten Ehegatten Bedingung, andernfalls wäre er Befristung[189].

2.3. Aleatorisches Rechtsgeschäft

Erst die vom Tod zu spielenden Würfel (alea) bestimmen, welcher Ehegatte zuerst versterben und welcher als überlebender in den Genuss der Begünstigung im Sinne der Zuwendung des Vollrechts kommen wird. In dieser Hinsicht hängt die gegenseitige Vorschlags- und Gesamtgutszuweisung vom Zufall ab und weist insofern aleatorischen Charakter auf[190].

Im Gegensatz zu anderen aleatorischen Geschäften, etwa den Spielverträgen, durch welche künstliche Risiken erst geschaffen werden[191], ist im Zusammenhang mit der ehevertraglichen Begünstigung das Risiko des Versterbens eines Ehegatten naturgemäss vorgegeben; aus diesem Grund fehlt bei ihr die Spiel und Wette gegenüber be-

---

189 Vgl. SUTTER, S. 36, Anm. 35.
190 HAUSHEER/REUSSER/GEISER, N. 34 zu Art. 216 ZGB; ebenso bereits HAUSHEER, Erbrechtliche Probleme, S. 118.
191 Vgl. HONSELL-BAUER, N. 1 der Vorbemerkungen zu Art. 513-515 OR.

stehende volkswirtschaftliche und sozialethische Missbilligung[192] [193].

2.4. Nähere Charakterisierung der Überlebensbedingung

a) Nach Art der Wirkung: Suspensivbedingung

Innerhalb der beiden sich nach ihrer aufschiebenden oder auflösenden Wirkungsweise unterscheidenden Bedingungsarten[194] stellt sich die Überlebensbedingung als Suspensivbedingung dar[195], weil sie die Wirksamkeit der ehevertraglichen Begünstigung des überlebenden Ehegatten bis zum Ableben des erstversterbenden Ehegatten aufschiebt[196]. Es liegt ein Sachverhalt, der unter den Tatbestand des Art. 151 OR zu subsumieren ist, vor.

---

192 H. A. KAUFMANN, Herabsetzung, S. 255.
193 Die aleatorischen Geschäften allgemein entgegengebrachten ethischen Vorbehalte entfallen beim Ehevertrag auch deshalb, weil die güterrechtliche Begünstigung ausschliesslich einem der beiden Ehegatten zufallen kann, somit jemandem, der sie durch seinen Beitrag zum Gelingen der Ehe "verdient" hat, und - im Gegensatz zu Spiel und Wette - nicht einem beliebigen Aussenstehenden. Zufällig ist nur, welcher Ehegatte überleben wird, aber der überlebende Ehegatte ist immer ein an der Vermögensbildung pendente matrimonio unmittelbar oder mittelbar beteiligter Ehegatte und kein Dritter. Der direkte Destinatar der ehevertraglichen Begünstigung muss über die Sondersubjektsqualität eines Ehegatten verfügen; vgl. § 7 III 7 hienach.
194 Vgl. VON TUHR/ESCHER, § 84 II, S. 257; BUCHER AT, S. 507 f.
195 KNAPP, S. 281 f., N. 848.
196 Aufgeschoben wird nur der Vollzug des Erwerbs des Vollrechts an Vorschlag oder Gesamtgut. Der abgeschlossene Ehevertrag zeitigt trotzdem unmittelbar Wirkungen; vgl. dazu hinten § 7 III 5 2.

b) Nach Art des bedingenden Ereignisses

aa) Kasuelle Bedingung

Da die Überlebensbedingung das Ableben bzw. Überleben eines bestimmten Ehegatten, somit ein zufälliges Ereignis zum Gegenstand hat, ist sie eine kasuelle Bedingung[197]. Der Zufallsentscheid über die Person des Begünstigten macht die Vorschlags- bzw. Gesamtgutszuweisung an den überlebenden Ehegatten auch zu einem Rechtsgeschäft aleatorischen Charakters[198].

bb) Positive oder negative Bedingung

Je nach Blickwinkel lässt sich die Bedingung des Überlebens bei der gegenseitigen Vorschlags- bzw. Gesamtgutszuweisung sowohl als positive wie als negative Bedingung einordnen. Insofern der Tod oder das Überleben eines bestimmten Ehegatten als Eintritt des zur Bedingung gemachten Ereignisses betrachtet wird, liegt eine positive oder affirmative Bedingung vor[199]; soweit das Überleben bzw. Vorversterben eines bestimmten Ehegatten als Nichteintritt des Todes bzw. Überlebens als das zur Bedingung gemachte Ereignis verstanden wird, haben wir es mit einer negativen Bedingung zu tun[200].

---

197 VON TUHR II/2, S. 275; VON TUHR/ESCHER, § 84 III 2, S. 257.
198 HAUSHEER/REUSSER/GEISER, N. 34 zu Art. 216 ZGB. Dazu vorne § 4 II 2 3.
199 Ist der Eintritt eines Ereignisses zur Bedingung gemacht, spricht man von einer positiven oder - gleichbedeutend - affirmativen Bedingung. Vgl. VON TUHR II/2, S. 275; VON TUHR/ESCHER, § 84 III 1, S. 257; BUCHER AT, S 507.
200 VON TUHR/ESCHER, § 84 III 1, S. 257.

III. Befristung

1. Begriff und Abgrenzung zur Bedingung

Die Befristung macht - wie die Bedingung - einzelne oder alle Wirkungen eines Rechtsgeschäftes von einem in der Zukunft liegenden Ereignis abhängig, das - im Gegensatz zur Bedingung - sicher eintreten wird[201]. Bedingung und Befristung sind insofern nahe miteinander verwandt, als jede Bedingung eine Befristung in sich trägt[202]. Während die Befristung aber nur Beginn und Ende der Wirksamkeit eines Rechtsverhältnisses - m.a.W.: nur das Wann - bestimmt, geht es bei der Bedingung darum, ob das Rechtsverhältnis überhaupt Wirksamkeit entfalte[203].

2. Ehevertragliche Begünstigung des überlebenden Ehegatten

2.1. Überindividuell: Gewissheit des Eintritts der Rechtswirkungen

Aus einer überindividuellen, nicht auf den einzeln bestimmten überlebenden Partner, sondern den überlebenden Ehegatten generell bezogenen Optik ist der Tod eines der beiden Ehegatten reine Befristung: Als sicher eintretendes Ereignis löst er die güterrechtliche Auseinandersetzung aus, in deren Verlauf die Zuweisung von Vorschlag bzw. Gesamtgut an den überlebenden Partner vollzogen wird. Weil der Vollzug der Zuweisung bis zum Ableben des ersten Ehegatten hinausgeschoben wird, liegt eine aufschiebende Befristung vor[204]. Als bedin-

---

201 STIEFEL, S. 138 f.; BUCHER AT, S. 508 f.
202 SPAHNI, S. 45. Zu Übereinstimmung und Unterschieden von Bedingung und Befristung siehe FLUME, § 38 1 a, S. 678.
203 MERZ, SPR VI/1, S. 153.
204 Vgl. zu aufschiebender und auflösender Befristung STIEFEL, S. 139 f.

gende Tatsache bleibt sodann nur noch offen, an welchen
Ehegatten diese Zuwendung ausgeführt werden wird[205].

Im Gegensatz zum bedingten Vertrag, welcher Gefahr
läuft, durch Ausfall der Suspensivbedingung seine Vollwirkungen nie entfalten zu können[206] bzw. durch Eintritt der Resolutivbedingung seine Wirksamkeit ipso
iure zu verlieren[207], ist bei der Begünstigung des
überlebenden Ehegatten völliges Dahinfallen von Vor-
schlags- bzw. Gesamtgutszuweisung - vom Sonderfall
gleichzeitigen Versterbens beider Ehegatten abgesehen,
für welchen mangels anderslautender ehevertraglicher
Regelung die gesetzliche Beteiligung gilt[208] - nicht
denkbar. Aufgrund der der Zuweisung von Vorschlag bzw.
Gesamtgut an den überlebenden Ehegatten eigenen
Gegenseitigkeit[209] beeinträchtigt ein Ausfall der aufschiebenden Bedingung des Todes des einen bzw. des
Überlebens des anderen Ehegatten die Wirksamkeit des
Vertrages nicht, weil der Ausfall jeweils nur hinsichtlich eines, nicht aber beider Ehegatten eintritt. Es
ist dies eine Folge davon, dass die beiden individuell
auszumachenden ehevertraglichen Zuweisungen[210] einzeln
für sich gesehen unter je entgegengesetzter Bedingung
stehen. So erfolgt die Zuweisung des Ehemannes an die
Ehefrau unter der Bedingung seines Vorversterbens und
ihres Überlebens, die Zuweisung der Ehefrau an den Ehemann unter der Bedingung ihres Vorversterbens und seines Überlebens. Der Ausfall der einen bedeutet demnach
gleichzeitig den Eintritt der anderen Bedingung. So erfüllt beim Ableben des Ehemannes die Ehefrau die Über-

---

205 Nur hier, in der persönlichen Bestimmung des
    Begünstigungsempfängers, besteht die der Bedingung ei-
    gene Ungewissheit in Form zweier möglicher Alternati-
    ven; dazu vorne § 4 II 2 2.
206 Die Vollwirkungen des Rechtsgeschäftes treten erst bei
    Erfüllung der aufschiebenden Bedingung ein. Vgl. VON
    TUHR/ESCHER, § 86 III, S. 274; BUCHER AT, S. 513.
207 VON TUHR/ESCHER, § 86 IV, S. 275; BUCHER AT, S. 514.
208 HAUSHEER/REUSSER/GEISER, N. 21 zu Art. 216 ZGB.
209 Vgl. vorne § 3 II 2.
210 Dazu vorne § 3 II 3 2 b.

lebensbedingung und beim Vorversterben der Ehefrau der Ehemann. Mit Entscheidung der Bedingung tritt damit die eine Zuweisung in Kraft und die andere fällt dahin[211]. Losgelöst von der individuellen Betrachtung als zwei Zuweisungen unter je entgegengesetzter Überlebensbedingung erscheint die Begünstigung des überlebenden Ehegatten demnach als aufschiebend befristeter Vertrag.

2.2. Vergleich mit einseitiger ehevertraglicher Begünstigung

Durch das ihr innewohnende Element der Befristung grenzt sich die gegenseitige Vorschlags- und Gesamtgutszuweisung zugunsten des überlebenden Ehegatten von der einseitigen Zuweisung an einen bestimmten Ehegatten für den Fall seines Überlebens ab. Diese ist, weil nicht feststeht, ob der einseitig begünstigte Ehegatte auch tatsächlich der überlebende sein werde, eine echte bedingte Zuwendung, deren Wirksamkeit ungewiss bleibt, während bei der Zuwendung an den überlebenden Ehegatten der Eintritt der Wirkungen gewiss ist.

IV. Ergebnis

1. Bedingung und Befristung

Die bei der gegenseitigen ehevertraglichen Begünstigung in der Lehre allgemein angenommene Überlebensbedingung geht in einer Befristung auf, soweit nicht die Person des begünstigten Ehegatten unmittelbar individualisiert bestimmt werden soll. Der Tod als solcher ist reine Befristung des Ehevertrages auf Begünstigung des überle-

---

211 Eine derartige Konstellation findet sich - neben der gegenseitigen ehevertraglichen Begünstigung - auch bei der gegenseitigen Erbeinsetzung. Sie ist allgemein denkbar; vgl. VON TUHR/ESCHER, § 84 I, S. 255, Anm. 6, mit dem Hinweis auf den von Art. 480 OR geregelten Fall der Sequestration.

benden Ehegatten und wird nur unter dem Aspekt des Vorversterbens bzw. Überlebens eines namentlich bezeichne-
ten Ehegatten zur Bedingung. Hier aber ist das Institut
der Bedingung unentbehrlich, um den Ehegatten zu ermög-
lichen, das von ihnen gewünschte Resultat der Begünstigung des überlebenden von ihrem eigenen Wissensstand,
d.h. dem Unwissen darüber, wer zuerst versterben werde,
unabhängig zu machen, die Begünstigung mittels eines
sich verzweigenden Strukturplans den beiden denkbaren
Varianten - Überleben der Ehefrau oder Überleben des
Ehemannes - zu überantworten und damit im Ergebnis am-
bivalent zuzuordnen[212].

2. Privatautonom gestalteter Ehevertrag und durch Statusverhältnis vorgegebene Situation

Wohl wird die der Vorschlags- bzw. Gesamtgutszuweisung
eigene Überlebensklausel privatautonom durch die Ehegatten als Bedingung bzw. Befristung gestaltet und es
ist entsprechende Ausübung der Privatautonomie in einem
Ehevertrag gar unabdingbar für ihre Entstehung. Andererseits ist die Überlebensklausel durch das Statusverhältnis der Ehe und das diesem folgende Gesetz gewissermassen vorgegeben. Der Tod eines Ehegatten ist nämlich hier nicht einfach eine von den Parteien rein
willkürlich als Befristung oder Bedingung einsetzbare
Tatsache. Vielmehr ist das Ableben des ersten Ehegatten
das sich bereits sowohl allgemein aus dem Statusverhältnis der Ehe als Lebensgemeinschaft[213] als auch
aus den besonderen, den Eintritt der güterrechtlichen
Auseinandersetzung betreffenden Gesetzesvorschriften
von Art. 204 Abs. 1 bzw. Art. 236 Abs. 1 ZGB ergebende

---

212 Vgl. SPAHNI, S. 114 f.
213 Der Tod ist ordentlicher Auflösungsgrund der Ehe und
    führt damit im Regelfall auch die güterrechtliche
    Auseinandersetzung herbei; statt vieler:
    HEGNAUER/BREITSCHMID, N. 6.02.

Ereignis zum Vollzug der Begünstigung des überlebenden Ehegatten[214].

---

214 Vgl. VON TUHR I, S. 184, der innerhalb der von ihm aufgezählten Kategorien von Warterechten Rechte, deren Entstehung von sich aus dem Wesen des Rechtsverhältnisses oder Gesetzesvorschrift ergebenden Tatsachen abhängt, von Rechten aus rein durch Parteiwillen bedingten oder befristeten Geschäften unterscheidet.

§ 5 Gegenstand der güterrechtlichen Begünstigung

I. Vorschlagszuweisung

1. Zuwendungssubstrat: Errungenschaft

Gegenstand der Zuweisung nach Art. 216 ZGB ist der Vorschlag[215] [216]. Dieser wird in Art. 210 Abs. 1 ZGB
umschrieben[217] als Gesamtwert der Errungenschaft, ein-
schliesslich der hinzugerechneten Vermögenswerte[218] und
der Ersatzforderungen[219], abzüglich der auf der Errungenschaft lastenden Schulden[220] und der Ersatzforderungen des Eigengutes[221]. Der so berechnete Vorschlag entspricht dem Nettowert der Errungenschaft[222]. Die Betei-

---

215 Der Ausdruck "Vorschlag" entstammt der alemannischen
     Rechtssprache, kam aber vor dem ZGB nur im bündneri-
     schen Zivilgesetzbuch von 1862 vor. Vgl. E. HUBER,
     System I, S. 354 f.; DERS., Erläuterungen I, S. 175;
     HEGGLIN, S. 1, Anm. 1.
216 Es sei wiederholt, dass, nachdem im neuen Eherecht
     beide Ehegatten einen Vorschlag zu bilden vermögen,
     Vorschlagszuweisung an den überlebenden Partner
     bedeutet, dass dieser seinen eigenen Vorschlag vollum-
     fänglich behalten darf und den ganzen Vorschlag seines
     vorverstorbenen Ehegatten erhält; vgl. DÜRR, S. 3, und
     die weiteren Literaturhinweise in Anm. 89 hievor.
217 Die gesetzliche Umschreibung ist, jedenfalls dem Wort-
     laute nach, insofern nicht ganz vollständig, als sie
     wohl die Ersatzforderungen der Errungenschaft gegen das
     Eigengut anführt - vgl. den Passus "einschliesslich..."
     in Art. 210 Abs. 1 ZGB -, hingegen die bei der Vor-
     schlagsberechnung in Abzug zu bringenden Ersatzforde-
     rungen des Eigengutes gegen die Errungenschaft uner-
     wähnt lässt. Letztere lassen sich jedoch auch unter die
     im Gesetz aufgeführten, auf der Errungenschaft lasten-
     den Schulden subsumieren.
218 Art. 208 ZGB.
219 Art. 209 und 206 ZGB.
220 Vgl. Art. 209 Abs. 2 ZGB.
221 Zum ganzen: HAUSHEER, Errungenschaftsbeteiligung,
     S. 73; HEGNAUER/BREITSCHMID, N. 26.47; ausführlich zur
     Berechnung des Vorschlages HUWILER, S. 95-109.
222 PIOTET, Errungenschaftsbeteiligung, S. 159; REY, Grund-
     züge, S. 9. Vgl. auch zur Güterverbindung, aber nunmehr
     ebenso zutreffend für die Errungenschaftsbeteiligung,
     KNAPP, S. 276, N. 829: "La valeur conférée aux acquêts,
     après ces multiples opérations, est égale au bénéfice".

ligung nach Art. 215 ff. ZGB bezieht sich folglich nicht unmittelbar auf die der Gütermasse der Errungenschaft zugehörigen Sachen[223], sondern auf deren Wert[224]; dieser macht den sog. Vorschlag aus.

Begrifflich sind Errungenschaft und Vorschlag streng zu trennen[225] [226]: Der Vorschlag besteht zwar aus Errungenschaft, ist mit dieser aber nicht identisch. Errungenschaft ist eine während der Dauer des Güterstandes bereits vorhandene Gütermasse, der Vorschlag als Aktivsaldo der Errungenschaft erscheint dagegen erst im Zeitpunkt der Auflösung des Güterstandes. Vorschlag ist der engere Begriff: Vorschlag besteht immer aus Errungenschaft[227], während umgekehrt nicht jede Errungenschaft zu einem Vorschlag führen muss, sondern auch einen Rückschlag ergeben kann[228].

Zuwendungssubstrat der Vorschlagsbeteiligung bildet demnach ausschliesslich die Gütermasse der Errungenschaft, während das Eigengut davon nicht erfasst wird[229]. Zur Errungenschaft zählen grundsätzlich alle während der Dauer des Güterstandes von einem Ehegatten

---

223 Zur Sachwertzuweisung im Rahmen der Vorschlagsbeteiligung unten § 5 I 2 2.
224 SCHNYDER, Rechtsgestaltung, S. 318.
225 Vgl. zum folgenden bereits HEGGLIN, S. 2.
226 Die von MÜNCH, S. 15, Anm. 16, schon 1941 beklagte unscharfe Begriffsverwendung von Errungenschaft und Vorschlag ist auch heute noch nicht überwunden: Im Grunde geht es im ordentlichen Güterstand nicht - wie es die Terminologie des Gesetzes nahelegt - um eine Errungenschaftsbeteiligung im eigentlichen Wortsinne, sondern um eine Vorschlagsbeteiligung, d.h. der überlebende Ehegatte ist nicht direkt an der Errungenschaft beteiligt, sondern lediglich am Wert der Errungenschaft; vgl. die Kritik bei FELLMANN, S. 70 f., und TUOR/SCHNYDER/SCHMID, S. 231 f.
227 Ohne Errungenschaft kann bei der güterrechtlichen Auseinandersetzung kein Vorschlag resultieren; insofern ist das Vorhandensein aktiver Errungenschaft notwendige Voraussetzung für den Vorschlag. Vgl. FELLMANN, S. 71, mit Anm. 266.
228 HEGGLIN, S. 3.
229 Botschaft, S. 125.

entgeltlich erworbenen Vermögenswerte[230]. Indessen fällt bei gleichzeitigem Vorliegen eines Tatbestandes von Art. 198 ZGB selbst ein entgeltlich erworbener Gegenstand ins Eigengut: Die Gütermasse der Errungenschaft stellt im Falle einer solchen Überscheidung von Errungenschafts- und Eigengutseigenschaft ein allgemeines Vermögen dar, das dem Eigengut als dem speziellen den Vorrang gewährt[231]. Die im ordentlichen Güterstand gesetzlich vorgesehene, grundsätzlich zwingende[232] Unterscheidung des Vermögens jedes Ehegatten in Errungenschaft und Eigengut hat hier, als notwendiges Element der Vorschlagsberechnung, ihre hauptsächliche Bedeutung[233].

2. Rechtsnatur des Vorschlages

2.1. Obligatorische Natur

Die heute[234] einhellige Auffassung qualifiziert die Beteiligung am Vorschlag als Forderung obligatorischer

---

230 Statt vieler: TUOR/SCHNYDER/SCHMID, S. 225 f., mit Hinweis auf Ausnahmen von der in der Legaldefinition von Art. 197 Abs. 1 ZGB zu absolut formulierten Regel.
231 Vgl. LÜTHE, S. 264.
232 Vorbehalten bleibt die Erklärung von Errungenschaft zu Eigengut in dem durch Art. 199 ZGB erlaubten Rahmen. Vgl. dazu HEGNAUER/BREITSCHMID, NN. 26.28-26.30.
233 Botschaft, S. 115; LÜTHE, S. 64 ff.; WIEGAND, S. 280; TUOR/SCHNYDER/SCHMID, S. 225; HEGNAUER/BREITSCHMID, N. 26.11.
234 Unter dem alten, bis Ende 1987 geltenden Recht wurde angesichts des Fehlens einer Legaldefinition des Vorschlages, wie sie nunmehr Art. 210 Abs. 1 ZGB enthält, sowie aufgrund des Gesetzestextes von Art. 214 Abs. 1 aZGB, der von "gehört" bzw. "appartient" und "appartiene" sprach, vereinzelt auf eine dingliche Natur des Vorschlags, der in gemeinschaftlichem Eigentum stehe und sinngemäss wie die Erbschaft zu teilen sei, geschlossen; so HEGGLIN, S. 122. Für sinngemässe Anwendbarkeit der Vorschriften über die Teilung einer Erbschaft auch: CURTI-FORRER, N. 4 zu Art. 214 aZGB; J. KAUFMANN, S. 232. Vgl. auch die Idee einer fiktiven Gemeinschaft an der Errungenschaft bei ROBOZ, S. 127. Bereits früh wurde jedoch durch die Kommentatoren des

Natur[235]. Dass der Beteiligung am Vorschlag nicht dinglicher Charakter zukommen kann, ergibt sich bereits aus
der Legaldefinition des Art. 210 Abs. 1 ZGB, worin der
Vorschlag als Aktivsaldo im Sinne des Rechnungsergeb-
nisses der Liquidationsbilanz, wie sie sich aus den
Operationen in Art. 205 bis Art. 210 ZGB ergibt, umschrieben ist. Folgerichtig sind denn die gegenseitigen
Vorschlagsbeteiligungsforderungen verrechenbar[236].

2.2. Auswirkung im Todesfall

Während der Dauer des Güterstandes stehen die beiden
das Substrat der Vorschlagszuweisung bildenden[237]
Errungenschaften der Ehegatten in je getrenntem Eigentum von Mann und Frau[238] [239]. An diesen

---

ZGB - GMÜR, N. 25 zu Art. 214 aZGB; EGGER, N. 8 zu
Art. 214 aZGB - und stetig zunehmend auch in Monogra-
phien - DENZLER, S. 83, 96 f.; SUTTER, S. 41 ff., besonders S. 43 f.; MÜNCH, S. 14 f.; CAVIN, S. 119;
KNAPP, S. 266, N. 795; FULPIUS, S. 24, mit Kritik an
der Redaktion von Art. 214 aZGB in Anm. 5 - die
Gegenmeinung vertreten, wonach der Vorschlagsanspruch
der Ehefrau an der im alten Recht im Eigentum des Ehemannes gestandenen Errungenschaft obligatorischer Natur
sei, welche Auffassung sich zur herrschenden Lehre und
Praxis - vgl. LEMP, N. 3 zu Art. 214 aZGB;
TUOR/SCHNYDER, 9. Aufl., 1975, Nachdruck 1979, S. 206;
aus der Gerichtspraxis: BGE 82 II 487, 100 II 73 - ent-
wickelte.

235 DESCHENAUX/STEINAUER, S. 395; HUWILER, S. 109; HAUS-
    HEER/REUSSER/GEISER, N. 16 zu Art. 215;
    HEGNAUER/BREITSCHMID, N. 26.74.
236 Art. 215 Abs. 2 ZGB.
237 Vorne § 5 I 1.
238 Vgl. etwa die tabellarische Darstellung bei HAUSHEER,
    Errungenschaftsbeteiligung, S. 78.
239 Die je getrennten Eigentumsverhältnisse an der
    Errungenschaft sind zu unterscheiden von den Eigentums-
    verhältnissen an einzelnen, der Errungenschaft angehö-
    renden Vermögenswerten. An diesen ist Begründung von
    Mit- oder Gesamteigentum durch die Ehegatten ohne wei-
    teres möglich, was aber nichts daran ändert, dass die
    Errungenschaften als Gütermassen je im Alleineigentum
    der Ehegatten stehen. Erwerben beispielsweise im or-
    dentlichen Güterstand Ehegatten aus Mitteln ihrer Er-
    rungenschaften als einfache Gesellschaft ein Grundstück
    mit je hälftigen internen Anteilen, so sind sie daran
    dinglich Gesamteigentümer; güterrechtlich ist jedoch

Eigentumsverhältnissen ändert sich mit Auflösung des
Güterstandes durch Tod eines Ehegatten und der für diesen Fall vereinbarten Vorschlagszuwendung aufgrund des
Güterrechts nichts: Die Zuweisung des Vorschlages an
den überlebenden Ehegatten begründet wohl ein Forde-
rungsrecht desselben, vermag aber zu seinen Gunsten
keinen unmittelbaren Eigentumsübergang zu bewirken. Die
der Vorschlagszuweisung unterliegenden Vermögenswerte
der Errungenschaft des erstversterbenden Ehegatten fallen kraft Erbganges dinglich in dessen Nachlass, gegen
welchen dem überlebenden Ehegatten aufgrund seines Anspruchs auf den gesamten Vorschlag ein obligatorisches
Recht, d.h. eine Forderung zusteht, die mit Errungenschaftsgegenständen getilgt werden kann[240].

2.3. Zuweisung von Sachen

Die obligatorische Natur der Vorschlagsforderung
schliesst die Vermittlung einer unmittelbar dinglichen
Berechtigung an einzelnen Gegenständen der Errungenschaft aus[241]. Trotz Verneinung der dinglichen Wirkung
der Vorschlagszuweisung bleibt indes die Frage offen,
ob die Ehegatten nicht im Rahmen eines Ehevertrages
nach Art. 216 ZGB die Zuweisung bestimmter Vermögenswerte der Errungenschaft an den überlebenden Ehegatten,
unter Anrechnung an die Vorschlagsforderung, vereinbaren können. Die im Güterverbindungsrecht umstrittene
Frage[242] wird nunmehr mehrheitlich bejaht[243]; eine Zu-

---

das Grundstück je hälftig den beiden Errungenschaften
zuzurechnen, die im getrennten Alleineigentum der Ehegatten stehen.
240 Eingehend dazu und besonders zur Rechtslage bei Vorliegen von Grundstücken hinten § 8 II und III, § 9.
241 HUWILER, S. 110.
242 Gegen die Zulässigkeit der Zuweisung von Sachwerten
LEMP, N. 18 zu Art. 212 und 213 aZGB sowie besonders
N. 85 zu Art. 214 aZGB, mit der Begründung, die Freiheit der Gestaltung der güterrechtlichen Verhältnisse
beschränke sich auf das vom Gesetz ausdrücklich oder
doch sinngemäss Erlaubte; vgl. auch als weitere ableh-
nende Stimmen: VON AESCH, S. 192; MOOR, S. 60 f.;

weisung von Sachwerten im Rahmen der Vorschlagszu-
wendung wird dagegen mit Hinweis auf die obligatorische
Natur des Beteiligungsanspruchs abgelehnt von WISS-
MANN[244] und JÜRG SCHMID[245].

Die ablehnenden Stimmen ziehen aus der - unbestritte-
nen - obligatorischen Rechtsnatur des Vorschlages den
nicht zutreffenden Schluss, die daraus fliessenden
Beteiligungsansprüche könnten nicht Sachen zum Gegenstand haben[246]. Indessen sind neben der Geldzahlung
auch Sachleistungen möglicher Inhalt einer Obligation[247], so dass die Sachwertzuweisung im Rahmen der
Vorschlagsbeteiligung nicht automatisch einem dinglichen Anspruch gleichgestellt werden darf[248]. Nach all-

---

J. SCHMID, Spezialfragen, S. 58. Im alten Recht bereits
für die Zulässigkeit, Gegenstände in Anrechnung an den
Vorschlagsanteil zuzuweisen: DENZLER, S. 99; RÜSCH,
S. 17; MÜNCH, S. 15; TUOR/SCHNYDER, 9. Aufl., 1975,
Nachdruck 1979, S. 206 f.; HUWILER, S. 115.

243 So von: SCHWAGER, S. 191; HUWILER, S. 110 f.; HAUS-
HEER/REUSSER/GEISER, N. 36 zu Art. 182 ZGB, N. 25 zu
Art. 215 ZGB und N. 26 zu Art. 216;
HEGNAUER/BREITSCHMID, N. 26.78.

244 S. 334.

245 Spezialfragen, S. 58.
Ausnahmen machen die beiden Autoren nur für Ansprüche
aus Art. 219 ZGB.

246 Diese irrige Folgerung mag durch die eine reine Geldzahlung naheliegend erscheinen lassende Umschreibung
des Vorschlags als rechnerische Grösse insinuiert sein.

247 VON TUHR/PETER, § 7 II, S. 45 f.
Vgl. auch die analoge Situation beim Vermächtnis (Art.
484 ZGB), welches Sachen oder Werte aus dem Nachlass
zum Gegenstand hat, dem Berechtigten aber nur eine
obligatorische und nicht eine dingliche Rechtsposition
an den zugewandten Objekten verschafft; dazu statt aller: TUOR/SCHNYDER/SCHMID, S. 495. Analogie besteht
ebenso zur erbrechtlichen Teilungsvorschrift (Art. 608
ZGB), welche ebenfalls mit nur obligatorischer Wirkung
einen Anspruch auf Zuweisung eines bestimmten Gegenstandes begründet; vgl. TUOR/PICENONI, N. 6a zu Art.
608 ZGB.

248 Auf der unzutreffenden Prämisse, wonach Sachwertzuweisung dingliche Ansprüche bedeutet, argumentiert auch
MOOR, S. 60 f., wenn er ausführt: "Une clause attri-
buant un bien en nature, et opérant à la dissolution un
transfert de droit réel, est exclue ..... il n' appartient pas aux époux ..... de remplacer l' obligation
pécuniaire par un transfert de droit réel". Andererseits scheint MOOR, wenn er eine solche Vereinbarung

gemeinem Vertragsrecht ist es ohne weiteres möglich, auf Anrechnung an eine zukünftige Schuld die Übertragung einer Sache zu vereinbaren[249]. Es ist kein Grund dafür ersichtlich, dass die den Ehegatten in Art. 216 ZGB eingeräumte Privatautonomie nicht auch die Modalitäten der Tilgungsweise der Vorschlagsforderung umfassen sollte[250]; nach dem Grundsatz a maiore ad minus muss die Festlegung des auf Anrechnung an die Beteiligungsforderung geschuldeten Inhalts in der bezüglich ihres Umfanges gegebenen Disponibilität der Vorschlagszuweisung mitenthalten sein[251].

Für die Zulässigkeit, den Schuldgegenstand der Vorschlagsforderung mittels Parteivereinbarung festzusetzen, spricht auch die Tatsache, dass der Gesetzgeber selbst in Art. 205 Abs. 2 ZGB dem überwiegend interessierten und in Art. 219 ZGB spezifisch dem überlebenden Ehegatten die Möglichkeit gibt, in Anrechnung an seine Beteiligungsforderung bestimmte Gegenstände zu übernehmen. Wenn der überlebende Ehegatte derart auf

---

als "promesse de dation en payement" (S. 61) interpretieren will, Teilungsregeln obligatorischer Natur doch nicht auszuschliessen.
Ebenso hat das Kantonsgericht Waadt in einem zu wenig differenzierenden Entscheid (ZBGR 43/1962, S. 107 f.) mit der zweifellos richtigen Ablehnung eines Eigentumsübergangs ipso iure aufgrund des Vorschlagsanteils auch gerade die hier bejahte Möglichkeit verneint, dass die Ehegatten im Rahmen der Vorschlagszuweisung einen obligatorischen Anspruch auf namentlich spezifizierte Sachen begründen können.

249 HAUSHEER/REUSSER/GEISER, N. 26 zu Art. 216 ZGB. Vgl. ebenso VON TUHR I, S. 143 f., wonach der Gegenstand der Leistung des Schuldners eine Sache sein kann, an welcher er dem Gläubiger Eigentum oder ein sonstiges Recht zu verschaffen hat.
250 Ebenso erachtet die deutsche Doktrin Parteivereinbarungen über die Zuweisung von Gegenständen - etwa Grundstücken und Aktien -, die wertmässig der grundsätzlich auf Geld gehenden Ausgleichsforderung entsprechen, als möglich, da solche Abmachungen das tragende Prinzip der Zugewinngemeinschaft nicht berühren; vgl. GÖHRE, S. 71.
251 HUWILER, S. 111, m.w.H. auf die deutsche Doktrin in Anm. 196.

obligatorischer gesetzlicher Grundlage[252] einseitig die
Zuweisung von Sachen verlangen kann, muss den Ehegatten
a fortiori gestattet sein, die Gegenstände zur Tilgung
der Vorschlagsforderung durch Vereinbarung zu bestimmen, was denn Art. 219 Abs. 1 ZGB, der im Rahmen der
gesetzlichen Teilungsvorrechte ehevertragliche Regelungen vorbehält, auch selbst ausdrücklich vorsieht[253].

Mit der mehrheitlichen Lehre ist deshalb davon auszugehen, dass die Zuweisung von Sachen im Rahmen der
Vorschlagsbeteiligung möglich ist. Dadurch wird indessen die Vorschlagsforderung *nicht zu einem dinglichen
Anspruch* mit unmittelbarer Eigentumsverschaffung[254],
sondern verleiht dem überlebenden Ehegatten lediglich
die obligatorische Berechtigung, gewisse Sachwerte der
Errungenschaft in Anrechnung an seine Vorschlagsforderung zu übernehmen. Es handelt sich dabei m.a.W. um
einen vor Auflösung des Güterstandes, in der Regel ehevertraglich[255] begründeten obligatorischen Anspruch güterrechtlichen Charakters auf den Besitz- und Eigentumserwerb an der Sache[256].

In der Praxis findet sich denn in Eheverträgen auf Vorschlagszuweisung an den überlebenden Ehegatten fast regelmässig die Bestimmung, dass sich in der Errungenschaft des einen, des anderen oder beider Ehegatten ein
Grundstück befinde, welches der überlebende Ehegatte in
Anrechnung an seinen Vorschlagsanspruch zu übernehmen
berechtigt sein soll[257]. Statt sich auf die Anspruchs-

---

252 ZOBL, Auswirkungen, S. 134; SCHLEISS, S. 198 f.; HAUS-
     HEER/REUSSER/GEISER, N. 26 zu Art. 216 ZGB.
253 HUWILER, S. 110.
254 Zur Entwicklung der dinglichen Rechtslage bei
     Vorschlagszuweisung hinten § 8.
255 Die Ehevertragsform ist allerdings nicht zwingend; vgl.
     SCHWAGER, S. 191 f., sowie - mit der dogmatischen
     Begründung - HUWILER, S. 111, Anm. 197, und S. 115.
256 HAUSHEER/REUSSER/GEISER, N. 25 zu Art. 215 ZGB.
257 Eine derartige, Anspruchsbegründung und Sachwertzuwei-
     sung verbindende, ehevertragliche Vereinbarung ist
     trotz der gesetzlichen Teilungsvorschriften von Art.
     219 ZGB - zu deren ebenfalls obligatorischer Wirkung

eingehend SCHLEISS, S. 193 ff.; vgl. auch HAUS-
HEER/REUSSER/GEISER, N. 10 zu Art. 219 ZGB - bedeutsam,
da diese dem überlebenden Ehegatten wohl Vorrechte auf
Zuweisung von Wohnung und Hausrat verschaffen, aber
wirkungslos bleiben, wenn er finanziell nicht in der
Lage sein sollte, die entsprechenden Gegenstände gegen
Abfindung der Erben in Anrechnung zu übernehmen. Eine
vermögenswerte Begünstigung des überlebenden Ehegatten
enthält Art. 219 ZGB nämlich nicht; die Zuteilung hat
auf Anrechnung zu Verkehrswerten zu erfolgen. Ausserdem
vermitteln die gesetzlichen Teilungsvorschriften dem
Grundsatze nach lediglich einen Anspruch auf Einräumung
von Nutzniessung oder Wohnrecht an Haus oder Wohnung
(Art. 219 Abs. 1 ZGB), während die Zuweisung zu Eigentum nur bei Rechtfertigung durch die Umstände verlangt
werden kann (Art. 219 Abs. 2 ZGB). Unter diesen Aspekten gibt die Zuwendung des gesamten Vorschlages als eines vermögenswerten Anspruchs, kombiniert mit der Bestimmung der der Erfüllung des Anspruchs dienenden
Schuldgegenstände, dem überlebenden Ehegatten weit mehr
Sicherheit als die Teilungsregeln von Art. 219 ZGB, die
wohl Zuweisungsvorrechte begründen, deren Realisierung
aber wertmässig nicht sicherstellen. Je geringer die
Forderung des überlebenden Ehegatten aus der Vorschlagsbeteiligung oder dem Mehrwertanteil bzw. seine
allgemeinen finanziellen Möglichkeiten zur Abfindung
der Erben sind, desto unsicherer wird seine Chance, die
Zuweisungsansprüche von Art. 219 ZGB auch tatsächlich
ausüben zu können. Zufolge dieser fehlenden wertmässigen Bevorzugung (SCHLEISS, S. 164, m.w.H. in Anm. 16;
HAUSHEER/REUSSER/GEISER, N. 11 zu Art. 219 ZGB) erscheint die Bedeutung von Art. 219 ZGB als subsidiär.
Die Bestimmung erlangt jedoch primäre Relevanz, wenn
die eheliche Wohnung bzw. der Hausrat der Gütermasse
des Eigenguts - Art. 219 ZGB umfasst nach aus-
drücklichem Willen des Gesetzgebers auch das Eigengut
(HAUSHEER/REUSSER/GEISER, N. 46 zu Art. 219 ZGB,
m.w.H.; HEGNAUER/BREITSCHMID, N. 26.85) - angehören und
daher nicht mit der - jedenfalls dem Werte nach - auf
die Errungenschaft beschränkten Vorschlagszuweisung dem
überlebenden Ehegatten zugewendet werden können; da die
Ausübung der Zuweisungsrechte von Art. 219 ZGB eine
güterrechtliche Forderung oder die Fähigkeit des überlebenden Ehegatten zur Ausrichtung einer Ausgleichszahlung voraussetzt (HAUSHEER/REUSSER/GEISER, N. 23 zu
Art. 219 ZGB), wird in der Regel auch in diesem Fall
das Vorliegen einer Vorschlagszuweisung nützlich oder
gar nötig sein.
Die vorstehenden Ausführungen gelten mutatis mutandis
auch für die Gütergemeinschaft, wobei sogleich festzuhalten ist, dass zufolge der dinglichen Wirkung der Gesamtgutszuweisung - dazu § 5 II 2 und § 11 I hienach -
eine zusätzliche Sachwertzuweisung ohne Bedeutung
bleibt. Art. 244 ZGB unterscheidet sich von Art. 219
ZGB vor allem dadurch, dass einerseits der Anspruch auf
Zuweisung von Haus oder Wohnung in erster Linie auf Eigentumsverschaffung statt Einräumung von Nutzniessung

begründung durch gegenseitige Vorschlagszuweisung zu beschränken, können die Ehegatten mit einer derartigen Vereinbarung im Hinblick auf die güterrechtliche Auseinandersetzung auch gerade den Erfüllungsgegenstand des Anspruchs bestimmen.

II. Gesamtgutszuweisung

1. Gesamtgut als Zuwendungsgegenstand

Zuwendungsobjekt der gestützt auf Art. 241 Abs. 2 ZGB vereinbarten Zuweisung ist das Gesamtgut. Dessen Umfang ist im Gesetz nicht fest umschrieben, sondern variiert je nach Vorliegen des Grundmodells der allgemeinen Gütergemeinschaft bzw. der Unterarten der Errungenschaftsgemeinschaft oder der Ausschlussgemeinschaft[258]. Soll der überlebende Ehegatte durch Gesamtgutszuweisung maximal begünstigt werden, ist die Gütermasse des Gesamtgutes möglichst weit zu fassen, d.h. es ist im Ehevertrag die allgemeine Gütergemeinschaft zu wählen und es sind über das gesetzliche Eigengut nach Art. 225 Abs. 2 ZGB hinaus keine weiteren Vorbehalte zugunsten der Paraphernalgüter zu machen.

Im Rahmen der güterrechtlichen Auseinandersetzung sind zur Feststellung des Gesamtgutes[259] - ähnlich wie im ordentlichen Güterstand - die Eigengüter und das Gesamtgut auszuscheiden und es ist unter Berücksichtigung

---

oder Wohnrecht geht, und andererseits nur Gegenstände des Gesamtgutes, nicht aber des Eigengutes, den Teilungsvorrechten unterstellt sind.

258 HEGNAUER/BREITSCHMID, NN. 28.09-28.12; eingehend zum Unfang des Gesamtgutes bei den verschiedenen Gütergemeinschaften MASANTI-MÜLLER, S. 28-30.

259 Dazu im einzelnen statt vieler: HEGNAUER/BREITSCHMID, NN. 28.39-28.42.

allfälliger Mehrwertanteile[260] über die Ersatzforderungen zwischen Eigengütern und Gesamtgut abzurechnen[261].

Umfangmässig kann das Gesamtgut weit mehr beinhalten als die Errungenschaft im ordentlichen Güterstand; die allgemeine Gütergemeinschaft umfasst alles Vermögen und alle Einkünfte der Gatten[262] mit Ausnahme der persönlichen Gebrauchsgegenstände und der Genugtuungsansprüche, welche von Gesetzes wegen Eigengut bilden[263]. Die Gesamtgutszuweisung kann - und wird im Regelfall der allgemeinen Gütergemeinschaft - ebenfalls in die Ehe eingebrachte Güter sowie den Ehegatten während der Ehe angefallene Erbschaften und Schenkungen enthalten, demnach Vermögenswerte, die im ordentlichen Güterstand als Eigengut von der Vorschlagszuweisung nicht erfasst werden[264].

2. Zuweisung einer Gütermasse mit dinglicher Wirkung

Die zur Feststellung des Gesamtgutes in Art. 236 ff. ZGB vorgesehenen Operationen sind mit einer Ausnahme rein rechnerischer Natur; sie wirken nicht dinglich, sondern nur obligatorisch, womit sie bei Vorliegen der Gesamtgutszuweisung den Eigentumsübergang des Gesamtgutes an den begünstigten überlebenden Ehegatten nicht zu hindern vermögen. Unmittelbar gegenständlich den Umfang des Gesamtgutes bestimmende und damit dingliche

---

260 Art. 239 ZGB.
261 Art. 238 ZGB.
262 Art. 222 Abs. 1 ZGB. Vgl. MASANTI-MÜLLER, S. 28, m.w.H.
263 Art. 225 Abs. 2 ZGB; vgl. HEGNAUER/BREITSCHMID, NN. 28.10 und 28.14. Die gesetzliche Zuordnung der Genugtuungsansprüche sowie der Gegenstände, die einem Ehegatten ausschliesslich zum persönlichen Gebrauch dienen, zum Eigengut ist grundsätzlich zwingend; vgl. MASANTI-MÜLLER, S. 38 f. mit Anm. 244.
264 SCHWAGER, S. 197 f. In diesem Umstand liegt auch der Grund für den in Art. 241 Abs. 3 ZGB gegenüber Art. 216 Abs. 2 ZGB personell auf die Nachkommen generell erweiterten Pflichtteilsschutz; vgl. SCHWAGER, a.a.O., und HEGNAUER/BREITSCHMID, NN. 28.45 f.

Wirkung kommt nur der Ausscheidung von Gesamtgut und Eigengütern zu. Ersatzforderungen sowie Mehrwertanteilsansprüche zulasten und zugunsten des Gesamtgutes wirken dagegen rein obligatorisch. So geht etwa ein im Gesamtgut befindliches Grundstück trotz einer gegen das Gesamtgut bestehenden Ersatzforderung des Eigengutes des verstorbenen Ehegatten aufgrund der Gesamtgutszuweisung ins Eigentum des überlebenden Ehegatten über, ist aber als Bestandteil des Gesamtgutes mit einer obligatorischen Ersatzforderung des Eigengutes belastet[265] [266].

Ebenso steht dem gestützt auf die Zuweisung des Gesamtgutes erfolgenden Eigentumsübergang an den überlebenden Ehegatten der in Art. 241 Abs. 3 ZGB vorbehaltene Pflichtteilsschutz der Nachkommen nicht entgegen, weil er durch die Herabsetzung realisiert wird und somit ebenfalls nur obligatorische Rechte vermittelt[267].

Im Gegensatz zur Vorschlagszuweisung als Zuweisung einer rechnerischen Grösse, die auch bei vorheriger Bestimmung der zur Erfüllung heranzuziehenden Sachen ihre obligatorische Natur behält[268], erweist sich die Zuwendung des ganzen Gesamtgutes an den überlebenden Ehegatten als Zuweisung einer Gütermasse mit unmittelbar dinglicher Änderung in der Rechtszuständigkeit. Die während des Güterstandes im Gesamteigentum[269] beider Ehegatten stehende Gütermasse Gesamtgut fällt dem über-

---

265 Die Situation ist vergleichbar einem dem Erben anfallenden, somit dinglichen Erwerb, der mit einem Vermächtnis als obligatorischem Anspruch zugunsten des Legatars belastet ist.
266 Allgemein vermögen Forderungen gegenüber dem Gesamtgut nicht unmittelbar die Gegenstände des Gesamtgutes zu entziehen, sondern nur als Schuld zu belasten.
267 BGE 110 II 232. Es sei an die erbrechtliche Regel erinnert, wonach die Pflichtteile gewahrt sind, wenn die Erben jene dem Werte nach erhalten haben (Art. 522 Abs. 1 ZGB). Vgl. dazu im Zusammenhang mit dem Eigentumsübergang an Grundstücken hinten § 11 III 2 2, besonders bei Anm. 1015.
268 Vorne § 5 I 2 2.
269 Art. 222 Abs. 2 ZGB.

lebenden zu Alleineigentum zu[270] [271]. Zuweisungsregeln über Sachen[272] haben keine selbständige Bedeutung mehr bei vollständiger Zuweisung des Gesamtgutes, da mit dieser automatisch der Eigentumsübergang an den Gesamtgutsgegenständen verknüpft ist.

---

270 Vgl. im einzelnen und insbesondere bezüglich Grundstücken hinten § 11 I.

271 "Alleineigentum" ist hier zu verstehen als Alleinberechtigung schlechthin; so fallen Forderungen des Gesamtgutes, an welchen das auf Sachen beschränkte Eigentum im technischen Sinne nicht bestehen und bei welchen von einem dinglichen Rechtsübergang i.e.S. nicht gesprochen werden kann, ebenfalls unmittelbar in die alleinige Berechtigung des überlebenden Ehegatten. Vgl. TUOR/SCHNYDER/SCHMID, S. 239, Anm. 2. "Eigentum" meint hier eine absolut wirkende Rechtsposition im Sinne eines unmittelbaren Eintritts in die entsprechenden Rechtsstellungen (Eigentümerstellung, Gläubigerstellung usw.); vgl. auch die Verwendung des Begriffes "Eigentum" in diesem Sinne durch den Gesetzgeber in Art. 491 Abs. 2 ZGB.

272 Wie in der Errungenschaftsbeteiligung sind solche Sachwertzuweisungen auch hier nicht der Form des Ehevertrages bedürftig; vgl. SCHWAGER, S. 197.

§ 6   Rechtsstellung der Ehegatten nach Vertragsschluss

I.   Vorbemerkung

Es fragt sich, welche Rechtsposition den Ehegatten mit Abschluss des Ehevertrages auf Vorschlags- bzw. Gesamtgutszuweisung an den überlebenden Partner vermittelt wird. Zu klären ist demnach die rechtliche Stellung der beiden Vertragsparteien nach erfolgter Beurkundung des Ehevertrages, aber vor Eintritt des Todes eines Ehegatten. Bildhaft gesprochen geht es um die Frage, wo die Ehegatten - nach Ehevertragsschluss - auf dem Weg zum Erwerb des Vollrechts in Form des gesamten Vorschlags bzw. Gesamtgutes stehen.

II.   Erwerb subjektiver Rechte im allgemeinen

1.   Rechtsfolge eines Tatbestandes

Der Erwerb subjektiver Rechte[273] ist allgemein Rechtsfolge eines Tatbestandes[274]. Als solcher wird die Gesamtheit der in abstrakten Rechtssätzen genannten Tatsachen, bei deren Vorliegen Rechtswirkungen in Form der Entstehung, Änderung oder Endigung von Rechten und Pflichten eintreten sollen, bezeichnet[275]. Der Tatbestand nennt folglich insbesondere "die Gegebenheiten, von denen es der Gesetzgeber abhängig machen will, dass

---

273 Das subjektive Recht weist nach VON TUHR I, S. 54 f., dem einzelnen Individuum ein Herrschaftsgebiet zu, "auf welchem sein Wille zu gelten hat" und in dem "Veränderungen ... in der Regel nur mit Willen des Subjekts (durch Rechtsgeschäft) erfolgen können". Es verleiht dem Rechtsträger eine "Normsetzungsbefugnis"; so Bucher AT, S. 28, m.w.H. zur Begriffsbestimmung auf S. 27 f.
274 VON TUHR II/1, S. 4 f.
275 VON TUHR II/1, S. 4.

eine Person zum Träger eines subjektiven Rechts wird"[276].

2. Mehrheit von Tatbestandselementen

2.1. Gleichwertigkeit für den Rechtserwerb

Die meisten Tatbestände sind mehrgliedrig, d.h. sie bestehen aus mehreren Tatsachen, den sog. Tatbestandselementen[277]. Damit ein Rechtssatz Wirkungen entfalten kann, müssen sämtliche von ihm aufgestellten Tatbestandsstücke erfüllt sein[278]. Hinsichtlich der Wirksamkeit eines Rechtssatzes, und somit auch des daraus folgenden Rechtserwerbes, sind demnach alle seine einzelnen Tatbestandselemente gleichwertig[279].

2.2. Allgemeine und besondere Tatbestandselemente

Ausserhalb ihres Zweckes, über den Eintritt des Rechtserwerbes zu befinden[280], werden in der Lehre die einzelnen Voraussetzungen einer jeden Rechtswirkung in einen Tatbestand im eigentlichen Sinn und in sonstige Wirksamkeitsvoraussetzungen geschieden[281]. So wird beim Rechtsgeschäft die Willenserklärung der Parteien als eigentlicher Grund der Rechtswirkung dem Tatbestand

---

276 FORKEL, S. 25.
   Vgl. auch WÜRDINGER, S. 18, wonach unter dem Tatbestand einer Norm zu verstehen ist "die Summe jener einzelnen Voraussetzungen (Tatbestandselemente=Merkmale) mit deren Verwirklichung für eine bestimmte Person die Möglichkeit gegeben ist, im konkreten Fall die als Rechtsfolge aufgestellten Befugnisse geltend zu machen".
277 VON TUHR II/1, S. 14; FORKEL, S. 21.
278 VON TUHR II/1, S. 18, 30; FORKEL, S. 44.
279 WÜRDINGER, S. 28 ff., besonders S. 32 und S. 65 f.
280 Dazu soeben § 6 II 2 1 i.f.
281 OERTMANN, Rechtsbedingung, S. 14 und 21; FORKEL, S. 43, m.w.H.; aus der schweizerischen Literatur H. SCHMID, S. 25 f.

i.e.S. zugerechnet, wogegen die zur Wirksamkeit des
Rechtsgeschäftes ebenso erforderlichen weiteren Um-
stände - wie etwa Geschäftsfähigkeit oder Einwilligung
des allfälligen gesetzlichen Vertreters - als bloss zur
Haupterklärung hinzutretende, übrige Voraussetzungen
der Rechtswirksamkeit verstanden werden[282] [283]. Der
Tatbestand i.e.S. bestimme inhaltlich das "Was" der
Rechtsfolge, die Wirksamkeitsvoraussetzungen dagegen
entschieden ohne selbständige Kraft nur über das
"Ob"[284].

Diese Zerlegung des Tatbestandes in den ein bestimmtes
Recht kennzeichnenden haupt- und einen hiezu nicht
wesentlichen nebensächlichen Teil ist auch verwendbar
zur Gliederung der für einen Rechtserwerb konkret vor-
auszusetzenden Tatbestandsmomente und damit für die An-

---

[282] VON TUHR II/1, S. 18, 30, 148; vgl. auch OERTMANN und
FORKEL, je a.a.O.
Die differenzierende Wertung beruht, wie es VON TUHR
II/1, S. 30, prägnant und zutreffend formuliert hat,
auf "unserer anthropozentrischen Auffassung der Dinge,
den Willen als die wirksamste Ursache der Rechtsfolge
zu betrachten".

[283] Als Beispiel einer blossen Wirksamkeitsvoraussetzung
sei im Zusammenhang mit der ehevertraglichen Begünstigung der Fall des Ehevertrages unter Brautleuten angeführt: Weil der Ehevertrag auch unter Brautleuten im
Hinblick auf die einzugehende Ehe abgeschlossen werden
kann, stellt die Begründung der Ehe nicht ein eigentli-
ches Tatbestandsmerkmal, wohl aber eine Wirksamkeitsvoraussetzung des Vertrages dar; vgl. HAUS-
HEER/REUSSER/GEISER, N. 49 zu Art. 182 ZGB. Im Ergebnis
wirkt sich diese Voraussetzung allerdings wie ein
Tatbestandsmerkmal aus, weil bei ihrem Ausbleiben die
Rechtsfolge - genau gleich wie bei nicht erfülltem Tatbestand - nicht eintritt. Dagegen ergeben sich m.E. Unterschiede hinsichtlich der Beweislastverteilung. Die
zum rechtserzeugenden Sachverhalt gehörenden Tatbestandsmerkmale hat nämlich der eine Rechtsfolge Be-
hauptende vollumfänglich nachzuweisen (KUMMER, N. 155
zu Art. 8 ZGB); blosse Wirksamkeitsvoraussetzungen als
rechtshindernde Tatsachen sind dagegen von jenem zu be-
weisen, der sie anruft (KUMMER, N. 165 zu Art. 8 ZGB).

[284] OERTMANN, Rechtsbedingung, S. 18, 4. Ähnlich schon VON
TUHR II/1, S. 148: "Die sonstigen Stücke des Tatbestandes sind zwar ebenso unentbehrlich zur Herbeiführung
der Rechtswirkung, sind aber für den Inhalt des Ge-
schäftes nicht bestimmend."

wartschaftslehre[285]. So lassen sich innerhalb eines zur Entstehung subjektiver Rechte führenden Tatbestandes ebenfalls *allgemeine* und *besondere Tatbestandserfordernisse* unterscheiden[286]. Zum sog. allgemeinen Tatbestand gehören die für jeden beliebigen Rechtserwerb erforderlichen Voraussetzungen wie Rechts- und Handlungsfähigkeit[287]; diese Merkmale von genereller Bedeutung lassen keine Entwicklung zu konkreten Rechten erkennen[288]. Demgegenüber führen die *besonderen Tatbestandselemente* zum Erwerb eines spezifizierten Rechtes, es ist m.a.W. aus ihnen der Bezug auf ein genau bestimmtes Vollrecht erkennbar[289].

2.3. Bedeutung der besonderen Tatbestandselemente

Für die Beurteilung, welche Rechtsstellung einem Anwärter vor Erwerb des Vollrechts zukommt, spielen nur die besonderen Tatbestandselemente eine Rolle[290], weil die objektive Rechtsordnung das Erwerbsinteresse einer Person an einem bestimmten Recht nur dann vor dem Eintritt aller zur Tatbestandsvollendung erforderlichen Merkmale besonders gewichtet, "wenn wesentliche Hindernisse, die den Anwärter gerade von diesem Recht trennen, beiseite geräumt sind"[291]. Dies ist nicht der Fall, solange nur die allgemeinen, nicht auf ein bestimmtes Recht hinweisenden Erwerbsvoraussetzungen gegeben sind[292]. So er-

---

285 FORKEL, S. 54; H. SCHMID, S. 26.
   Zur Bedeutung der besonderen Tatbestandsmerkmale für die Einordnung von Rechtslagen vor Tatbestandsvollendung sogleich § 6 II 2 3.
286 Ausführlich zum folgenden: WÜRDINGER, S. 66-68; FORKEL, S. 54 f.
287 WÜRDINGER, S. 67; FORKEL, S. 55.
288 FORKEL, S. 55.
289 WÜRDINGER, S. 67; FORKEL, S. 55.
290 Zu den besonderen Tatbestandselementen der güterrechtlichen Begünstigung im einzelnen unten § 6 III 1.
291 FORKEL, S. 54.
292 FORKEL, S. 54 f.
   Vgl. auch WÜRDINGER, S. 67, wonach über die allgemeinen Voraussetzungen hinaus "mindestens ein Tatbestandsmerkmal des sogenannten 'besonderen' Tatbestandes, also des

folgt die Einordnung einer bestimmten Rechtslage innerhalb der Vorstufen des Rechts, d.h. vor der vollständigen Tatbestandsverwirklichung, ausschliesslich anhand
der besonderen Tatbestandselemente. Allein diese bestimmen über die Einstufung einer Rechtsposition als
einfache Anwartschaft oder als Anwartschaftsrecht[293].

3. Vorstufen des Rechts

3.1. Sukzessiv erfüllbarer Tatbestand

Die einzelnen besonderen Teile eines mehraktigen
Tatbestandes können - je nach Umschreibung in der
Rechtsnorm - entweder gleichzeitig oder sukzessive eintreten[294]. Lässt sich ein Tatbestand stufenweise, durch
zeitlich getrennt, d.h. nacheinander erfüllbare Tatbestandselemente, vollenden, liegt der Fall des allmähli-
chen Enstehens eines Rechts vor[295]. Sinnbildlich kann
von einem "ius nasciturum" gesprochen werden[296].

3.2. Entwicklungsstufen zum subjektiven Vollrecht

a) Allgemeines

Während ein subjektives Recht im Sinne des Vollrechts[297] erst bei vollständigem Vorliegen des dazu er-

---

Tatbestandes, der speziell zum Erwerb des konkreten
Rechtes X führt, erfüllt" sein muss.
293 Dazu sogleich § 6 II 3, besonders § 6 II 3 2 b.
294 VON TUHR II/1, S. 14 ff.; FORKEL, S. 21.
295 FORKEL, S. 21, 39; vgl. auch WÜRDINGER, S. 47 f.
296 ENDEMANN, S. 237.
297 Die ergänzende Präzisierung, dass mit dem subjektiven
Recht hier das mit Tatbestandsvollendung entstehende
Vollrecht gemeint ist, drängt sich dann auf, wenn innerhalb eines mehraktigen Erwerbsvorganges das sog. Anwartschaftsrecht als qualifizierte Vorstufe selbst auch
bereits als subjektives Recht aufgefasst wird, was man

forderlichen Tatbestandes entsteht[298], ist mit jedem
einzelnen, innerhalb eines mehrgliedrigen Tatbestandes
bereits verwirklichten Element eine Vorstufe zur Tatbestandsvollendung[299] und damit eine Vorstufe des Rechts
erreicht[300]. Je mehr Tatsachen zur Erfüllung des Tatbestandes schon eingetreten sind und je weniger noch aus-
stehen, "um so mehr nähert sich die Vorstufe der vollen
Existenz des Rechts"[301]. Die einer derartigen Entwick-
lungsstufe auf dem Weg zum subjektiven Recht entsprechende Lage, in der "mindestens eines, aber noch nicht
alle Tatbestandsmomente einer rechtsgewährenden Norm
..... verwirklicht sind"[302], wird allgemein mit dem in
Rechtslehre und Rechtsprechung entwickelten Begriff der
Anwartschaft umschrieben[303] [304]. Der Terminus weist

- mit H. SCHMID und weiteren von diesem zitierten Autoren auf S. 27, Anm. 181, wo die frühere Feststellung
(S. 25, vor Anm. 157), ein subjektives Recht entstehe
erst mit Vollendung des Gesamttatbestandes, relativiert
wird - tun darf, weil schon das Anwartschaftsrecht qualifizierten rechtlichen Schutz geniesst.

298 VON TUHR II/1, S. 30, ferner S. 5, 18 und 21; vgl. auch
FORKEL, S. 35: "Ein subjektives Recht ist dann entstanden, wenn die Norm, als deren Rechtsfolge das Recht erscheint, auf einen bestimmten Fall anzuwenden ist. Dazu
müssen die im Tatbestand des Rechtssatzes genannten Umstände verwirklicht sein."
299 VON TUHR II/1, S. 18; VON TUHR/PETER, § 20 VII, S. 152.
300 VON TUHR I, S. 180; vgl. auch ENNECCERUS/NIPPERDEY,
I. Halbbd., § 82 II 4, S. 475, II. Halbbd., § 135 I,
S. 857.
Nach einem vielzitierten dictum von SCHWISTER - erwähnt
bei RAISER, S. 64, Anm. 152 - liegt mit der Vorstufe im
Verhältnis zum Vollrecht kein aliud, sondern ein
wesensgleiches minus vor.
301 VON TUHR I, S. 180.
302 FORKEL, S. 40.
303 In der Literatur definiert VON TUHR I, S. 180,
Anwartschaften in einer gängigen Umschreibung als "im
Werden begriffene Rechte"; nach WÜRDINGER, S. 56, ist
die Anwartschaft "jene Beziehung des Anwärters zu einer
rechtsgewährenden Norm, kraft deren diese Norm bei Erfüllung der restlichen Tatbestandselemente auf den Anwärter Anwendung findet, sodass er die von der Norm ab-
strakt ausgesprochene Befugnis für sich in concreto
geltend machen kann"; vgl. zum Rechtsbegriff der Anwartschaft eingehend auch RAISER, S. 2 ff. ZOBL, Anwartschaft, S. 499, charakterisiert die Anwartschaft
als "qualifiziertes Entwicklungsstadium auf dem Weg zum
Vollrecht".

allerdings keine einheitlichen und gefestigten Konturen auf, sondern wird bald weiter, bald enger verwendet[305]; häufig wird[306] gleichbedeutend auch von Anwartschaftsrecht gesprochen[307]. Für das schweizerische Recht fehlt es überhaupt an einer eingehenden theoretischen Behandlung der Figur der Anwartschaft[308] und auch in der diesbezüglich überaus reichen deutschen Doktrin[309] steht eine allseits anerkannte Bestimmung der an den

---

304 Der deutsche Bundesgerichtshof nimmt eine Anwartschaft bzw. eine von ihm als Anwartschaftsrecht bezeichnete Lage dann an, "wenn von dem mehraktigen Entstehungstatbestand eines Rechts schon so viele Erfordernisse erfüllt sind, dass von einer gesicherten Rechtsstellung des Erwerbers gesprochen werden kann, die der Veräusserer nicht mehr durch eine einseitige Erklärung zu zerstören vermag" (BGH in: NJW 1955, S. 554).

305 Vgl. FORKEL, S. 40 f., mit Anm. 23 bis 25.
Besonders eng begrenzt RAISER, S. 6 f., die Anwartschaft auf die "rechtlich anerkannte selbständige Funktion der Vorstufe", somit auf eine Position, die in dieser Arbeit, nachstehend § 6 II 3 2 b, bereits als Anwartschaftsrecht bezeichnet wird.

306 Dies im Gegensatz zu der in dieser Arbeit gewählten Terminologie; vgl. sogleich § 6 II 3 2 b.

307 So etwa von ENNECCERUS/NIPPERDEY, I. Halbbd., § 82 II 4, S. 475, und ZOBL, Anwartschaft, S. 499; vgl. auch FORKEL, S. 40 f., Anm. 24, m.w.H. auf die synonyme Verwendung von Anwartschaft und Anwartschaftsrecht.

308 KRADOLFER, S. 70; DESCHENAUX, Expectative, S. 162: "La doctrine suisse n'a - peut-être heureusement - pas développé une théorie de l'expectative"; ZOBL, Anwartschaft, S. 497. Zu den möglichen Gründen des fehlenden Interesses in der schweizerischen Lehre und Praxis vgl. ZOBL, a.a.O., S. 524 f. Neuerdings findet sich nun die Anwartschaft behandelt bei Hj. PETER, S. 379 ff.

309 Vgl. ZOBL, Anwartschaft, S. 497, m.w.H. und Literaturverzeichnis auf S. 495 f.

Begriff der Anwartschaft zu stellenden Anforderungen aus[310].

b) Anwartschaft und Anwartschaftsrecht

Ohne auf die zahlreichen, unter sich je divergierenden begrifflichen Nuancierungen[311] näher eingehen zu können, wird in dieser Arbeit innerhalb der Vorstufen zum subjektiven Recht die *einfache Anwartschaft* (expectative de fait) vom sog. *Anwartschaftsrecht* (droit expectatif) unterschieden[312]. Unter der einfachen Anwartschaft ist dabei allgemein jede Aussicht auf den Anfall eines subjektiven Rechts zu verstehen[313]; der Begriff umfasst auch rein tatsächliche Erwartungen[314] wie blosse Hoffnungen (spes) und Chancen[315]. Von

---

310 KRADOLFER, S. 70.
Die sich bei der Begriffsbestimmung stellenden Probleme rühren m.E. im wesentlichen daher, dass zum einen mit "im Werden begriffene Rechte" ein dynamischer, laufend ändernder Vorgang begrifflich zu erfassen ist und zum andern Anwartschaften in den mannigfaltigsten, unter sich je verschiedenen Zusammenhängen auftreten; vgl. etwa die Aufzählung der verschiedenartigen Fälle bei VON TUHR I, S. 184 ff., oder MOOR, S. 21 ff. Weiter ist es letztlich - wie RAISER, S. 7, zutreffend bemerkt - eine "auf Grund einer Wertung wirtschaftlicher und gesellschaftlicher Faktoren", somit metajuristisch, zu beantwortende Frage, ob und wann die Vorstufe subjektiver Rechte "mehr als ein blosses Durchgangsstadium im Erwerbsvorgang darstellt".
311 Zu Recht bemerkt FORKEL, S. 102, die "völlig ungefestigte Terminologie" mache es schwer, Klarheit über die Ansichten zu gewinnen.
312 Die Unterscheidung erfolgt im wesentlichen in Anlehnung an FORKEL, S. 102 f., m.w.H. in Anm. 71, sowie LARENZ, Allgemeiner Teil, S. 223 ff., welchem aus der schweizerischen güterrechtlichen und speziell die hier interessierende Fragestellung behandelnden Literatur KRADOLFER, S. 71 f., und DESCHENAUX, Expectative, S. 162 f., folgen.
313 DESCHENAUX, Expectative, S. 162: "L' expectative est, de façon générale, la perspective d' acquérir un droit subjectif ..." (Kursivschrift im Original). Ähnlich sind für LARENZ, Allgemeiner Teil, S. 225, einfache Anwartschaften die "in den vorbestehenden Rechtsverhältnissen zwar vorbereiteten, aber noch mehr oder weniger ungesicherten Erwerbsaussichten".
314 VON TUHR I, S. 182.

dieser rein faktischen Anwartschaft hebt sich das Anwartschaftsrecht als Anwartschaft "mit Rechtsqualität"[316] dadurch ab, dass es die Stellung des Anwärters mit qualifiziertem rechtlichem Schutz versieht[317] oder gar der Erwerbsaussicht einen solchen Grad von Festigkeit verleiht, "dass sie im Verkehr als eine bereits gegenwärtige Vermögensposition angesehen wird und daher das Bedürfnis hervortritt, sie wie ein subjektives Recht zu übertragen, zu verpfänden und zu pfänden"[318]. Das Anwartschaftsrecht zeichnet sich demnach alternativ durch besondere rechtliche Sicherung[319] oder durch selbständige Verfügbarkeit[320] aus[321] [322].

---

315 KRADOLFER, S. 71.
316 FORKEL, S. 103.
317 DESCHENAUX, Expectative, S. 163.
Nach RAISER, S. 10, verleiht das Anwartschaftsrecht dem Anwärter "eine selbständige, in seinen Willen gestellte Rechtsmacht zum Schutz seiner Interessen". RAISER versteht allerdings schon die Anwartschaft, die er von der Erwerbsaussicht unterscheidet, so eng, dass sie der hier dem Anwartschaftsrecht gegebenen Begriffsbestimmung gleichkommt.
318 LARENZ, Allgemeiner Teil, S. 224.
319 FORKEL, S. 104 ff.; vgl. auch WÜRDINGER, S. 50 ff.
320 FORKEL, S. 116 ff.; vgl. auch WÜRDINGER, S. 53 f.
321 Vgl. zur Alternativität von rechtlicher Sicherung und selbständiger Verfügbarkeit als Merkmale des Anwartschaftsrechts auch H. SCHMID, S. 28. Auf die beiden Kriterien der Übertragbarkeit und der Sicherung stellt ebenfalls RAISER, S. 7, ab, nimmt damit aber in seiner engen Begriffsfassung erst eine Anwartschaft, welche über eine Erwerbssaussicht hinausgeht, aber noch kein Anwartschaftsrecht darstellt, als gegeben an.
322 Davon ausgehend, dass sowohl Rechtsschutz als auch rechtliche Verselbständigung das Vorliegen eines Anwartschaftsrechts nur indizieren - vgl. FORKEL, S. 111 bzw. 118 und 120 -, empfiehlt FORKEL, S. 120, in einem ersten Schritt die Verfügbarkeit zu prüfen und erst in zweiter Linie die rechtliche Sicherung des Erwerbs heranzuziehen. Umgekehrt geht die überwiegende Auffassung - ENDEMANN, S. 237; STAUDINGER-SEUFERT, Einleitung zum Sachenrecht, N. 3; STAUDINGER-SEILER, Einleitung zu §§ 854 ff., N. 46; BGH in: NJW 55, S. 544 - vom Rechtsschutz als primärem Erkennungsmerkmal des Anwartschaftsrechts aus, was für das schweizerische Recht im Zusammenhang mit güterrechtlichen Ansprüchen besonders betont wird von DESCHENAUX, Expectative, S. 163. Der Mehrheitsmeinung ist zuzustimmen, weil die rechtliche Sicherung das zuverlässigere Abgrenzungskriterium darstellt als die von wirtschaftlichen Imponderabilien beeinflusste Selbständigkeit; vgl. dazu BAUR, S. 23,

III. Güterrechtliche Begünstigung

1. Erforderlicher besonderer Tatbestand

Der zur Verwirklichung der Vorschlags- oder
Gesamtgutszuweisung führende Tatbestand ist mehrgliedrig und lässt sich in zeitlich aufeinanderfolgenden
Stufen vollziehen. Es liegt ein allmählich entstehendes
Recht vor. Neben den allgemeinen, für jeden beliebigen
Erwerb von Rechten erforderlichen Tatbestandselementen[323], die in diesem Zusammenhang ohne Bedeutung sind, setzt die Vorschlags- bzw. Gesamtgutszuweisung den Abschluss eines Ehevertrages mit entspre-
chendem Inhalt[324], die Auflösung des Güterstandes durch
Tod eines Ehegatten sowie das Vorhandensein von Vorschlag bzw. Gesamtgut[325] voraus[326]. Aus der individuellen Sicht des einzelnen Ehegatten ist darüber hinaus
für den vollständigen Rechtserwerb in seiner Person er-

---

der das Abstellen auf die Übertragbarkeit als petitio
principii kritisiert.
323 Dazu oben § 6 II 2 2.
324 Eheverträglich zu vereinbaren ist der Güterstand der
Errungenschaftsbeteiligung mit Vorschlagszuweisung bzw.
Gütergemeinschaft mit Gesamtgutszuweisung; vgl. auch
vorne § 2 III 2 bzw. 3.
325 Die Existenz von Zuwendungssubstrat in Form von Vorschlag bzw. Gesamtgut wird hier im Anschluss an KRADOL-
FER, S. 73, zum besonderen Tatbestand gerechnet; anders
FORKEL, S. 55, der generell die Existenz eines Verfü-
gungsobjekts als allgemeines Tatbestandsmerkmal betrachtet. M.E. gehört das Vorhandensein von Vorschlag
oder Gesamtgut zum besonderen Tatbestand, weil sich der
Zuwendungsgegenstand der güterrechtlichen Begünstigung
nach spezifisch auf diesen Fall zugeschnittenen güterrechtlichen Regelungen bestimmt, in diesem Sinne ein-
zigartig ist, und weil es überdies jenes Tatbestandsmerkmal bildet, das sich zeitlich erst ganz zuletzt,
nämlich nach dem Ableben des ersten Ehegatten bei Vornahme der güterrechtlichen Auseinandersetzung, entscheidet.
326 Vgl. zum ganzen auch die Ausführungen von HALLER,
S. 51, und KRADOLFER, S. 73.

forderlich, dass gerade er der überlebende Ehegatte
sein wird.

2. Anwartschaft oder Anwartschaftsrecht?

2.1. Sicherung des Rechtserwerbes

a) Vorbemerkung

Erstes Abgrenzungskriterium zwischen Anwartschaft und
Anwartschaftsrecht bildet der das letztere auszeich-
nende rechtliche Schutz. Die rechtliche Sicherung des
Rechtserwerbes ist dabei - was zuweilen nicht beachtet
wird - von der tatsächlichen Sicherheit, mit welcher
der Erwerb erwartet werden kann, zu unterscheiden[327].
Beiden Aspekten ist nachzugehen.

b) Tatsächliche Sicherheit

In tatsächlicher Hinsicht ist mit dem Abschluss des
Ehevertrages auf Vorschlags- oder Gesamtgutszuweisung
an den überlebenden Ehegatten der mehrstufig ablaufende
Erwerb des Vollrechts in Gang gesetzt worden und es ist
ein erstes besonderes Tatbestandsmerkmal erfüllt. Es
liegt eine Teiltatbestandsverwirklichung vor[328]. Die
Erfüllung der weiteren Tatbestandselemente der Auflösung des Güterstandes durch Tod eines Ehegatten sowie
des Vorliegens von Vorschlag bzw. Gesamtgut[329] liegt

---

327 FORKEL, S. 105.
328 Vgl. den Begriff der Teiltatbestandsverwirklichung bei
 H. SCHMID, S. 25.
329 Das Vorliegen von Vorschlag bzw. Gesamtgut stellt als
 ein vom Parteiwillen unabhängiges, gesetzliches Erfordernis eine condicio iuris dar; vgl. KRADOLFER, S. 73.
 Zur Rechtsbedingung allgemein: VON TUHR II/2, S. 281
 ff.; OERTMANN, Rechtsbedingung, S. 9 ff.; aus der

dagegen noch in der Zukunft, ist mithin ungewiss.
Ebenso bleibt offen, welcher Ehegatte - Mann oder
Frau - der überlebende sein wird.

Dass die Ehe und damit der Güterstand eines Tages aufgelöst werden, ist sicher. Damit Vorschlags- bzw.
Gesamtgutszuweisung Wirksamkeit erlangen, ist aber die
Auflösung des Güterstandes durch den Tod eines Ehepartners erforderlich. Wohl können die Ehegatten die
von ihnen in Abänderung der gesetzlichen Regelung vereinbarte Beteiligung am Vorschlag bzw. Teilung des Gesamtgutes auch für die übrigen Fälle der Liquidation
ihres Güterstandes im Ehevertrag vorsehen[330]. Unabhängig von dieser Möglichkeit ist jedoch für die Vor-
schlags- und Gesamtgutszuweisung an den überlebenden
Ehegatten zwingend vorauszusetzen, dass der Tod den Güterstand auflöst, weil die Begünstigung des überlebenden Ehegatten ausschliesslich beim Eintritt dieses und
keines anderen Auflösungsgrundes Wirkungen entfalten
kann[331].

Der Tod ist der häufigste Auflösungsgrund der Ehe und
damit gewöhnlich auch des Güterstandes[332]. Bei Ehegat-

---

schweizerischen Literatur: STIEFEL, S. 131 ff.; VON
TUHR/ESCHER, § 84 V, S. 259 ff.

330 Art. 217 bzw. 242 ZGB.

331 Die Begünstigung des überlebenden Ehegatten unterscheidet sich durch das Erfordernis der Auflösung des Güterstandes durch Tod von dem bei KRADOLFER, S. 73, behandelten Fall, wo es nicht auf einen bestimmten Auflösungsgrund des Güterstandes ankommt.

332 Vgl. die sich auf die Auflösungsgründe der Ehe beziehenden Angaben aus dem Statistischen Jahrbuch der
Schweiz 1992, dargestellt bei HEGNAUER/BREITSCHMID,
N. 6.05.
Der Schluss vom häufigsten Auflösungsgrund der Ehe auf
jenen des Güterstandes ist mit einem Vorbehalt zu versehen, weil wohl die Auflösung der Ehe zwingend auch
die Auflösung des Güterstandes bedeutet, aber die Auflösung des Güterstandes nicht unbedingt wegen der
Auflösung der Ehe eintreten muss. Präzisierend ist deshalb zu ergänzen, dass der Tod jedenfalls, soweit er
nicht häufigster Auflösungsgrund des Güterstandes überhaupt sein sollte, den häufigsten mit der Auflösung der

ten, die den Überlebenden ehevertraglich begünstigt haben, wird er noch eindeutiger häufigster Auflösungsgrund der Ehe bzw. des Güterstandes sein, weil Ehegatten regelmässig erst dann zur Begünstigung des überlebenden sich entschliessen werden, wenn die Ehe bereits eine gewisse Dauer und Stabilität erreicht hat und beidseits die Überzeugung vorherrscht, sie werde auch weiter Bestand haben und demnach letztlich erst durch den Tod aufgelöst werden[333].

Ebenso lehrt die Erfahrung, dass Ehegatten, die dem überlebenden Ehegatten den gesamten Vorschlag bzw. das ganze Gesamtgut zugewiesen haben, praktisch ausnahmslos - vorbehältlich späterer, nicht vorhersehbarer Entwicklung ihres Vermögens - auch tatsächlich über Vorschlag bzw. Gesamtgut verfügen.

In der Regel darf somit bei Vorliegen eines den überlebenden Ehegatten begünstigenden Ehevertrages die Verwirklichung der weiteren Tatbestandsmerkmale der Auflösung des Güterstandes durch Tod eines Partners und des Vorhandenseins von Vorschlag oder Gesamtgut als sicher gelten.

Weit weniger sicher ist dagegen die von der Bedingung des Überlebens[334] abhängige Entscheidung, welcher Ehegatte als überlebender tatsächlich das Vollrecht erwerben wird. Allgemein wird man gestützt auf die höhere Lebenserwartung der Frauen und den Umstand, dass in der Regel der Ehemann älter ist als die Ehefrau, nur gerade

---

Ehe zusammenfallenden Auflösungsgrund des Güterstandes darstellt.

333 Auf der Überlegung, dass die sich begünstigenden Ehegatten nur den Tod als für das Inkrafttreten ihrer Regelung massgebenden Auflösungsgrund des Güterstandes betrachten, beruhen auch Art. 217 und 242 ZGB, wonach ehevertragliche Vereinbarungen über die Vorschlagsbeteiligung bzw. die Gesamtgutsteilung vorbehältlich ausdrücklicher anderslautender Anordnung im Ehevertrag nur gelten, wenn der Güterstand durch Tod aufgelöst wird.

334 Dazu eingehend vorne § 4 II.

sagen können, dass es wahrscheinlicher ist, dass die
Ehefrau den Ehemann überleben wird, als umgekehrt. Angesichts dieser Unsicherheit darüber, welcher Ehegatte
der überlebende sein wird, fragt es sich, ob die
Rechtsstellung des einzelnen Ehegatten nach Ehevertragsschluss bereits ausschliesslich als Anwartschaft
ohne Rechtsqualität, d.h. als einfache Anwartschaft und
nicht als Anwartschaftsrecht, zu umschreiben ist.

Der Erwerb von Rechten aus bedingten, d.h. vorerst in
einem Zustand der Ungewissheit schwebenden, Rechtsgeschäften gilt indessen gerade als einer der wichtigsten
Fälle des Anwartschaftsrechts[335] bzw. des nach
deutschrechtlichem Vorbild so genannten Warterechts[336]
[337]. Die h.L. spricht selbst dann von einem gegenwärti-
gen Anwartschafts*recht*, wenn die volle Existenz des
Rechts von einer Wollensbedingung des Verpflichteten
abhängig ist[338] oder wenn der Gegner durch Gestaltungsrecht das Recht einseitig zu beseitigen befugt ist[339].
Umso mehr ist demnach im Falle der ehevertraglichen Begünstigung des überlebenden Ehegatten, wo die Parteien
mit Vertragsschluss alles von ihrer Seite her zur
Entstehung des Rechts Erforderliche vorgekehrt haben
und dessen Vollerwerb nicht mehr vom Parteiwillen, sondern nur noch vom Eintritt der objektiven Tatsachen der
Auflösung des Güterstandes durch Tod und des Vorhanden-

---

335 LARENZ, Allgemeiner Teil, S. 224. DESCHENAUX, Expectative, S. 163, zählt suspensiv bedingte Forderungen aufgrund des ihnen von Art. 152 und 156 OR gewährten
Schutzes (dazu § 6 III 2 2 c bb aaa hienach) zu den An-
wartschaftsrechten. Vgl. eingehend zum gesetzlichen
Schutz des bedingten Rechts Hj. PETER, S. 303 ff.
336 VON TUHR I, S. 184.
Warterechte sind für VON TUHR "Anwartschaften von einem
gewissen Grad der Sicherheit", bei welchen die
Erwerbsaussicht geschützt ist und die zu den subjektiven Rechten zu zählen sind; vgl. VON TUHR I, S. 182 und
184. Das Warterecht im Sinne VON TUHRS entspricht damit
dem Anwartschaftsrecht in der diesem hier gegebenen
Begriffsbestimmung.
337 Zum germanistischen "Wartrecht" vgl. die Hinweise bei
RAISER, S. 2, Anm. 3.
338 VON TUHR I, S. 182; FORKEL, S. 109.
339 FORKEL, S. 109.

seins von Vorschlag bzw. Gesamtgut sowie der kasuellen Bedingung[340] des Vorversterbens bzw. Überlebens eines Ehegatten abhängt, ein Anwartschaftsrecht jedes Ehegatten anzunehmen[341]. Das Anwartschaftsrecht setzt begrifflich nicht voraus, dass dem Anwärter der künftige Rechtserwerb mit Gewissheit garantiert werde, es sichert ihn nur gegen die Gefahr eines regelwidrigen Verlustes seiner Stellung[342]; es vermittelt in diesem Sinne den Ehegatten "keine *sichere* Erwerbsaussicht", sondern nur, aber immerhin, "eine *gesicherte* Erwerbsaussicht"[343] auf den gesamten Vorschlag bzw. das ganze Gesamtgut. Mithin hindert der bei bedingten Rechtsgeschäften allgemein und im Zusammenhang mit der ehevertraglichen Begünstigung hinsichtlich der Person des überlebenden Ehegatten vorliegende Schwebezustand die Annahme eines Anwartschaftsrechts nicht: Das Zusammentreffen von Erwerbsberechtigung und Pendenz führt vielmehr zu einem schwebenden Anwartschaftsrecht[344].

Allein wegen der faktischen Ungewissheit, welcher Ehegatte der überlebende sein wird, ein Anwartschafts*recht* zu verneinen, hiesse weiter, die Entwicklung der Doktrin unberücksichtigt zu lassen. Wohl beurteilte die ältere Lehre die Frage, ob eine einfache Anwartschaft oder ein Anwartschaftsrecht gegeben sei, vor allem nach der tatsächlichen Sicherheit, mit welcher der Rechtser-

---

340 Vorne § 4 II 2 3 b aa.
341 Vgl. VON TUHR I, S. 184, der im Zeitpunkt, "da die Parteien alles getan haben, was von ihrer Seite zur Entstehung des Rechts nötig war (den Vertrag geschlossen haben)" ein "ausgiebig geschütztes Warterecht" annimmt.
342 Massgebend für die Beurteilung der Frage, ob der Anwärter ein Anwartschaftsrecht erlangt hat, ist nicht die rein tatsächliche Sicherheit des Rechtserwerbs, sondern seine rechtlich gesicherte Stellung; vgl. FORKEL, S. 105. Dazu auch weiter im Text und hienach § 6 III 2 1 c.
343 RAISER, S. 7 (Kursivschrift im Original).
344 Vgl. ENNECCERUS/NIPPERDEY, I. Halbbd., § 82 II 4, S. 475; MOOR, S. 21.
Der Begriff "schwebendes Anwartschaftsrecht" erscheint allerdings insofern in sich widersprüchlich, als dem Anwartschaftsrecht als Vorstufe zum subjektiven Vollrecht stets ein Schwebezustand eigen ist.

werb erwartet werden kann[345]. Die Beurteilung des Gra-
des der faktischen Sicherheit der Tatbestandsvollendung
ist jedoch ausschliesslich eine Frage der Wahrscheinlichkeit, welche als solche nicht ausschlaggebend dafür
sein kann, ob eine Anwartschaft mit oder ohne Rechtsqualität vorliegt[346] [347]. Bei einer als Anwartschaftsrecht zu qualifizierenden Lage wird zwar in der Regel
ein gewisses Ausmass an faktischer Sicherheit des
Rechtserwerbs vorliegen. Weil aber die tatsächliche Sicherheit, mit der die Tatbestandsvollendung erwartet
werden kann, nichts über die Rechtsstellung des Anwärters aussagt, ist jedoch weder hohe faktische Gewissheit allein ausreichend zur Annahme eines Anwartschaftsrechts noch muss umgekehrt hochgradige faktische
Unsicherheit die Einstufung als Anwartschaftsrecht von
vornherein ausschliessen. Mit der neueren, überwiegenden Auffassung ist somit nicht auf den Grad faktischer
Sicherheit, sondern vielmehr auf die rechtliche Sicherung der Stellung des Anwärters, auf deren Schutz,
als Kriterium des Anwartschaftsrechts abzustellen[348].

---

345 ZITELMANN, S. 51.
     Vgl. auch die auf die faktische Sicherheit als
     Abgrenzungskriterium abstellenden Ausführungen bei VON
     TUHR I, S. 182: "Anwartschaften von einem gewissen Grad
     der Sicherheit kann man den subjektiven Rechten zuzäh-
     len und als Warterecht bezeichnen. ... Bei überwiegen-
     der Unsicherheit der Erwerbsaussicht verliert die An-
     wartschaft den rechtlichen Charakter und erscheint als
     tatsächliche Erwartung...". Die Sicherheit der Aussicht
     als Merkmal des Anwartschaftsrechts betont ferner EICH-
     LER, S. 120 f.
346 FORKEL, S. 105, m.w.H. in Anm. 81; vgl. auch RAISER,
     S. 6 f.
347 Ist die grössere oder geringere Wahrscheinlichkeit der
     Verwirklichung des Erwerbstatbestandes auch unmassgeb-
     lich für die Rechtsqualität der Anwartschaft, so rich-
     tet sich doch deren Vermögenswert danach; vgl. VON
     TUHR/ESCHER, § 85 IV, S. 268.
348 ENDEMANN, S. 237, Abschnitt I 2; WÜRDINGER, S. 50 ff.;
     FORKEL, S. 105, m.w.H. in Anm. 82; LARENZ, Allgemeiner
     Teil, S. 223-225. Vgl. auch Hj. PETER, S. 380 f., der
     mit dem Wort Anwartschaft eine "rechtlich geschützte
     Situation" verbindet. Vgl. ferner die weiteren auf die
     rechtliche Sicherung abstellenden Autoren vorne in Anm.
     322.

c) Rechtliche Sicherung der Ehegatten

aa) Bindung

Obwohl der Vollzug der Vorschlags- oder Gesamtgutszuweisung bis zum Ableben des erstversterbenden Ehegatten aufgeschoben wird[349], besteht mit Ehevertragsschluss doch eine gegenseitige Bindung der Parteien[350]. Die ehevertragliche Begünstigung des überlebenden Ehegatten ist für beide Seiten verbindlich. In überindividueller Hinsicht besteht eine gegenseitige unbedingte Verpflichtung der Ehegatten zur integralen Vorschlags- bzw. Gesamtgutszuweisung an den überlebenden bei Auflösung des Güterstandes durch Tod[351]. In individueller Sicht, mit Blick auf den Erwerb des Vollrechts, ist, weil offen bleibt, wer vorversterben und wer überleben wird, jeder Ehegatte bedingt berechtigt und bedingt verpflichtet, somit gleichermassen an den Ehevertrag gebunden[352]. Die auch bei bedingter Verpflichtung bzw. Berechtigung vorliegende Bindung bewirkt, dass keine der Parteien das bedingte Geschäft wider den Willen der anderen umstossen kann[353]. Die mit Abschluss des Ehevertrages auf Begünstigung des überlebenden Ehegatten entstehenden Rechte und Pflichten der Parteien können unter Lebenden einseitig grundsätzlich[354] nicht mehr

---

349 Der Aufschub ist ein befristeter im Hinblick auf die Auflösung des Güterstandes durch Tod generell und ein bedingter bezüglich der individuellen Bestimmung des überlebenden Ehegatten; dazu eingehend vorne § 4 II 2, III 2 und IV.

350 Unter "Bindung" ist der Rechtszustand zu verstehen, vermöge dessen jemand dem Willen eines anderen unterworfen ist; vgl. VON TUHR I, S. 170.

351 Vgl. vorne § 3 II 2 2 und 3 2 a aa.

352 Zur Gebundenheit der Parteien des bedingten Geschäfts vgl. Hj. PETER, S. 283 f.

353 Vgl. Hj. PETER, S. 284.

354 Vorbehältlich Ausnahmefällen wie der Berufung auf Willensmängel oder der Möglichkeit von Art. 185 ZGB, wobei der Ehevertrag im zweiten Fall nicht einfach in einseitiger Willenserklärung, sondern nur unter Mitwirkung des Richters beseitigt werden kann; vgl. auch Anm. 399 hienach.

rückgängig gemacht werden, da nach Art. 182 ZGB die Vorschlags- bzw. Gesamtgutszuweisung an den überlebenden Ehegatten als Vereinbarung, für deren Abschluss der Ehevertrag vorgeschrieben ist, nur durch Ehevertrag geändert oder wieder aufgehoben werden kann[355].

---

355 HEGNAUER/BREITSCHMID, N. 23.13.

bb) Gesetzlicher Schutz der Rechtsposition der Ehegatten[356]

aaa) Bedingungsrecht[357] [358]

Jeder Ehegatte ist für sich ein bedingter Anwärter auf den Erwerb von Vorschlag und Gesamtgut; er erwirbt das Vollrecht aus der güterrechtlichen Begünstigung, wenn er den anderen überlebt. Sein durch das eigene Überleben bedingtes Recht erfährt gesetzlichen Schutz durch die Bestimmung des Art. 152 OR[359]. Danach darf der bedingt Verpflichtete - und das sind in unserem Falle beide Ehegatten -, solange die Bedingung schwebt, nichts vornehmen, was die gehörige Erfüllung seiner Verpflichtung hindern könnte[360], und umgekehrt ist der bedingt Berechtigte - hier ebenfalls beide Ehegatten - befugt, bei Gefährdung seiner Rechte Sicherungsmassregeln zu verlangen[361].

---

356 Neben dem hier allein behandelten Schutz ex lege steht es den Ehevertragsparteien frei, zusätzlich rechtsgeschäftliche Sicherheiten - etwa Pfandrechte oder Bürgschaften - für ihre Ansprüche auf den Vorschlag bzw. das Gesamtgut zu begründen. In der Praxis kommt dies aber kaum je vor und es entspricht daher auch nicht der typischen Position der Ehegatten nach Abschluss eines Ehevertrages auf Begünstigung des überlebenden Partners.

357 Obschon ein in Art. 151-157 OR geregelter Abschnitt des Obligationenrechtes bildend, welcher in der Verweisungsnorm von Art. 7 ZGB nicht erwähnt wird, ist das Recht der Bedingungen dennoch auch auf andere zivilrechtliche Verhältnisse analog anwendbar; vgl. FRIEDRICH, NN. 35 ff. zu Art. 7 ZGB; VON TUHR/PETER, § 1 IV, S. 3 f.; TUOR/SCHNYDER/SCHMID, S. 19.

358 Der Schutz aus Bedingungsrecht vermag zwar neben den spezifisch eherechtlichen Schutzvorschriften selbständige Bedeutung zu behaupten, weil die Bestimmungen von Art. 152 und 156 OR nur hier geregelt sind, wird aber in der praktischen Relevanz durch den eherechtlichen Schutz (dazu sogleich § 6 III 2 1 c bb bbb) weitgehend marginalisiert.

359 Eingehend zum gesetzlichen Schutz des bedingten Rechts Hj. PETER, S. 303 ff.

360 Art. 152 Abs. 1 OR.

361 Art. 152 Abs. 2 OR.

Schutzwirkung geht auch von Art. 156 OR aus, welche Bestimmung einen korrekten Entscheid über Eintritt oder Ausfall der Bedingung sicherstellt[362].

bbb) Eherecht

aaaa) Übersicht

Das Eherecht sieht verschiedene Massnahmen zum Schutz der güterrechtlichen Ansprüche der Ehegatten auf den Vorschlag bzw. das Gesamtgut vor[363]. Das Schutzbedürfnis ist dabei besonders ausgeprägt hinsichtlich der Vorschlagsforderung, weil deren Substrat, die Errungenschaft, nach der Konzeption des Güterstandes der Errungenschaftsbeteiligung grundsätzlich im je getrennten Eigentum und in je getrennter Verfügungsberechtigung der Ehegatten steht[364]. Dagegen ist beim Gesamtgutsanspruch angesichts des am Gesamtgut kraft Gütergemein-

---

362 Hj. PETER, S. 259, vor Anm. 11.
363 Der Rechtsschutz ist im neuen Eherecht wesentlich verbessert worden. Unter altem Recht erschien besonders der Anspruch der Ehefrau auf den Vorschlag in der Güterverbindung als unzulänglich geschützt, indem der Ehemann ohne Zustimmung der Ehefrau über die nach Art. 195 Abs. 2 aZGB in seinem Eigentum gestandene Errungenschaft mit bundesgerichtlicher Billigung - BGE 107 II 127 - beliebig verfügen konnte; vgl. dazu OTT, S. 290-292. Zum ungenügenden Schutz des Vorschlagsanspruchs im früheren Recht vgl. auch HAUSHEER/REUSSER/GEISER, N. 3 zu Art. 208 ZGB.
Das neue Recht unterscheidet sich vor allem mit den in der Errungenschaftsbeteiligung greifenden vorbeugenden und heilenden Massnahmen "fundamental" vom alten Recht; so FELLMANN, S. 72.
364 Das getrennte Eigentum ergibt sich aus Art. 196 ff. ZGB, die getrennte Verfügungsberechtigung ist ausdrücklich vorgesehen in Art. 201 Abs. 1 ZGB.
Vgl. zu den Eigentumsverhältnissen und zum Verfügungsrecht im ordentlichen Güterstand die schematische Darstellung bei TUOR/SCHNYDER/SCHMID, S. 252.

schaft bestehenden Gesamteigentums beider Ehegatten[365] der Bedarf nach sichernden Massnahmen geringer.

Die gesetzlich vorgesehenen Massnahmen schützen den Vorschlags- bzw. Gesamtgutsanspruch unabhängig davon, ob dieser auf der gesetzlichen Regelung der hälftigen Beteiligung oder einer ehevertraglichen Vereinbarung beruht[366]. Die Schutzbestimmungen lassen sich einteilen in güterstandsunabhängige[367] und in güterstandsabhängige[368], d.h. spezifisch an das Vorliegen des Güterstandes der Errungenschaftsbeteiligung oder der Gütergemeinschaft anknüpfende Massnahmen.

Die *güterstandsunabhängigen* Massnahmen sind ausschliesslich vorbeugender Natur. Es handelt sich dabei um gesetzessystematisch im Titel über die Wirkungen der Ehe im allgemeinen[369], teils ausdrücklich als Eheschutzmassnahme[370], oder im Abschnitt über die allgemeinen Vorschriften des Güterrechts[371] geregelte Massnahmen. Sie schützen über die ihnen vom Gesetzgeber entsprechend seiner systematischen Einordnung primär zugedachte Funktion hinaus indirekt ebenfalls die Vorschlags- und Gesamtgutsansprüche der Ehegatten[372]. Mit Ausnahme des unmittelbar von Gesetzes wegen geltenden

---

365 Vgl. dazu auch hinten § 10, besonders § 10 II. Eingehend zur Gütergemeinschaft als Gesamthandschaft MASANTI-MÜLLER, S. 10 ff.
366 So HAUSHEER/REUSSER/GEISER, N. 7 zu Art. 220 ZGB, für die Klage gegen Dritte nach Art. 220 ZGB.
    Der vertraglich begründete Anspruch auf den ganzen Vorschlag bzw. das ganze Gesamtgut wird indessen nur geschützt vor Handlungen, die nach Abschluss des Ehevertrages vorgenommen werden, weil der Ehevertrag nicht rückwirkend in die Rechte Dritter eingreifen kann; vgl. HAUSHEER/REUSSER/GEISER, a.a.O.
367 § 6 III 2 1 c bb bbb bbbb hienach.
368 § 6 III 2 1 c bb bbb cccc hienach.
369 Art. 169 und 170 ZGB.
370 Art. 178 ZGB.
371 Art. 185 und 195a ZGB.
372 Vgl. FELLMANN, S. 73.

Art. 169 ZGB entfalten die vorbeugenden Massnahmen nur auf Antrag eines Ehegatten Wirkung[373].

Die *güterstandsabhängigen* Massnahmen sind an die Errungenschaftsbeteiligung oder die Gütergemeinschaft gebunden und schützen daher nur entweder den Vorschlags- oder den Gesamtgutsanspruch. Sie verleihen im Gegensatz zu den güterstandsunabhängigen Bestimmungen nicht nur indirekten, sondern direkten Schutz[374] von Errungenschaftswerten bzw. Gesamtgutsgegenständen. Dies gilt besonders für die der Wiederherstellung der Errungenschaft dienenden sog. heilenden Massnahmen von Art. 208 und 220 ZGB.

Auf die einzelnen, den Vorschlags- bzw. Gesamtgutsanspruch schützenden Bestimmungen ist nachstehend einzugehen[375].

bbbb) Güterstandsunabhängiger Schutz

aaaaa) Wohnung der Familie (Art. 169 ZGB)

Gemäss dem wichtigen Art. 169 ZGB kann ein Ehegatte nur mit ausdrücklicher Zustimmung des andern die Wohnung der Familie veräussern oder durch andere Rechtsge-

---

373 FELLMANN, S. 73.
374 Direkter Schutz heisst hier ausschliesslich, dass die güterstandsabhängigen - im Gegensatz zu den güterstandsunabhängigen - Massnahmen unmittelbar den Schutz des Vorschlags- bzw. Gesamtgutsanspruchs bezwecken, nicht aber, dass von ihnen generell ipso iure Schutzwirkung ausginge.
375 Neben den im folgenden dargestellten existieren weitere Gesetzesvorschriften, welche - wie etwa letztlich die Grundnorm von Art. 159 Abs. 2 und 3 ZGB - allgemein dem Schutz der ehelichen Gemeinschaft dienen, aber zum Schutz speziell der Vorschlags- bzw. Gesamtgutsansprüche nur noch sehr entfernten Bezug aufweisen und deshalb hier nicht behandelt werden; vgl. die Aufzählungen bei HEGNAUER/BREITSCHMID, N. 25.15; FELLMANN, S. 74; HAUSHEER/REUSSER/GEISER, NN. 7-9 zu Art. 208 ZGB.

schäfte die Rechte an den Wohnräumen der Familie beschränken.

Im Gegensatz zu den anderen Massnahmen tritt die von
Art. 169 ZGB ausgehende Schutzwirkung ihrer Bedeutung
gemäss von Gesetzes wegen ein[376]. Nach der überwiegenden Lehre stellt das Zustimmungserfordernis nach Art.
169 ZGB eine Beschränkung der Handlungs- bzw. Geschäftsfähigkeit dar; demgegenüber erblickt die Minder-
heitsmeinung darin nur eine Beschränkung der Verfügungsbefugnis[377].

Art. 169 ZGB gilt unabhängig davon, in welcher Gütermasse - Eigengut oder Errungenschaft bzw. Gesamtgut -

---

[376] FELLMANN, S. 77; HAUSHEER/REUSSER/GEISER, N. 8 zu Art.
169 ZGB (und Art. 271a OR); BGE 115 II 364.

[377] Vgl. HAUSHEER/REUSSER/GEISER, NN. 37 f. zu Art. 169 ZGB
(und Art. 271a OR), m.w.H.; TUOR/SCHNYDER/SCHMID,
S. 205, Anm. 38.
Unterscheiden sich Handlungs- bzw. Geschäftsfähigkeit
und Verfügungsmacht in ihren Voraussetzungen dadurch,
dass der Geschäftsunfähige seine Rechtslage in seinem
eigenen Interesse nicht verschlechtern kann, während
die Beschränkung der Verfügungsmacht dem Schutz fremder
Interessen dient - vgl. VON TUHR/PETER, § 28 IV,
S. 219 -, so ist m.E. in Art. 169 ZGB eine Schranke der
Geschäftsfähigkeit zu erblicken, soll die Bestimmung
doch nicht nur dem anderen Ehegatten dienen, sondern
als Eheschutzmassnahme beiden Ehegatten und der Familie
überhaupt, womit sie zumindest auch im eigenen Interesse des allein handelnden Ehegatten liegt.
Die beiden Auffassungen haben u.a. folgende praktische
Auswirkungen: Liegt eine Beschränkung der Geschäftsfähigkeit vor, hat die fehlende Zustimmung die Nichtigkeit des Rechtsgeschäftes zur Folge, auf die sich der
handelnde Ehegatte selbst berufen kann, bei fehlender
Verfügungsmacht wäre das Geschäft dagegen nur relativ
unwirksam; vgl. VON TUHR/PETER, § 28 VI 5, S. 220; Botschaft, S. 74; HAUSHEER/REUSSER/GEISER, N. 59 zu Art.
169 ZGB (und Art. 271a OR), m.w.H. Sodann konvalesziert
bei Annahme einer Verfügungsbeschränkung die durch
einen Ehegatten allein vorgenommene Verfügung, wenn er
nachträglich die Verfügungsmacht erlangt, während das
wegen Geschäftsunfähigkeit unwirksame Geschäft auch bei
nachträglichem Erlangen der Handlungsfähigkeit nicht
wirksam wird; vgl. VON TUHR/PETER, § 28 VI 3, S. 220;
HAUSHEER/REUSSER/GEISER, N. 40 zu Art. 169 ZGB (und
Art. 271a OR). Vgl. zu weiteren Unterschieden VON
TUHR/PETER, § 28 VI, S. 219 ff.

sich die Wohnung der Familie befindet. Im Güterstand
der Errungenschaftsbeteiligung spielt die Bestimmung
unter dem Aspekt des Schutzes der Rechtsposition der
Ehegatten nach Ehevertragsschluss auf Begünstigung des
überlebenden dann eine wichtige Rolle, wenn die eheliche Wohnung Eigentum eines Ehegatten ist und der Errungenschaft angehört oder wenn wenigstens Investitionen
aus der Errungenschaft in die als solche dem Eigengut
zugehörige Wohnung erfolgt sind[378]. Art. 169 ZGB ist
diesfalls hervorragend geeignet, das Grundlage des Vorschlagsanspruchs bildende Substrat zu schützen[379], indem die Bestimmung dazu führt, dass die in der Wohnung
oder in dem Haus eines Ehegatten investierten Errungenschaftswerte, welche vielfach das Hauptaktivum
dieser Gütermasse bilden, "gebundenes
'Anteilssubstrat'"[380] darstellen. Ist die Wohnung der
Familie demgegenüber Gesamtgutsbestandteil, so schützt
bereits das grundsätzlich[381] mit dem Gesamteigentums-
verhältnis verbundene Erfordernis gemeinschaftlicher
Verfügung vor einseitig durch einen Ehegatten allein
vorgenommenen Verfügungen; Art. 169 ZGB behält dort
eigenständige Bedeutung, wo er strengere Vorschriften

---

378 FELLMANN, S. 76.
379 DESCHENAUX, Expectative, S. 178.
380 FELLMANN, S. 76.
381 In Fällen alleiniger Verfügungsberechtigung eines Ehegatten ist das Gesamtgut durch besondere Massnahmen geschützt; vgl. § 6 III 2 1 c bb bbb cccc bbbbb bbbbbb
hienach.

enthält, als sie sich aus der Gütergemeinschaft ergeben[382].

bbbbb) Auskunftspflicht (Art. 170 ZGB)

Art. 170 ZGB statuiert eine gegenseitige Auskunftspflicht der Ehegatten hinsichtlich aller finanzieller
Verhältnisse, soweit die Auskunft für eine vermögensrechtliche Frage zwischen den Ehegatten, wie namentlich
die Kenntnis über die güterrechtlichen Ansprüche auf
Vorschlag oder Gesamtgut, nötig ist[383].

Das Institut erlaubt es dem einzelnen Ehegatten, seinen
eigenen Anspruch auf den Vorschlag bzw. das Gesamtgut[384] ungefähr zu ermitteln und notfalls, wenn er etwa
feststellt, dass sich die Errungenschaft seines Ehegatten massiv verringert, um Erlass richterlicher Vorkehren nachzusuchen oder mittels eines Begehrens um Anordnung der Gütertrennung nach Art. 185 Abs. 2 Ziff. 1
oder 2 ZGB eine güterrechtliche Auseinandersetzung herbeizuführen[385]. Verweigert ein Ehegatte die ihm ge-

---

382 HAUSHEER/REUSSER/GEISER, N. 26 zu Art. 169 ZGB (und
Art. 271a OR).
Strenger erweist sich Art. 169 ZGB etwa im Verhältnis
zu Art. 228 Abs. 2 ZGB, indem er statt eines
Voraussetzendürfens der Einwilligung des anderen Ehegatten dessen ausdrückliche Zustimmung verlangt; vgl.
HAUSHEER/REUSSER/GEISER, a.a.O. Ferner MASANTI-MÜLLER,
S. 108 f., mit Aufzählung weiterer eigenständiger Ge-
halte des Art. 169 ZGB, welche aufzeigen, dass der von
dieser Bestimmung ausgehende Schutz sich entgegen einem
Teil der Lehre (angeführt bei MASANTI-MÜLLER, S. 108,
Anm. 650) selbst dann nicht erübrigt, wenn beide Ehegatten an der Wohnung der Familie gesamthänderisch
dinglich berechtigt sind.
383 HEGNAUER/BREITSCHMID, N. 19.04.
384 Angesichts der im Regelfalle gemeinsamen Verwaltung des
Gesamtgutes wird die Auskunftspflicht hier von geringe-
rer Bedeutung sein als für die Errungenschaft, kann
aber etwa dann Relevanz erlangen, wenn ein Ehegatte allein, beispielsweise unter den Voraussetzungen von Art.
227 oder 229 ZGB, zur Verwaltung und Verfügung über das
Gesamtgut in der Lage ist.
385 Vgl. FELLMANN, S. 87 f.; DESCHENAUX, Expectative,
S. 179 f. mit Hinweis auf die Auffassung in der

stützt auf Art. 170 ZGB obliegende Auskunftspflicht,
liegt nach Art. 185 Abs. 2 Ziff. 4 ZGB ebenfalls ein
wichtiger Grund zur Anordnung der Gütertrennung vor.

ccccc) **Beschränkung der Verfügungsbefugnis (Art. 178
ZGB)**

Soweit es die Sicherung der wirtschaftlichen Grundlagen
der Familie oder die Erfüllung einer vermögensrechtlichen Verpflichtung aus der ehelichen Gemeinschaft erfordert, kann der Richter nach Art. 178 ZGB auf Begehren eines Ehegatten die Verfügung über bestimmte Vermögenswerte von dessen Zustimmmung abhängig machen.

Unter den Begriff der "vermögensrechtlichen Verpflichtung aus der ehelichen Gemeinschaft", zu deren Erfüllung Art. 178 ZGB unter anderem die Möglichkeit der
Verfügungsbeschränkung vorsieht, fallen neben Verpflichtungen der Ehegatten aus den Wirkungen der Ehe im
allgemeinen besonders auch solche aus dem Güterstand[386], worunter namentlich der Vorschlags- oder Gesamtgutsanspruch[387].

Damit ein Ehegatte zulasten des anderen Verfügungsbe-
schränkungen an beweglichen Sachen und an Grundstük-
ken[388] erwirken kann, genügt es, dass er eine Gefähr-

Expertenkommission, dass die Auskunftspflicht zum Funk-
tionieren des Güterstandes der Errungenschaftsbeteiligung gehöre.
386 Botschaft, S. 91; DESCHENAUX, Expectative, S. 181.
387 Vgl. DESCHENAUX, Expectative, S. 181, mit Hinweis auf
die entsprechende Auffassung der Expertenkommission;
FELLMANN, S. 83; HEGNAUER/BREITSCHMID, N. 21.45.
In Anbetracht des Umstandes, dass am Gesamtgut
Gesamteigentum und damit grundsätzlich nur gemeinschaftliche Verfügungsmacht beider Ehegatten besteht,
ist auch die Bestimmung von Art. 178 ZGB beim Vorschlagsanspruch von grösserer Bedeutung als beim Gesamtgutsanspruch. Sie behält aber selbst bei allgemeiner Gütergemeinschaft einen selbständigen Anwendungsbe-
reich; vgl. MASANTI-MÜLLER, S. 110.
388 Art. 178 Abs. 3 ZGB.

dung seines Anspruches auf den Vorschlag oder das Gesamtgut glaubhaft macht[389]. Art. 178 gibt den Ehegatten damit ein äusserst wirksames Instrument zum Schutz des Vorschlags- bzw. Gesamtgutsanspruchs in die Hand[390].

ddddd) Gütertrennung (Art. 185 ZGB)

Nach Art. 185 ZGB wird auf Begehren eines Ehegatten vom Richter die Gütertrennung angeordnet, wenn ein wichtiger Grund vorliegt.

Unter den in Art. 185 Abs. 2 ZGB namentlich aufgeführten Fällen interessiert im vorliegenden Zusammenhang der Tatbestand von Art. 185 Abs. 2 Ziff. 2 ZGB, wonach ein wichtiger Grund zur Anordnung der Gütertrennung gegeben ist, wenn ein Ehegatte die Interessen des anderen[391] gefährdet. Dies ist bei der Errungenschaftsbeteiligung unter anderem dann der Fall, wenn ein Ehegatte seine Errungenschaft nicht oder nur nachlässig verwaltet oder gar Errungenschaftswerte verschleudert[392]. Bei der Gütergemeinschaft ist etwa an den Fall zu denken, wo ein Ehegatte durch schlechte Verwaltung die Bildung von Gesamtgut gefährdet oder diesem gar Substanz entzieht[393].

In all diesen Fällen ist der Vorschlags- bzw. Gesamtgutsanspruch des gesuchstellenden Ehegatten gefährdet und er hat die Möglichkeit, die vom anderen Ehegatten ausgehenden Handlungen mit der richterlichen

---

389 HAUSHEER/REUSSER/GEISER, N. 8 zu Art. 178 ZGB; HEGNAUER/BREITSCHMID, N. 21.44; BGE 118 II 381.
390 Eine ähnlich wirksame Schutzmassnahme fehlt insbesondere zugunsten des aus einer Verfügung von Todes wegen Bedachten; vgl. hinten § 7 III 5 c.
391 Gemeint sind vermögensrechtliche Interessen; vgl. FELLMANN, S. 95.
392 Botschaft, S. 101; FELLMANN, S. 95; DESCHENAUX, Expectative, S. 182; HEGNAUER/BREITSCHMID, N. 24.09; HENNINGER, S. 137.
393 Botschaft, S. 101; HEGNAUER/BREITSCHMID, N. 24.09; HENNINGER, S. 140 f.

Anordnung der Gütertrennung sanktionieren zu lassen und damit gewissermassen "schon heute reinen Tisch zu machen"[394] [395].

Die gestützt auf Art. 185 Abs. 2 Ziff. 2 ZGB richterlich ausgesprochene Gütertrennung bewirkt eine vorzeitige güterrechtliche Auseinandersetzung[396] und zwingt den anderen Ehegatten zur Erfüllung des Vorschlagsbzw. Gesamtgutsanspruchs[397]. Im Rahmen der vorgezogenen güterrechtlichen Auseinandersetzung erfolgt jedoch die Vorschlagsbeteiligung bzw. Gesamtgutsteilung vorbehältlich anderslautender ehevertraglicher Bestimmung nach gesetzlichen Regeln[398], d.h. der Vorschlag wird gestützt auf Art. 215 ZGB hälftig geteilt, das Gesamtgut nach Rücknahme der Gegenstände, die unter Errungenschaftsbeteiligung Eigengut darstellten, gemäss Art. 242 Abs. 1 und 2 ZGB ebenfalls. Der Übergang zur Gütertrennung schützt damit nicht unmittelbar den Anspruch des überlebenden Ehegatten auf Zuweisung des ganzen Vorschlages bzw. Gesamtguts, sondern beseitigt vielmehr die ehevertragliche Begünstigung und gewährt nur, aber immerhin, Schutz für den gesetzlich vorgesehenen hälftigen Vorschlags- oder Gesamtgutsanspruch. Der von Art. 185 Abs. 2 Ziff. 2 ZGB ausgehende Schutz ist folglich ein mittelbarer, da über den Richter führender[399], und

---

394 TUOR/SCHNYDER/SCHMID, S. 222.
395 Die Anordnung der Gütertrennung muss unter Wahrung des Grundsatzes der Verhältnismässigkeit ultima ratio bleiben. Vgl. BGE 116 II 31; HAUSHEER/REUSSER/GEISER, N. 24 zu Art. 185 ZGB.
396 Botschaft, S. 127; DESCHENAUX, Expectative, S. 182; OTT, S. 295.
397 Vgl. FELLMANN, S. 88.
398 Vgl. Art. 217 ZGB für den Vorschlag und Art. 242 Abs. 3 ZGB für das Gesamtgut.
399 Der die Beseitigung der ehevertraglichen Begünstigung ermöglichende Art. 185 ZGB gibt dem Ehegatten, dessen Interessen gefährdet sind, die Befugnis, durch seinen alleinigen Willen eine Rechtsänderung herbeizuführen und begründet demnach zu seinen Gunsten ein Gestaltungsrecht; vgl. zum Begriff VON TUHR/PETER, § 3 II, S. 23. Die Ausübung dieses Gestaltungsrechtes erfolgt entgegen der Regel nicht durch Willenserklärung, sondern bedarf einer Klage; es liegt der nicht häufige

beschränkter, weil nur auf die Herstellung des hälftigen Anspruchs auf Vorschlag oder Gesamtgut ge-
richteter[400].

eeeee) Inventar (Art. 195a ZGB)

Jeder Ehegatte kann nach der Bestimmung von Art. 195a
ZGB jederzeit vom andern die Mitwirkung bei der Aufnahme eines Inventars über ihre Vermögenswerte verlangen. Dieses in öffentlicher Urkunde zu errichtende Inventar kann insofern bedeutsam sein, als sich damit bei
der güterrechtlichen Liquidation der Errungenschafts-
oder Gesamtgutscharakter bestimmter Vermögenswerte
nachweisen lässt[401] [402]. Unter der Voraussetzung, dass
zwischen Einbringen der Vermögenswerte und Beurkundung
nicht mehr als ein Jahr vergangen ist[403], begründet die
im Inventar öffentlich beurkundete Wissenserklärung der
Parteien sowohl im Verhältnis unter den Ehegatten als
auch gegenüber Dritten eine Richtigkeitsvermutung[404].
Das güterrechtliche Inventar erweist sich damit als
wichtiges Beweismittel besonders auch gegenüber den Erben des vorverstorbenen Ehegatten, der seinerseits über

---

Fall eines sog. "Gestaltungsklagerechtes" vor; vgl. VON
TUHR/PETER, § 3 II 3, S. 25 f.; KUMMER, Grundriss,
S. 103.
400 Zur implizit aus Art. 185 Abs. 2 Ziff. 2 ZGB fliessenden Verpflichtung der Ehegatten zum Erhalt des
Zuwendungssubstrats hinten § 7 III 5 2 b cc.
401 Vgl. FELLMANN, S. 96.
402 In der Praxis erfolgen Feststellungen der Ehegatten
über Bestand und Umfang der Gütermassen häufig auch im
Ehevertrag. Damit erübrigt sich ein besonderes güterrechtliches Inventar und erklärt sich dessen Selten-
heit; vgl. HAUSHEER/REUSSER/GEISER, N. 5 zu Art. 195a
ZGB.
403 Art. 195a Abs. 2 ZGB.
404 HAUSHEER/REUSSER/GEISER, N. 19 zu Art. 195a ZGB.
Art. 195a Abs. 2 ZGB ergänzt Art. 9 ZGB, dessen Wirkung
sich nur auf den Erklärungsvorgang und dessen Zeitpunkt, nicht aber auf die inhaltliche Richtigkeit der
Erklärung bezieht; vgl. HAUSHEER/REUSSER/GEISER, N. 20
zu Art. 195a ZGB.

die Zusammensetzung der Gütermassen ja nicht mehr Auskunft geben kann.

cccc) Güterstandsabhängiger Schutz

aaaaa) Spezifischer Schutz des Vorschlagsanspruchs

aaaaaa) Hinzurechnung (Art. 208 ZGB)

Nach Art. 208 ZGB werden bei der güterrechtlichen
Auseinandersetzung unter Vorbehalt der üblichen
Gelegenheitsgeschenke unentgeltliche Zuwendungen, die
ein Ehegatte während der letzten fünf Jahre vor Auflösung des Güterstandes ohne Zustimmung des anderen Ehegatten gemacht hat, sowie Vermögensentäusserungen, die
ein Ehegatte während der Dauer des Güterstandes vorgenommen hat, um den Beteiligungsanspruch des anderen zu
schmälern, zur Errungenschaft hinzugerechnet.

Das Institut der Hinzurechnung soll verhindern, dass
ein Ehegatte durch Veräusserung von Errungenschaftswerten während der Dauer des Güterstandes die Beteiligungsforderung des andern Ehegatten am Vorschlag vereitelt[405]. Die Schmälerung des Vorschlagsanspruchs durch
derartige Handlungen wird vermieden, indem die veräusserten Errungenschaftswerte unter den in Art. 208 Abs.
1 ZGB umschriebenen Voraussetzungen nachträglich wieder
zur Errungenschaft des Veräusserers hinzugerechnet werden[406]. Dieser hat somit den Beteiligungsanspruch des
anderen Ehegatten nicht nur aufgrund der noch vorhandenen, sondern auch für bereits durch Handlungen, welche unter Tatbestände des Art. 208 Abs. 1 ZGB fallen,

---

405 Botschaft, S. 126; DESCHENAUX, Expectative, S. 183;
     OTT, S. 293.
406 FELLMANN, S. 100.

veräusserte Errungenschaftswerte zu befriedigen[407]. Die missbilligte Zuwendung bleibt an sich wirksam, doch macht Art. 208 ZGB ihre wertverschiebende Wirkung rückgängig[408].

Die von Gesetzes wegen, d.h. ohne besonderes Begehren eines Ehegatten, vorzunehmende Hinzurechnung bietet neben der von ihr als solcher ex post ausgehenden Schutzwirkung unter zwei nachstehend zu erwähnenden Aspekten auch präventiv besondere Sicherung des Vorschlagsanspruchs.

Zum einen wird der unter den Gegebenheiten von Art. 208 ZGB zuwendende Ehegatte nicht wünschen, dass die veräusserten Errungenschaftswerte nachträglich in die Vorschlagsberechnung einbezogen werden; ebenso wird er vermeiden wollen, dass der Zuwendungsempfänger dem Risiko einer Klage auf Erfüllung der Beteiligungsforderung nach Art. 220 ZGB ausgesetzt wird[409]. Diesen Folgen wird der zuwendende Ehegatte in aller Regel und angesichts des damit begründeten zusätzlichen Vertrauensverhältnisses besonders dann, wenn eine ehevertragliche Begünstigung des überlebenden Ehegatten vorliegt, dadurch vorzubeugen suchen, dass er die Zustimmung des anderen Ehegatten zur Entäusserung einholt. Die gesetzliche Regelung der Hinzurechnung führt demnach de facto dazu, dass aus Errungenschaftsmitteln erfolgende unentgeltliche Zuwendungen eines Ehegatten an Dritte nur

---

407 FELLMANN, S. 101.
408 HUWILER, S. 97.
409 Botschaft, S. 127, FELLMANN, S. 106; OTT, S. 301.

mit Zustimmung des anderen Ehegatten ausgerichtet werden[410].

Zum andern haftet, wie sich aus Art. 208 ZGB in Verbindung mit Art. 220 ZGB[411] ergibt, für die Vorschlagsforderung nicht nur die Errungenschaft, sondern das gesamte Vermögen der Ehegatten, mithin auch das Eigengut[412]. Die Haftungsmasse für die Forderung des mit der Vorschlagszuweisung begünstigten Ehegatten ist demnach umfassender als die Zuwendungsmasse[413]; falls die Beteiligungsforderung aus der Errungenschaft nicht gedeckt werden kann, haftet dafür ebenfalls das Eigengut des vorverstorbenen Ehegatten[414].

bbbbbb) Klage gegen Dritte (Art. 220 ZGB)

Soweit das Vermögen des vorverstorbenen Ehegatten bzw. seine Erbschaft die Beteiligungsforderung des überle-

---

410 Botschaft, S. 127; DESCHENAUX, Expectative, S. 188; FELLMANN, S. 106; OTT, S. 301.
Obwohl die Errungenschaftsbeteiligung rechtlich dem Grundsatze nach kein Erfordernis gemeinsamer Verfügung beider Ehegatten über Errungenschaftswerte vorsieht, werden damit potentiell Errungenschaftssubstrat gefährdende Veräusserungen faktisch dennoch nur von den Ehegatten gemeinsam vorgenommen werden.

411 Zur Klage gegen Dritte nach Art. 220 ZGB sogleich § 6 III 2 1 c bb bbb cccc aaaaa bbbbbb.

412 Botschaft, S. 135; FELLMANN, S. 114; OTT, S. 306.

413 Zugewendet wird der Vorschlag als Nettowert der Errungenschaft; vgl. zur Zuwendungsmasse vorne § 5 I 1.
Hinsichtlich der Gegensätzlichkeit einer rechnerisch auf den Vorschlagsanspruch beschränkten, aber gegenständlich unbeschränkten Haftung ist die Hinzurechnung mit der römischrechtlichen actio de peculio vergleichbar. Bei dieser haftet der Gewalthaber des Haussohnes oder Sklaven rechnerisch nur bis zum Wert des Pekuliums, aber gegenständlich mit seinem ganzen Vermögen; vgl. KASER, § 49 II 1 a, S. 226.

414 Bleibt die Vorschlagsforderung des überlebenden Ehegatten auch so ungedeckt, besteht gegebenenfalls zusätzlich die Möglichkeit, nach Art. 220 ZGB auf begünstigte Dritte zu greifen. Es besteht demnach in bezug auf den Vorschlagsanspruch gewissermassen ein zweifaches der Errungenschaft als primärer Haftungsmasse nachgelagertes Haftungssubstrat.

benden Ehegatten nicht zu decken vermag, kann dieser
der Errungenschaft hinzuzurechnende Zuwendungen bis zur
Höhe des Fehlbetrages bei den begünstigten Dritten ein-
fordern. Art. 220 ZGB gewährt dem überlebenden Ehegatten eine obligatorische Klage auf Herabsetzung der Zuweisung an den Dritten und Verurteilung desselben zu
einer Leistung in der Höhe des Fehlbetrages; der
Rechtsbehelf von Art. 220 ZGB enthält demnach Elemente
der Gestaltungs- wie der Leistungsklage[415].

bbbbb) Spezifischer Schutz des Gesamtgutsanspruchs

aaaaaa) Erfordernis gemeinsamer Verfügung

An der Gütermasse des Gesamtgutes - Zuwendungssubstrat
für die Gesamtgutszuweisung an den überlebenden Ehegatten[416] - besteht Gesamteigentum beider Ehegatten[417].
Aus der gesamthänderischen Berechtigung folgt - und
wird in Art. 222 Abs. 3 ZGB für den Anteil jedes Ehegatten am Gesamtgut noch besonders betont[418] -, dass

---

415 OTT, S. 308 f.; HUWILER, S. 99.
416 Dazu vorne § 5 II 1.
417 Statt aller: HEGNAUER/BREITSCHMID, N. 28.03. Eingehend
zum Gesamthandsverhältnis während der Gütergemeinschaft
hinten § 10.
"Gesamteigentum" bedeutet dabei hier nicht nur
Gesamteigentum an Sachen im technischen Sinne, sondern
umfassender "Gesamtrechtszuständigkeit", also auch entsprechende Berechtigung an Forderungen; vgl.
TUOR/SCHNYDER/SCHMID, S. 239, Anm. 2.
418 Unter Anteil am Gesamtgut sind nicht etwa ausgeschie-
dene Eigentumsanteile an einzelnen Sachen im Sinne eines subjektiven Rechts zu verstehen. Solche bestehen
beim Gesamteigentum nämlich nicht. Vielmehr umschreibt
der Anteil die Gesamtheit der Rechte und Pflichten, die
einem Gesamthänder zukommen, oder - in einem engeren
Sinne - die Gesamtheit der vermögensrechtlichen Ansprüche, die einem Gesamthänder am Gesamthandsvermögen zustehen; vgl. MASANTI-MÜLLER, S. 16 ff. Dass über den
Anteil am Gesamtgut im Sinne der Gesamtheit der Rechte
und Pflichten der Gütergemeinschafter nicht verfügt
werden kann, entspricht den Verhältnissen bei allen Gesamthandschaften. Im Gegensatz zu anderen Gesamthandsverhältnissen kann aber bei der Gütergemeinschaft

Verfügungen über das Gesamtgut von beiden Ehegatten gemeinsam auszugehen haben. Das Erfordernis der gemeinsamen Verfügung und Verwaltung über Gesamtgut schützt die
Gesamtgutsansprüche der Ehegatten, indem durch alleiniges Handeln eines Ehegatten hervorgehende Gefährdungen
dem Grundsatze nach[419] nicht möglich sind.

bbbbbb) Schutz des Gesamtgutes in Fällen alleiniger
Verfügungsberechtigung eines Ehegatten

Das Erfordernis der gemeinsamen Verfügung über Gesamtgut erleidet aus Gründen der Praktikabilität Ausnahmen[420]. So kann ein Ehegatte nach Art. 227 Abs. 2 ZGB
in den Schranken ordentlicher Verwaltung oder gestützt
auf Art. 229 ZGB dann, wenn er mit Zustimmung des andern Ehegatten mit Mitteln des Gesamtgutes ein Geschäft
betreibt, allein über das Gesamtgut verfügen. Sodann
dürfen Dritte nach Art. 228 Abs. 2 ZGB im Bereich der
ausserordentlichen Verwaltung des Gesamtgutes die zur
alleinigen Verfügung durch einen Ehegatten erforderliche Einwilligung des andern Ehegatten voraussetzen, sofern sie nicht wissen oder wissen sollten, dass sie
fehlt.

In allen drei Fällen, in welchen die Möglichkeit des
Eingehens von das Gesamtgut betreffenden Verpflichtungen oder der Verfügung über Gesamtgut durch einen Ehegatten allein besteht, ist indessen das Gesamtgut entweder nicht ernsthaft gefährdet oder doch nicht ohne
Schutz. In den Schranken ordentlicher Verwaltung sind
verpflichtende Geschäfte bzw. Verfügungen über das Gesamtgut nur "für das Kleine, das Alltägliche, das Ge-

---

gemäss Art. 222 Abs. 3 ZGB auch nicht über die Vermögensanteile des einzelnen Ehegatten verfügt werden.
Vgl. MASANTI-MÜLLER, S. 19, m.w.H.

419 Zu Fällen, wo ein alleiniges Verfügungsrecht nur eines
Ehegatten über das Gesamtgut besteht, sogleich § 6 III
2 1 c bb bbb cccc bbbbb bbbbbb.

420 Vgl. Botschaft, S. 139.

wöhnliche, das Dringliche"[421] möglich, womit das Gesamtgut entweder nur unbedeutend oder doch nur zweckge-
bunden für dringende Bedürfnisse geschmälert werden
kann. Die durch einen Ehegatten nach Art. 229 ZGB allein abgeschlossenen Rechtsgeschäfte über des Gesamtgut
beruhen auf einer zur beruflichen oder gewerblichen
Verwendung der Gesamtgutsmittel erteilten Zustimmung
des andern Partners, welcher die Einwilligung widerrufen kann[422]. In den Fällen, wo Dritte die Einwilligung
nach Art. 228 Abs. 2 ZGB voraussetzen dürfen, kann der
andere Ehegatte den Dritten über das Fehlen seiner Einwilligung in Kenntnis setzen, womit dessen Gutglaubensschutz entfällt[423]. Schliesslich untersteht gestützt
auf Art. 231 Abs. 1 ZGB jeder Ehegatte für seine das
Gesamtgut betreffenden Handlungen einer Verantwortlich-
keit nach Auftragsrecht, d.h. nach den Bestimmungen von
Art. 398 f. OR[424].

**cccccc) Besondere Schutzbestimmungen zugunsten des
         Gesamtgutes**

Das Gütergemeinschaftsrecht enthält ferner auch einige
Bestimmungen zum Schutze des Gesamtgutes, welche die

---

421 TUOR/SCHNYDER/SCHMID, S. 242.
422 Wird die Zustimmung gemäss Art. 229 ZGB widerrufen, ge-
     langen die allgemeinen Verwaltungsbestimmungen der Art.
     227 f. ZGB zur Anwendung. Verfügungen sind unwirksam
     und bei Verpflichtungsgeschäften beschränkt sich nach
     Art. 234 ZGB die Haftung auf das Eigengut des vertrags-
     schliessenden Ehegatten und die Hälfte des Wertes des
     Gesamtgutes, wenn der Bereich der ordentlichen Verwal-
     tung überschritten wird und der Dritte weiss oder wis-
     sen sollte, dass die Einwilligung zum konkreten Rechts-
     geschäft fehlt (Art. 228 Abs. 2 ZGB). Vgl. MASANTI-MÜL-
     LER, S. 153.
423 Wer weiss, dass die Einwilligung des anderen Ehegatten
     fehlt, ist bösgläubig und somit nicht zu schützen; vgl.
     MASANTI-MÜLLER, S. 135. Der Gutglaubensschutz des Drit-
     ten entfällt bereits dann, wenn er um das Fehlen der
     Einwilligung hätte wissen sollen. Eingehend zu den Vor-
     aussetzungen des Gutglaubensschutzes gemäss Art. 228
     Abs. 2 ZGB MASANTI-MÜLLER, S. 135 ff.
424 HEGNAUER/BREITSCHMID, N. 28.22; eingehend MASANTI-MÜL-
     LER, S. 169-175.

Gesamtberechtigung der Ehegatten in hinsichtlich der Substanz des Gesamtgutes heiklen Situationen verdeutlichen.

So kann nach Art. 225 Abs. 3 ZGB einem in Gütergemeinschaft lebenden Ehegatten das, was er als Pflichtteil zu beanspruchen hat, von seinen Verwandten nicht als Eigengut zugewendet werden, sofern der Ehevertrag vorsieht, dass diese Vermögenswerte Gesamtgut sind[425]. Sodann sieht Art. 230 Abs. 1 ZGB vor, dass ein Ehegatte ohne Zustimmung des anderen weder eine Erbschaft, die ins Gesamtgut fallen würde, ausschlagen[426] noch eine überschuldete Erbschaft annehmen kann[427]. Den Bestimmungen ist insofern gesamtgutsschützende Wirkung gemeinsam, als sie - in den beiden ersten Fällen - die Gesamtgutsvermehrung fördern bzw. - im Falle der überschuldeten Erbschaft - eine Gesamtgutsschmälerung verhindern.

2.2. Selbständige Verfügbarkeit

a) Vorbemerkung

Alternativ zur rechtlichen Sicherung ist die selbständige Verfügbarkeit der Vorstufe Kennzeichen des Anwartschaftsrechts[428]. Der Frage, ob der Vorschlags- bzw. Gesamtgutsanspruch während der Dauer des Güterstandes rechtlicher Verselbständigung zugänglich ist, wird nachstehend anhand der Möglichkeiten des Rechtsverkehrs im Verhältnis zu Dritten nachgegangen. Konkret

---

425 Vgl. dazu MASANTI-MÜLLER, S. 49 ff.
426 Dazu MASANTI-MÜLLER, S. 157 ff.
427 Eingehend MASANTI-MÜLLER, S. 159 ff. Die Zustimmung des anderen Ehegatten zur Annahme einer überschuldeten Erbschaft wird unabhängig davon verlangt, ob diese in das Gesamtgut oder in das Eigengut fallen würde; vgl. MASANTI-MÜLLER, S. 159 mit Anm. 977.
428 § 6 II 3 2 b i.f. hievor.

ist zu prüfen, ob Vorschlags- bzw. Gesamtgutsanspruch als bereits gegenwärtige Vermögenspositionen übertragen, verpfändet und gepfändet werden können.

b) Rechtsausübung gegenüber Dritten

aa) Vorschlagsanspruch

Der Vorschlagsanspruch ist ein obligatorisches Recht, eine Forderung[429], unabhängig davon, ob er auf der gesetzlichen Regel von Art. 215 Abs. 1 ZGB oder auf ehevertraglicher Vereinbarung beruht. Im Falle der integralen Vorschlagszuweisung an den überlebenden Ehegatten besteht während des Güterstandes für jeden Ehegatten individuell ein durch das eigene Überleben bedingter Anspruch auf das Vollrecht am gesamten Vorschlag[430].

Als Forderung ist der Vorschlagsanspruch durch Zession übertragbar[431]. Dass er für den einzelnen Ehegatten nur als durch das eigene Überleben bedingter Anspruch besteht, hindert seine Abtretbarkeit nicht, können doch auch bedingte Forderungen abgetreten werden[432].

Die Zessibilität einer Forderung entfällt, wenn Gesetz, Parteivereinbarung oder Natur des Rechtsverhältnisses entgegenstehen[433]. Weil das pactum de non cedendo als eine durch die Parteien in privatautonomer Gestaltung selbst eingegangene Beschränkung der Übertragbarkeit hier zum vornherein ausser Betracht fällt und sich aus dem Gesetz die Nichtabtretbarkeit des Vorschlagsan-

---

429 Dazu vorne § 5 I 2 1.
430 Vgl. auch vorne § 4 II.
431 Art. 164 ff. OR.
432 VON TUHR/ESCHER, § 94 IV, S. 348; BUCHER AT, S. 543 ff.; GUHL/MERZ/KOLLER, S. 248 f.; Hj. PETER, S. 258-261, m.w.H. auf Lehre und Rechtsprechung in Anm. 15.
433 Art. 164 Abs. 1 OR.

spruchs nicht ergibt, konzentriert sich die Prüfung nur noch darauf, ob die Abtretbarkeit aufgrund der Natur des Rechtsverhältnisses ausgeschlossen sei. In der Lehre wird es tatsächlich als "unsittlich und mit dem Wesen der Ehe als Schicksalsgemeinschaft nicht vereinbar" erachtet, dass ein Ehegatte vor Auflösung des Güterstandes den künftigen Anspruch einem Dritten abtritt oder verpfändet[434]. M.E. ergeben sich jedoch auch aus der Natur der Vorschlagsforderung als eines güterrechtlichen Anspruches keine Hindernisse für deren Abtretbarkeit[435]. Dass beim Vorschlagsanspruch die Leistung an den Zessionar nicht ohne Veränderung ihres Inhalts erfolgen könnte oder der Zweck der Forderung durch die Abtretung gefährdet oder vereitelt wäre und daher auf Nichtabtretbarkeit geschlossen werden müsste[436], ist nicht ersichtlich. In der Konstellation, wo der ganze Vorschlag an den durch die Bedingung des Überlebens zu bestimmenden Ehegatten zugewiesen ist, tangiert die Abtretung des bedingten Vorschlagsanspruchs durch den einen Ehegatten den anderen und auch das Wesen der Ehe nicht, weil die Zession erst wirksam werden kann, wenn die abgetretene bedingte Vorschlagsforderung vollumfänglich entstanden sein wird[437]. Dies ist erst im Zeitpunkt, in dem die Ehe und der Güterstand durch den Tod eines Gatten aufgelöst werden, der Fall: Erst dann entscheidet sich, ob derjenige Ehegatte, der seine Vorschlagsforderung abgetreten hat, auch der überlebende ist, was Voraussetzung dafür bildet, dass die zedierte bedingte Forderung zur unbeding-

---

434 HAUSHEER/REUSSER/GEISER, N. 17 zu Art. 215 ZGB.
435 Vgl. auch GUHL/MERZ/KOLLER, die - S. 247 - Forderungen aus Familienrecht als abtretbar erachten und - S. 249 - die Vorschlagsforderung nicht unter den nach der Natur des Rechtsverhältnisses zur Zession nicht geeigneten Ansprüchen aus Familienrecht aufführen. Für Unabtretbarkeit des Vorschlags aber SPIRIG, N. 171 zu Art. 164 OR.
436 Vgl. VON TUHR/ESCHER, § 94 II 2, S. 344; BGE 115 II 266.
437 Zum Wirksamwerden der Zession auf den Zeitpunkt der Entstehung der bedingten Forderung siehe BUCHER AT, S. 545.

ten wird und damit Wirksamkeit erlangen kann. Überlebt
dagegen derjenige Ehegatte, der die Vorschlagsforderung
nicht abgetreten hat, erwirbt er das Vollrecht am ganzen Vorschlag. Die Zulassung der Abtretbarkeit berührt
damit auch die ehevertragliche Begünstigung nicht, weil
zur Wirksamkeit der Abtretung gerade der nunmehr überlebende Ehegatte die Vorschlagsforderung zediert haben
muss und damit die mit der Abtretung allenfalls einher-
gehende Schmälerung der Begünstigung selbst und allein
rechtsgeschäftlich bewirkt hat.

Zugunsten einer selbständigen Verfügbarkeit des
Vorschlagsanspruchs vor Auflösung des Güterstandes
spricht auch, dass das Güterrecht als Vermögensrecht
grundsätzlich von der Privatautonomie beherrscht wird
und die mit der Verselbständigung ermöglichte Mobili-
sierung des Wertes der Vorschlagsforderung durchaus
nicht zwingend der Ehe abträglich sein muss, sondern
auch im Interesse der Ehegatten liegen kann.

Der durch das Überleben bedingte Vorschlagsanspruch jedes Ehegatten kann daher während der Dauer des Güterstandes übertragen werden, womit er nach Art. 899 Abs.
1 ZGB auch verpfändbar ist[438]. Dagegen können Gläubiger
den Vorschlagsanspruch während der Dauer des Güterstandes nicht pfänden lassen, weil es ihnen verwehrt ist,
Gütertrennung zu verlangen und damit die vorzeitige Begleichung der Beteiligungsforderung herbeizuführen[439].

---

438 Ebenso für selbständige Verfügbarkeit des Vorschlagsanteils allgemein, d.h. nicht besonders auf die ehevertragliche Zuweisung an den überlebenden Ehegatten bezogen: FELLMANN, S. 68; implizit ebenso DESCHENAUX, Expectative, S. 163 i.V.m. S. 202. Ferner für Verfügbarkeit des Vorschlags der Ehefrau im Recht der Güterverbindung: LEMP, N. 88 zu Art. 214 aZGB; KRADOLFER, S. 74
f., m.w.H.; BGE 102 II 323.
439 Botschaft, S. 99; FELLMANN, S. 92 f.; HAUS-
HEER/REUSSER/GEISER, N. 17 zu Art. 202.

bb) Gesamtgutsanspruch

Der Gesamtgutsanspruch stellt grundsätzlich eine die Sache selbst unmittelbar erfassende dingliche Berechtigung dar[440]. Als in Gesamthandsberechtigung stehender Realteil ist der Gesamtgutsanteil des einzelnen Ehegatten während der Dauer des Güterstandes nicht verkehrsfähig[441] [442]. Gleiches gilt für den beim Ableben des erstversterbenden Ehegatten nach Art. 241 Abs. 1 ZGB von Gesetzes wegen bestehenden hälftigen Anspruch des überlebenden Ehegatten am Gesamtgut[443], weil die Berechtigung am halben Gesamtgut ebenfalls in gesamthänderischer und damit unselbständiger Verbundenheit mit

---

440 Vorbehalten bleiben dem Gesamtgut zugehörige Forderungen, an welchen nicht eine dingliche, sondern obligatorische Gesamthandsberechtigung besteht; vgl. TUOR/SCHNYDER/SCHMID, S. 239, Anm. 2.

441 Art. 222 Abs. 3 ZGB. TUOR/SCHNYDER/SCHMID, S. 239; E. HUBER, Erläuterungen I, S. 209 f.; LEMP, N. 50 zu Art. 215 aZGB.
Vgl. allgemein zum Fehlen verselbständigter Anteile beim Gesamteigentum HAAB, N. 21 zu Art. 652-654 ZGB; MEIER-HAYOZ, N. 16 zu Art. 653 ZGB; REY, Sachenrecht I, N. 988; TUOR/SCHNYDER/SCHMID, S. 673.

442 Eine dingliche Berechtigung verschaffende Verfügung über den Gesamtgutsanteil als Sache ist ausgeschlossen; eine Verfügung über den Anteil als Recht, womit dem Erwerber kein dinglicher Anspruch, sondern lediglich eine obligatorische Forderung auf das Liquidationsergebnis zustünde, ist aufgrund von Art. 222 Abs. 3 ZGB ebenfalls ausgeschlossen. Vgl. zur Differenzierung zwischen Verfügung über eine Sache und über ein Recht REY, Sachenrecht I, N. 990.
Vgl. auch MASANTI-MÜLLER, S. 19, wonach bei der Gütergemeinschaft weder über den Anteil im weiteren Sinne als Gesamtheit der Rechte und Pflichten eines Gütergemeinschafters noch im engern Sinne als Vermögensanteil verfügt werden kann. Siehe ferner Anm. 418 hievor.

443 Vgl. LEMP, N. 50 zu Art. 215 aZGB, wonach ein Ehegatte weder während noch nach Beendigung des Güterstandes über seinen Gesamtgutsanteil verfügen kann.

der kraft Erbrechts sich ergebenden Berechtigung an der
anderen Gesamtgutshälfte steht[444].

Ist Gesamtgutszuweisung vereinbart, so konsolidiert
sich beim Ableben des erstversterbenden Ehegatten die
bisherige gesamthänderische Berechtigung am Gesamtgut
zu Alleineigentum des überlebenden Ehegatten[445]. Auf
diesen Zeitpunkt hin läge demnach in Form von Alleineigentum ein der Übertragung zugängliches dingliches
Recht vor. Indessen ist das dannzumal dem überlebenden
Ehegatten zufallende Gesamtgut als solches dennoch
nicht - und zwar weder als bedingter Anspruch pendente
matrimonio noch als Vollrecht nach Auflösung des Güterstandes - übertragbar, sondern es sind dies allein die
einzelnen zum Gesamtgut gehörenden Sachen[446] und
Rechte, über die nach dem Spezialitätsprinzip je einzeln in den dafür vorgesehenen Formen - d.h. durch Tradition, Grundbuchanmeldung oder Zession - zu verfügen
ist. Eine Gesamtverfügung über das Gesamtgut selbst ist
nur mittels Gesamtgutszuweisung an den überlebenden
Ehegatten, nicht aber an Dritte möglich[447].

---

444   Dazu § 11 I 1 hienach.
Eine Ausnahme zu dieser fortdauernden Gesamthandschaft
am Gesamtgut bildet natürlich der Fall, wo der überlebende Ehegatte auch einziger Erbe ist, womit er kraft
seiner güter- bzw. erbrechtlichen Ansprüche Alleineigentümer wird.

445   Vgl. dazu und besonders hinsichtlich Grundstücken hinten § 11.

446   Im allgemeinen spricht man etwa von der Übertragung von
Sachen, etwa einem Grundstück, zu Eigentum. Ganz genau
genommen sind im juristischen Sinne nicht Sachen, sondern die an ihnen bestehenden Rechte - z.B. das Eigentum - übertragbar.

447   Solange die Gütergemeinschaft besteht, kann sich ein
Ehegatte Dritten gegenüber höchstens mit obligatorischer Wirkung verpflichten, für den Fall der Auflösung
des Gemeinschaftsverhältnisses durch Tod des anderen
Ehegatten Gegenstände des Gesamtgutes zu übertragen
oder zu verpfänden. Eine solche persönliche Verpflichtung kann m.E. von einem Ehegatten allein eingegangen
werden, weil sie ausschliesslich die Zeit nach Auflösung des Güterstandes anbelangt und somit der sich nur
auf die die Gemeinschaft betreffenden Verpflichtungen
beziehende Art. 228 Abs. 1 ZGB dem nicht entgegensteht.
Die derart begründete obligatorische Verpflichtung hat

Nach Art. 189 ZGB ist dagegen der Anteil eines Ehegatten am Gesamtgut in der Betreibung für Eigenschulden[448]
pfändbar[449]; die in diesem Fall auf Antrag der Auf-
sichtsbehörde in Betreibungssachen mögliche richterli-
che Anordnung der Gütertrennung führt zur Auflösung des
Güterstandes nach den Regeln von Art. 242 ZGB. Pfänd-
barkeit bedeutet indessen auch hier nicht unmittelbaren
Zugriff auf einen Realteil am Gesamtgut, sondern nur
auf den daraus resultierenden Vermögenswert[450].

3. Ergebnis

Sowohl Vorschlags- wie Gesamtgutsanspruch erfahren während der Dauer des Güterstandes qualifizierte rechtliche Sicherung. Vor Auflösung des Güterstandes ist die
Vorschlagsforderung übertragbar und verpfändbar, nicht
aber pfändbar, der dingliche Gesamtgutsanspruch weder
übertragbar noch verpfändbar und auch nicht im Sinne
eines unmittelbaren Zugriffs auf die Sache pfändbar.

Aufgrund ihrer qualifizierten Sicherung ist die
Rechtsstellung der Ehegatten in bezug auf den Erwerb
von Vorschlag bzw. Gesamtgut als *Anwartschaftsrecht* zu
qualifizieren[451]. Der Einstufung als Anwartschaftsrecht

---

jedoch mit der selbständigen Verfügbarkeit über das Gesamtgut nichts mehr zu tun. Verfügungshandlungen sind
in Anbetracht von Art. 222 Abs. 3 ZGB in jedem Falle
während des Güterstandes ausgeschlossen und auch für
den Zeitpunkt seiner Auflösung ist eine Gesamtverfügung
über das Gesamtgut, wie sie die Gesamtgutszuweisung an
den überlebenden Ehegatten darstellt, zugunsten Dritter
nicht möglich.
448 Zur Haftung für Eigenschulden vgl. Art. 234 ZGB.
449 Vgl. auch Art. 185 Abs. 2 Ziff. 1 ZGB, der ebenfalls
davon ausgeht, dass der Anteil eines Ehegatten am Gesamtgut gepfändet werden kann.
450 Nicht der Gesamtgutsanteil als solcher, sondern vielmehr "die Vermögenswerte aus dem Anteil am Gesamtgut"
werden gepfändet. Vgl. HENNINGER, S. 113; REY, Sachenrecht I, N. 991; MASANTI-MÜLLER, S. 26.
451 Ebenso für die Vorschlagsbeteiligung allgemein: DE-
SCHENAUX, Expectative, S. 202; OTT, S. 323; weil der
Anspruch auf Gesamtgutszuweisung durch das generelle

vermag die im Verhältnis zu Dritten fehlende oder doch
weitgehend unvollständige Verselbständigung keinen Ab-
bruch zu tun, weil hiefür nach der Begriffsumschreibung
in der h.L. die Elemente der rechtlichen Sicherung und
der selbständigen Verfügbarkeit nicht kumulativ erforderlich sind[452] [453].

Erfordernis gemeinsamer Verfügung bezüglich des Gesamtgutes noch intensiveren Schutz geniesst, muss dasselbe
auch für ihn gelten. Zweifelnd dagegen HAUS-
HEER/REUSSER/GEISER, N. 17 zu Art. 215 ZGB; die von
diesen Autoren angeführte Unsicherheit, "welchem Ehegatten letztlich eine Beteiligungsforderung zustehen
wird", steht indessen der Annahme eines sich nach der
hier verwendeten Begriffsbestimmung nicht durch in
tatsächlicher Hinsicht sichern, sondern durch rechtlich abgesicherten Erwerb qualifizierenden
Anwartschaftsrechts nicht entgegen.

452 Vgl. vorne § 6 II 3 2 b i.f.
Rechtliche Sicherung und selbständige Verfügbarkeit als
die beiden Merkmale des Anwartschaftsrechts schliessen
sich bei der ehevertraglichen Begünstigung des überlebenden Ehegatten tendenziell gegenseitig aus: Je stär-
ker ausgeprägt der Rechtsschutz der Stellung der Ehegatten vor Auflösung des Güterstandes ist, desto weniger besteht selbständige Verfügbarkeit.

453 Es bestätigt sich somit, dass die Gegenstand des Ehegüterrechts bildenden Anwartschaften rechtlicher Art
sind; vgl. dazu PIOTET, Errungenschaftsbeteiligung,
S. 13 f., mit Hinweis auf die rein faktischen
Anwartschaften des Erbrechts.

§ 7 Ehevertragliche Begünstigung im Spannungsfeld zwischen Rechtsgeschäft unter Lebenden und Verfügung von Todes wegen

I. Einleitende Bemerkungen

Die Auflösung der Ehe durch Tod eines Ehegatten bildet den Schnittpunkt, in dem eheliches Güterrecht und Erbrecht zugleich sich aktualisieren[454]. Ensprechend kontrovers sind die Auffassungen der Lehre zur Frage, ob die Zuweisung des Vorschlages oder Gesamtgutes an den überlebenden Ehegatten ein Rechtsgeschäft unter Lebenden[455] oder eine Verfügung von Todes wegen[456] dar-

---

454 Ausgenommen, wenn Gütertrennung besteht, womit vorbehältlich des Zuweisungsrechts nach Art. 251 ZGB keine güterrechtlichen Ansprüche gegeben sind; vgl. VON OLSHAUSEN, S. 1.

455 So VITAL, S. 214 f.; ROSSEL/MENTHA, Bd. II, S. 115; GMÜR, N. 34 zu Art. 214 aZGB (Vorschlagszuweisung) und N. 9 zu Art. 226 aZGB (Gesamtgutszuweisung); ESCHER, N. 6 zu Art. 462 ZGB und N. 33 zu Art. 527 ZGB; TUOR, N. 21 der Vorbemerkungen zum Erbvertrag und N. 21 zu Art. 527; KNAPP, S. 281 f., NN. 847 ff.; DESCHENAUX, Revision, S. 554a; FULPIUS, S. 149; H. A. KAUFMANN, Herabsetzung, S. 255; DERS., Vorschlagszuweisung, S. 100; SCHULER, S. 142-144; STEINAUER, Calcul, S. 411 f.; VOLLERY, S. 174 (bezüglich Vorschlags- und Gesamtgutszuweisung). Ausdrücklich als Rechtsgeschäfte unter Lebenden behandelt wurden ehevertragliche Zuwendungen im Code civil von Freiburg, erwähnt bei E. HUBER, System II, S. 310.

456 Für Qualifikation als materielle Verfügung von Todes wegen: EGGER, N. 20 zu Art. 214 aZGB (anders aber N. 19 zu Art. 214 aZGB zur Vorschlagszuweisung sowie N. 2 zu Art. 226 aZGB, wonach die Gesamtgutszuweisung keine erbrechtliche Verfügung sei); SUTTER, S. 71 ff. (für die Vorschlagszuweisung; anders, S. 79, sei dagegen die Gesamtgutszuweisung keine erbrechtliche Verfügung); CAVIN, S. 116 ff.; LEMP, N. 81, m.w.H., und N. 94 zu Art. 214 aZGB (zur Vorschlagszuweisung) sowie N. 7 zu Art. 226 aZGB (zur Gesamtgutszuweisung); PIOTET, Errungenschaftsbeteiligung, S. 166; vgl. auch die weiteren Hinweise bei KLAUS, S. 82, Anm. 4.
Im Anschluss an BGE 102 II 313 ff. (dazu eingehender § 7 II 1 hienach) qualifiziert die neuere Lehre die ehevertragliche Begünstigung des überlebenden Ehegatten mehrheitlich als Schenkung von Todes wegen, somit als Rechtsgeschäft, welches nach Art. 245 Abs. 2 OR ex lege eine Verfügung von Todes wegen darstellt; so PIOTET,

stelle. Die sich widersprechenden Meinungen haben sich
zwar dank der im neuen Eherecht durch Art. 216 Abs. 2
ZGB[457] und Art. 241 Abs. 3 ZGB[458] eingeführten Regelung
des Verhältnisses der güterrechtlichen Begünstigung zum
Pflichtteilsschutz[459] in ihrer praktischen Tragweite

SPR IV/1, S. 203 f.; DERS., Réserves, S. 37 f.; HAUS-
HEER/REUSSER/GEISER, N. 16 zu Art. 182 ZGB (allgemein
zu Vorschlags- und Gesamtgutszuweisung), NN. 10, 34 und
36 zu Art. 216 ZGB (besonders zur Vorschlagszuweisung)
sowie N. 44 zu Art. 241 ZGB (besonders zur
Gesamtgutszuweisung); STETTLER/WAELTI, S. 238 unten.

457 Vereinbarungen über die Vorschlagsbeteiligung dürfen
die Pflichtteilsansprüche nichtgemeinsamer Kinder und
deren Nachkommen nicht beeinträchtigen.

458 Vereinbarungen über die Teilung des Gesamtgutes dürfen
die Pflichtteilsansprüche aller Nachkommen nicht
beeinträchtigen.
Der bei der Gütergemeinschaft im Vergleich zur
Errungenschaftsbeteiligung auf die gemeinsamen Nachkommen erweiterte Vorbehalt des Pflichtteilsrechts liegt
darin begründet, dass das Gesamtgut als Zuweisungssub-
strat auch Güter umfassen kann, welche bei der Errungenschaftsbeteiligung ins Eigengut fallen und damit von
der Vorschlagszuweisung nicht erfasst würden; vgl. dazu
HEGNAUER/BREITSCHMID, NN. 28.45 bis 28.47, m.w.H.; MA-
SANTI-MÜLLER, S. 6.

459 Dazu sogleich § 7 II 2.
Das Fehlen einer entsprechenden gesetzlichen Regelung
beim Güterstand der Güterverbindung - bei der altrechtlichen Gütergemeinschaft lag dagegen die Bestimmung von
Art. 226 Abs. 2 aZGB vor - scheint die Kontroverse über
die Rechtsnatur güterrechtlicher Begünstigungen
massgeblich entfacht und auch dazu veranlasst zu haben,
die dogmatische Einordnung unter Kriterien vorzunehmen,
die ein je nach Standpunkt rechtspolitisch gewolltes
Ergebnis zu stützen vermochten. Insbesondere scheint
das Bundesgericht in BGE 102 II 313 ff. in dieser Weise
von einem vorgegebenen und - im Einzelfall verständli-
cherweise - gewünschten Ergebnis - nämlich der Herabsetzbarkeit ehevertraglicher Verfügungen - ausgegangen
zu sein; in der Tat weist es in E. 4 am Anfang darauf
hin, neben Testament und Erbvertrag unterlägen auch
Schenkungen auf den Todesfall der Herabsetzung nach
Art. 522 ZGB, um alsdann die Zuweisung des Vorschlages
an den überlebenden Ehegatten nach Art. 214 Abs. 3 aZGB
als eben eine solche Schenkung auf den Todesfall zu
qualifizieren und damit das gewünschte Resultat der
Herabsetzbarkeit der Zuwendung zu erreichen. Vgl. die
in diese Richtung zielenden Ausführungen von SCHULER,
S. 143: "Ohne es belegen zu können, wird hier die
Behauptung gewagt, das Bundesgericht habe seine Praxis
in BGE 102 II 313 ff. nicht deshalb geändert, weil es
zur Ueberzeugung gelangte, die rechtliche Qualifikation
der ehevertraglichen Zuweisung des Vorschlages als

entschärft, sind jedoch nicht gegenstandslos geworden.
Die Qualifikation als Rechtsgeschäft inter vivos oder
als Verfügung mortis causa bleibt überall dort von Bedeutung, wo unterschiedliche Folgen mit ihr verbunden
sind[460]. Dies ist etwa der Fall bei den Anforderungen
an die Geschäftsfähigkeit der Parteien[461], der Ver-
tragsanfechtung wegen Willensmängeln[462], den einzuhaltenden Formvorschriften[463], der Auslegung[464], der Auf-

---

Rechtsgeschäft unter Lebenden sei falsch, sondern weil
ein Ausweg gesucht werden musste, um einen ungerechten
Prozessausgang zu verhindern."

460 Dazu Beispiele sogleich im Text. Vgl. zu den praktischen Auswirkungen sodann eingehend § 7 V hienach.

461 Zum Abschluss des Ehevertrages genügt - sofern die
Zustimmung des gesetzlichen Vertreters (Art. 183 Abs. 2
ZGB) und bei Entmündigten die Genehmigung durch die
Vormundschaftsbehörde (Art. 421 Ziff. 9 ZGB) vorlie-
gen - Urteilsfähigkeit (Art. 183 Abs. 1 ZGB), zur Ein-
gehung vertraglicher Bindung in einem Rechtsgeschäft
von Todes wegen bedarf es dagegen der Mündigkeit, d.h.
der vollen Handlungsfähigkeit, des Erblassers (Art. 468
ZGB). Bei dieser Differenzierung handelt es sich nach
E. HUBER, Vorträge, S. 112 f. um "... eine interessante
Verschiedenheit, die praktisch nicht ohne Bedeutung und
wohl motiviert ist". Vgl. auch TUOR, N. 21 der
Vorbemerkungen zum Erbvertrag; HAUSHEER/REUSSER/GEISER,
N. 6 zu Art. 183 ZGB.

462 Für den Ehevertrag gelten wie für Rechtsgeschäfte unter
Lebenden allgemein die Bestimmungen von Art. 23 ff. OR
(FRIEDRICH, N. 7 zu Art. 7 ZGB; HAUS-
HEER/REUSSER/GEISER, N. 59 zu Art. 182 ZGB), bei Quali-
fikation als Verfügung von Todes wegen wäre dagegen für
den mortis causa Verfügenden Art. 469 ZGB zu beachten;
vgl. FRIEDRICH, N. 75 zu Art. 7 ZGB, m.w.H.;
TUOR/SCHNYDER/SCHMID, S. 457 f.; eingehend zur Berück-
sichtigung von Willensmängeln im Erbvertrag H. SCHMID,
S. 22 ff.

463 Der Ehevertrag bedarf gemäss Art. 184 ZGB der öffentlichen Beurkundung und der Unterzeichnung durch die Parteien, negotia mortis causa unterliegen den qualifizierten Formerfordernissen von Art. 498 ff. ZGB; vgl.
dazu statt vieler: TUOR/SCHNYDER/SCHMID, S. 451 mit
Anm. 1; GUHL/MERZ/KOLLER, S. 94.
Angesichts der um die Rechtsnatur der ehevertraglichen
Begünstigung bestehenden Unsicherheiten ist empfohlen
worden, es sei zur Vermeidung langwieriger Auseinander-
setzungen vorsorglicherweise die Erbvertragsform einzu-
halten und den sich aus einer materiellen Qualifikation
als Verfügung von Todes wegen ergebenden Konsequenzen,
z.B. in bezug auf die Auslegung, mit einem ausdrückli-
chen Hinweis auf die rein prophylaktischen Motive der
Formwahl zu begegnen; so NÄF-HOFMANN, S. 376 f.,
NN. 2179 ff., v.a. NN. 2183 f. Im Recht der Gü-

hebung des Vertrages[465], der Frage der Ausschlagung[466],
der Haftung[467], der Reihenfolge der Herabsetzung[468] und
allenfalls bei der Berechnung der Pflichtteile[469] [470].

---

terverbindung verlangten SUTTER, S. 74, und MÜNCH,
S. 79, für die Vorschlagszuweisung an den überlebenden
Ehegatten ausdrücklich die Wahrung der Erbvertragsform
nach Art. 499 ff. ZGB. In der Praxis hat die Beurkundung des Ehevertrages auf Begünstigung des überlebenden
Ehegatten in der Erbvertragsform keine Verbreitung gefunden.

464 Verfügungen von Todes wegen - insbesondere letztwillige
Verfügungen - sind in erhöhtem Masse nach dem Willen
des Verfügenden auszulegen, Rechtsgeschäfte unter Le-
benden nach dem Vertrauensprinzip; vgl. statt vieler:
TUOR/SCHNYDER/SCHMID, S. 493 ff.; GUHL/MERZ/KOLLER,
S. 94. Ausführlich zur Auslegung von Erbverträgen
H. SCHMID, S. 19 ff.

465 Art. 513 Abs. 1 ZGB erleichtert die Aufhebung des
Erbvertrages gegenüber der für den Ehevertrag geltenden
Vorschrift von Art. 182 Abs. 2 ZGB; vgl. TUOR, N. 21
der Vorbemerkungen zum Erbvertrag.

466 Die Ausschlagung (Art. 566 ff. ZGB) als rechtsaufheben-
des Gestaltungsrecht erfasst nur den Erwerb kraft Erbrechts; bei einer Qualifikation der Vorschlags- und
Gesamtgutszuweisung als erbrechtliche Verfügung würde
für den überlebenden Ehegatten die Möglichkeit entfallen, die güterrechtliche Begünstigung zu beanspruchen,
aber den Nachlass des vorverstorbenen Ehegatten auszuschlagen. Vgl. zur Freiheit des überlebenden Ehegatten,
die Erbschaft auszuschlagen, ohne auf den güterrechtlichen Anteil zu verzichten, HAUSHEER, Güterstand,
S. 165.

467 Bei Subsumtion der Vorschlags- bzw. Gesamtgutszuweisung
unter die Verfügungen von Todes wegen stellt sich die
Frage, ob der ehevertraglich begünstigte überlebende
Ehegatte - jedenfalls der wie ein Erbe dinglich erwerbende Gütergemeinschafter - allein gestützt auf die
ehevertragliche Begünstigung und ohne dass er Erbe wäre
wie ein Erbe nach den Bestimmungen von Art. 560 Abs. 2
und Art. 603 Abs. 1 ZGB haftet.

468 Art. 532 ZGB. Vgl. dazu die divergierenden Standpunkte
von STEINAUER, Calcul, S. 403 ff., und PIOTET, Réserves, S. 37 ff.: STEINAUER, der die ehevertragliche Begünstigung als Rechtsgeschäft unter Lebenden auffasst
(a.a.O., S. 411), will sie erst nach den Verfügungen
von Todes wegen herabsetzen (a.a.O., S. 415, Anm. 15),
während PIOTET, von einem Geschäft mortis causa ausgehend, sie im gleichen Verhältnis wie alle übrigen Verfügungen von Todes wegen der Herabsetzung unterwirft
(a.a.O., S. 39).

469 STEINAUER, Calcul, geht davon aus, dass güterrechtliche
Auseinandersetzung und Erbteilung unabhängig voneinander erfolgen (a.a.O., S. 404); er berechnet in bezug
auf Art. 216 ZGB die Pflichtteilsrechte für die gemeinsamen und die nichtgemeinsamen Nachkommen auf unter-

Die nachfolgenden Ausführungen stellen den Versuch dar, die ehevertragliche Vorschlags- bzw. Gesamtgutszuweisung an den überlebenden Ehegatten im Lichte der verschiedenen Beurteilungskriterien zur Unterscheidung zwischen Rechtsgeschäften unter Lebenden und Verfügungen von Todes wegen dogmatisch einzuordnen. Vorerst ist die positivrechtliche Ausgangslage darzustellen[471]. Sodann erfolgt[472] - im Anschluss an Hinweise darauf, dass es sich um eine Anordnung auf den Todesfall des erstversterbenden Ehegatten handelt[473], welche einer besonderen, vom allgemeinen Erbrecht abweichenden Pflichtteilsregelung untersteht[474] - eine die Abgrenzung zur Verfügung von Todes wegen i.e.S. beinhaltende Analyse anhand der traditionellen Kriterien der Gesetzessystematik[475], des Zeitpunkts des Eintritts der Wirkungen[476], des Vermögens, aus dem die Zuwendung stammt[477], des Subjekts der Zuwendung[478] sowie besonderer, sich aus dem Ehegüterrecht ergebender Gesichtspunkte[479]. Die Abgrenzung wird damit entsprechend der neueren Rechtsprechung des Bundesgerichts nicht schematisch, sondern aufgrund einer Würdigung aller Umstände

---

schiedlicher Grundlage (a.a.O., S. 406 und 412 f.) und begründet dies damit, die ehevertragliche Vorschlagszuweisung stelle sich als Rechtsgeschäft unter Lebenden dar (a.a.O., S. 411). PIOTET, der die Vorschlagszuwendung als Verfügung von Todes wegen einstuft, geht indessen von einer einheitlichen Pflichtteilsberechnung für alle Nachkommen aus und will den gemeinsamen Nachkommen im Rahmen von Art. 216 Abs. 2 ZGB lediglich die Herabsetzungsklage vorenthalten (Réserves, S. 41 f.).

470 Die angeführten Beispiele belegen, dass vorliegend entgegen GUINAND/STETTLER, S. 49, N. 90, die Unterscheidung zwischen Rechtsgeschäft unter Lebenden und Verfügung von Todes wegen mit dem neuen Eherecht keinesfalls bedeutungslos geworden ist; gl.M. VOLLERY, S. 170, Anm. 210.
471 § 7 II.
472 § 7 III.
473 § 7 III 2.
474 § 7 III 3.
475 § 7 III 4.
476 § 7 III 5.
477 § 7 III 6.
478 § 7 III 7.
479 § 7 III 8 und 9.

des einzelnen Falles vorgenommen[480]. Schliesslich gilt
es, das Ergebnis darzulegen[481] und die daraus resultierenden praktischen Auswirkungen zu erläutern[482].

II. Positivrechtliche Ausgangslage: Behandlung als im Ver-
hältnis zu bestimmten Pflichtteilserben herabsetzbare
Liberalität

1. Vorgeschichte: BGE 102 II 313 ff.

Die Qualifikation der güterrechtlichen Begünstigung des
überlebenden Ehegatten als Verfügung von Todes wegen
bzw. Schenkung auf den Todesfall hat ihre Ursprünge im
- verständlichen - Bemühen, die Vorschlagszuweisung im
alten ordentlichen Güterstand der Güterverbindung der
pflichtteilsrechtlichen Herabsetzung zu unterstellen[483]. Aus diesem Grunde änderte im Jahre 1976 das
Bundesgericht[484] seine frühere jahrzehntelange Praxis,
wonach unter dem Güterstand der Güterverbindung die
ehevertragliche Zuweisung des ganzen Vorschlages an den
überlebenden Ehegatten nach Art. 214 Abs. 3 aZGB auch
gegenüber Nachkommen ohne Einschränkung zulässig
war[485], und unterstellte die Vorschlagszuweisung der
Herabsetzung, soweit Pflichtteilsrechte der Nachkommen
verletzt sind[486]. Das Bundesgericht beschränkte den
Pflichtteilsschutz auf die Nachkommen und schloss die

---

480 BGE 99 II 272, 110 II 157 f.; vgl. zur Entwicklung der
Rechtsprechung ROTHENFLUH, S. 17 ff. und S. 73 ff.
481 § 7 IV.
482 § 7 V.
483 Vgl. auch vorne Anm. 459.
484 BGE 102 II 313 ff. i.S. Nobel.
485 BGE 58 II 1 ff., 82 II 477 ff., 99 Ia 310, 99 II 9 ff.,
100 II 277.
486 Offenbar wurde damit zum ersten Mal seit Inkrafttreten
des ZGB die Vorschlagsregelung von Art. 214 aZGB eingeschränkt; vgl. PETITJEAN, S. 288. Nach H. A. KAUFMANN,
Vorschlagszuweisung, S. 20, vollzog das Bundesgericht
mit diesem Entscheid "die wohl spektakulärste Kehrtwen-
dung seiner Geschichte". Kritisch zur Änderung der
Rechtsprechung HAUSHEER, in: ZBJV 114/1978, S. 181.

weiteren Pflichtteilserben davon aus[487]. In der Begründung seines Entscheides gab das Bundesgericht seine
vorherige Auffassung, die Regelung der Vorschlagszuweisung an den überlebenden Ehegatten stelle
keine Verfügung von Todes wegen dar, sondern einen
güterrechtlichen Vertrag unter Lebenden, bei dem der
Tod eines Ehegatten nicht als Rechtsgrund der Vereinbarung erscheine, sondern lediglich den Erfüllungszeit-
punkt bilde[488], preis. Seine neue Rechtsprechung
stützte es zusammengefasst[489] auf folgende Erwägungen:
Der Herabsetzung nach Art. 522 ZGB unterlägen Verfügungen von Todes wegen, welche die Verfügungsbefugnis
überschritten. Unter Verfügungen mortis causa seien dabei nicht nur Testament und Erbvertrag zu verstehen;
nach Art. 245 Abs. 2 OR unterstünden den Vorschriften
über die Verfügungen von Todes wegen auch Schenkungen,
deren Vollziehbarkeit auf den Tod des Schenkers gestellt wird. Die ehevertragliche Vorschlagszuweisung an
den überlebenden Ehegatten sei als allein von der Zu-
fälligkeit der Absterbeordnung abhängige, somit unentgeltliche, auf den Tod des Zuwendenden vollziehbare Zuwendung eine Schenkung von Todes wegen im Sinne von
Art. 245 Abs. 2 OR und damit der Herabsetzung unterstellt[490].

---

487 BGE 102 II 327.
488 BGE 82 II 488: "Alors même que la convention attribue
     le droit à la totalité du bénéfice à l' époux survi-
     vant, ... , elle ne constitue pas un acte à cause de
     mort mais reste un contrat entre vifs de droit matri-
     monial. La mort de l' un des époux n' est pas la cause de
     la convention, elle n' est qu' un terme d' exécution;
     la cause réside dans le régime matrimonial."
489 Die massgebliche Argumentation des Bundesgerichts fin-
     det sich in BGE 102 II 313 ff. E. 4 und 5.
490 Das Bundesgericht hat diese Rechtsprechung bestätigt in
     BGE 106 II 276 ff. E. 2, in dem eine gesellschaftsver-
     tragliche Abfindungsklausel betreffenden BGE 113 II 270
     ff. sowie übergangsrechtlich nach Art. 10 Abs. 3
     SchlTZGB mit Bezug auf die nichtgemeinsamen Kinder und
     deren Nachkommen in BGE 115 II 322 E. 3. Dem Bundesge-
     richt die Gefolgschaft verweigert hat das Obergericht
     Zürich in einem Entscheid vom 22. Januar 1980, publi-
     ziert in: ZR 78/1979, Nr. 126, S. 277 ff., und SJZ
     76/1980, S. 165 ff.

Der erläuterte Bundesgerichtsentscheid löste einige
Rechtsunsicherheit aus und führte zu einer parlamenta-
rischen Initiative[491], deren Anliegen aufgrund des Entscheides im Ständerat in der Folge erst mit der Ehe-
rechtsrevision behandelt wurden[492].

2. **Regelung in Art. 216 Abs. 2 und 241 Abs. 3 ZGB**

Der Entwurf des Bundesrates zum neuen Eherecht von
1979[493] dehnte den Pflichtteilsschutz auf alle pflicht-
teilsberechtigten Erben aus[494]. Die eidgenössischen
Räte sind indessen dem bundesrätlichen Entwurf diesbezüglich nicht gefolgt und haben in der Gesetz gewor-
denen Bestimmung von Art. 216 Abs. 2 ZGB den Pflichtteilsschutz gegenüber der Vorschlagszuweisung auf
nichtgemeinsame Kinder und deren Nachkommen beschränkt[495]. Für den Regelfall des Vorhandenseins ausschliesslich gemeinsamer Kinder[496] ergibt sich damit im

---

491 BBl 1977 III S. 582, 1978 I S. 181.
492 HAUSHEER/REUSSER/GEISER, N. 3 zu Art. 216 ZGB.
493 Publiziert mit der Botschaft vom 11. Juli 1979 in BBl
     1979 II, S. 1191 ff.; auch erschienen als Separatdruck
     mit selbständiger Paginierung.
494 Art. 213 Abs. 3 des Entwurfs. Ebenso sah der bundesrät-
     liche Entwurf auch im Verhältnis zur Gesamtgutszuwei-
     sung den Schutz sämtlicher Pflichtteilserben vor; vgl.
     Art. 238 Abs. 3 des Entwurfs.
495 Vgl. zur Entstehungsgeschichte HAUSHEER/REUSSER/GEISER,
     NN. 4 ff. zu Art. 216 ZGB.
496 Unter dem Aspekt, dass dies die Regel darstellt, ist
     unter altem Recht die frühere bundesgerichtliche
     Rechtsprechung (vgl. etwa BGE 81 II 413 ff.), wonach
     ehevertragliche Überlebensklauseln als rein güterrecht-
     licher Natur der Herabsetzung entzogen sind, gebilligt
     worden, so von HAUSHEER, Grenzfragen, S. 264: "Dieser
     Standpunkt ist vertretbar, weil der überlebende Ehe-
     gatte begünstigt wird, der in der Grosszahl der Fälle
     schliesslich doch ..... durch die gemeinsamen Nachkom-
     men beerbt wird". Diese Überlegung traf und trifft auch
     im neuen Recht zweifellos zu. Indessen ist der Fall,
     dass sich der überlebende Ehegatte wieder verheiratet,
     zu beachten; denn diesfalls nimmt beim allfälligen Vor-
     versterben des zweiten Elternteils dessen zweiter Ehe-
     gatte den gemeinsamen Nachkommen erster Ehe einen Teil
     des mittels der unter den Eltern vereinbarten Vor-
     schlags- bzw. Gesamtgutszuweisung an den überlebenden

neuen ordentlichen Güterstand die selbe Situation, wie
sie vor dem Bundesgerichtsentscheid i.S. Nobel bestanden hat[497]: Die Vorschlagszuweisung ist nicht herabsetzbar[498]. Entgegen der unter Güterverbindung zuletzt
herrschenden Rechtsprechung hat demnach der Gesetzgeber
mit Art. 216 Abs. 2 ZGB die Zuweisung des Vorschlages
an den überlebenden Ehegatten grundsätzlich gerade
nicht der erbrechtlichen Herabsetzung unterstellt[499];
vorbehalten bleiben lediglich die Pflichtteile nichtgemeinsamer Kinder und deren Nachkommen. Demgegenüber gewährt Art. 241 Abs. 3 ZGB bei der Gesamtgutszuweisung
den Pflichtteilsschutz zwar auch nicht sämtlichen
Noterben, aber doch allen Nachkommen[500] [501].

3. **Entscheidung des Gesetzgebers für eine im Verhältnis zu
bestimmten Pflichtteilserben herabsetzbare Liberalität**

Mit dem Erlass von Art. 216 Abs. 2 bzw. Art. 241 Abs. 3
ZGB hat sich der Gesetzgeber dafür entschieden, Vor-
schlags- und Gesamtgutszuweisung gegenüber den nichtge-

Ehegatten gelangten Vermögens weg. Der Ehevertrag ist,
will man dies vermeiden, mit Wiederverheiratungsklauseln zu versehen.

497 DESCHENAUX/STEINAUER, S. 393; NÄF-HOFMANN, S. 328,
N. 1913; DÜRR, S. 14. Ebenso HAUSHEER/REUSSER/GEISER,
N. 3 zu Art. 216 ZGB a.E., wonach das neue Recht im Er-
gebnis bei gemeinsamen Nachkommen wieder an die Praxis
vor 1976, d.h. vor BGE 102 II 326, anknüpfe.
Da die Eherechtsreform zusätzlich die erbrechtlichen
Ansprüche des überlebenden Ehegatten ausgebaut hat, ergibt sich auch unter diesem Aspekt mit Art. 216 Abs. 2
ZGB eine Abkehr von BGE 102 II 313 ff.; vgl. HAUSHEER,
Generationenwechsel, S. 211, Anm. 23.
498 Vgl. H. A. KAUFMANN, Nachteile, S. 316.
499 NÄF-HOFMANN, S. 328, N. 1914. Vgl. auch HAUSHEER,
Generationenwechsel, S. 211, wonach "die Zuweisung des
ganzen Vorschlages durch Ehevertrag nur noch in gerin-
gerem Masse der Herabsetzung unterliegen" werde als
nach der jüngsten Rechtsprechung des Bundesgerichts.
500 Vgl. zur Entstehungsgeschichte HAUSHEER/REUSSER/GEISER,
NN. 6 ff. zu Art. 241 ZGB.
501 Zur Begründung des gegenüber der Vorschlagszuweisung
erweiterten Personenkreises der Pflichtteilsgeschützten
vgl. vorne Anm. 458.

meinsamen Nachkommen[502] bzw. den Nachkommen generell[503] der erbrechtlichen Herabsetzung zu unterwerfen.
Aufgrund der in freier rechtspolitischer Abwägung[504]
gefällten Entscheidung des Reformgesetzgebers gelten
Vorschlags- und Gesamtgutszuweisung an den überlebenden
Ehegatten im Verhältnis zu bestimmten Dritten, nämlich
zu den nach Art. 216 Abs. 2 bzw. Art. 241 Abs. 3 ZGB
pflichtteilsgeschützten Personen, als unentgeltliche
Zuwendungen[505]. Von einer Liberalität kann insofern
ausgegangen werden, als die Zuwendung, soweit sie über
den hälftigen gesetzlichen Anteil an Vorschlags bzw.
Gesamtgut hinausgeht, nur zugunsten des überlebenden
Ehegatten Bestand hat, während in allen übrigen Fällen
der Auflösung des Güterstandes vorbehältlich anderslautender ehevertraglicher Regelung[506] Vorschlag und Gesamtgut von Gesetzes wegen hälftig zu teilen sind[507].

---

502 Art. 216 Abs. 2 ZGB (Vorschlagszuweisung).
503 Art. 241 Abs. 3 ZGB (Gesamtgutszuweisung).
504 HAUSHEER, Abgrenzung, S. 94.
505 Vgl. HAUSHEER, Abgrenzung, S. 83; HAUS-
     HEER/REUSSER/GEISER, N. 34 zu Art. 216 ZGB und N. 44 zu
     Art 241 ZGB.
506 Art. 217 bzw. Art. 242 Abs. 3 ZGB.
507 Eine andere Frage wäre dagegen, ob die ehevertragliche
     Begünstigung des überlebenden Ehegatten tatsächlich die
     juristischen Merkmale eines unentgeltlichen Rechtsge-
     schäftes, insbesondere der Schenkung, aufweist. Eine
     nähere Betrachtung anhand der der ehevertraglichen Be-
     günstigung zugrundeliegenden, für die Frage der Ent-
     geltlichkeit oder Unentgeltlichkeit massgebenden Ver-
     pflichtungslage (vgl. dazu VON TUHR II/2, S. 148; OERT-
     MANN, Entgeltliche Geschäfte, S. 85) ergibt, dass dies
     nicht der Fall ist. Beide Ehegatten verschaffen sich
     nämlich mit Ehevertragsschluss gegenseitig ein Anwart-
     schaftsrecht auf den gesamten Vorschlag bzw. das ganze
     Gesamtgut (vgl. vorne § 6 III) und begründen ideelle
     Werte in Form des Bewusstseins um getätigte Vorsorge
     zugunsten des überlebenden Partners, womit gegenseitige
     Leistungen beider Parteien vorliegen (vgl. auch die
     Qualifikation des Ehevertrages auf Vorschlags- und Ge-
     samtgutszuweisung als synallagmatischer Vertrag vorne
     § 3 II 3 2 b bb; die Schenkung stellt sich demgegenüber
     als einseitig verpflichtender Vertrag dar). Sodann
     fehlt bei Ehegatten, die sich gegenseitig ehevertrag-
     lich begünstigen, das für die Schenkung unabdingbare
     subjektive Tatbestandserfordernis des Konsenses der
     Parteien über die Unentgeltlichkeit. Nachdem sich aber
     der Gesetzgeber in den Fällen von Art. 216 Abs. 2 und
     241 Abs. 3 ZGB für ein Liberalitätsgeschäft entschieden

Die mit den erwähnten Gesetzesbestimmungen geschaffene
positivrechtliche Regelung ist unter dem Aspekt, dass
damit den vor und im Anschluss an BGE 102 II 313 ff.
geführten, die Rechtssicherheit gefährdenden Kontroversen um die Herabsetzbarkeit der ehevertraglichen Begünstigung ein Ende bereitet worden ist, zu begrüssen[508]. Der wertende Entscheid, den Pflichtteilsschutz
nur den nichtgemeinsamen Nachkommen[509] bzw. nur den
Nachkommen[510] zu gewähren, stellt einen Kompromiss dar,
"der der Interessenlage aller Beteiligten in grösstmög-
licher Weise gerecht wird"[511].

III. Abgrenzung von den Verfügungen von Todes wegen

1. Vorbemerkungen

Mit der Unterstellung der ehevertraglichen Begünstigung
unter die erbrechtliche Herabsetzung hat sich der Gesetzgeber in den von Art. 216 Abs. 2 bzw. Art. 241 Abs.
3 ZGB erfassten Fällen für eine Behandlung als Schenkung entschieden[512]. Weil Verfügungen von Todes wegen
in der Regel unentgeltlich[513] und demnach mit der
Schenkung nah verwandt sind[514], fragt es sich, ob mit

---

hat, wird der aufgeworfenen Frage hier nicht näher
nachgegangen.

508 Insbesondere ist nunmehr mit HAUSHEER, Abgrenzung,
S. 95, "der Versuchung zu widerstehen, im Rahmen von
Art. 216 Abs. 2 ZGB weiterhin nach irgendwelchen Gründen zu suchen, welche die Herabsetzung ausschliessen
könnten".

509 So Art. 216 Abs. 2 ZGB bezüglich der Vorschlagszuweisung.

510 So die Regelung von Art. 241 Abs. 3 ZGB bei der Gesamtgutszuweisung

511 So hinsichtlich der Vorschlagsbeteiligung WIEGAND,
S. 292.

512 Soeben § 7 II, besonders § 7 II 3.

513 VON TUHR II/2, S. 143.

514 VON TUHR/PETER, § 26 II 3, S. 201. Vgl. auch VON TUHR
II/2, S. 75, wonach die mortis causa im Rahmen der
Zuwendungszwecke zur causa donandi i.w.S. zu rechnen
ist.

dem Entscheid des Gesetzgebers zugunsten eines Liberalitätsaktes zugleich die Qualifikation als Rechtsgeschäft von Todes wegen verbunden sei[515].

Aus dem Gesetzestext lässt sich zu dieser Frage nichts entnehmen. Vorschlags- und Gesamtgutszuweisung an den überlebenden Ehegatten enthalten unbestreitbar eine Anordnung auf den Todesfall des erstversterbenden Partners[516]. Andererseits ist damit allein noch keinesfalls ein Rechtsgeschäft mortis causa anzunehmen, weil Anordnungen auf den Todesfall auch in Rechtsgeschäften unter Lebenden vorkommen können[517]. Zudem unterscheidet sich, wie zu zeigen ist[518], die ehevertragliche Begünstigung in wesentlichen Punkten markant von der Verfügung von Todes wegen i.e.S. (Letztwillige Verfügung, Erbvertrag).

2.   Anordnung auf den Todesfall

Zum Entstehungstatbestand der Vorschlags- bzw. Gesamtgutszuweisung an den überlebenden Ehegatten gehört die Auflösung des Güterstandes durch Tod[519]. Der ehevertraglichen Begünstigung ist mit den Verfügungen von Todes wegen gemeinsam, dass der Tod konstitutives Element für die Wirksamkeit der Zuwendung ist. Dass der Tod eines Ehegatten den Güterstand auflöst, gehört zur Geschäftsgrundlage[520] des Vertrages. Nur im Falle der Auflösung des Güterstandes durch Tod des erstversterbenden Partners treten Vorschlags- und Gesamtgutszuwei-

---

515 Die h.L. geht denn im Anschluss an BGE 102 II 313 ff.
     davon aus, dass die Liberalität eine solche von Todes
     wegen sei; vgl. dazu die in Anm. 456 hievor angegebenen
     Literaturhinweise.
516 Dazu sogleich § 7 III 2.
517 Dagegen ist ausgeschlossen, dass Verfügungen mortis
     causa bereits unter Lebenden Wirkungen erzeugen; vgl.
     dazu eingehend § 7 III 5 hienach.
518 Vgl. § 7 III 3-9 hienach.
519 Vgl. vorne § 6 III 1, ferner § 6 III 2 1 b.
520 Zu dieser VON TUHR/PETER, § 37 V 2, S. 312 ff.

sung an den überlebenden Ehegatten in Kraft. Die ehevertragliche Vorschlags- bzw. Gesamtgutszuweisung enthält somit - wie die Verfügung von Todes wegen - eine
Anordnung auf den Todesfall. Sie ist aber deswegen noch
keine Verfügung von Todes wegen[521], weil Anordnungen
für den Todesfall auch in Rechtsgeschäften unter Lebenden enthalten sein können[522]. Der Tod bildet - im Gegensatz zur Verfügung von Todes wegen i.e.S. - nicht
den Rechtsgrund der mit der ehevertraglichen Begünstigung erfolgenden Zuwendung, sondern bloss deren Voll-
zugszeitpunkt[523].

Für sich allein vermag der Tod den rechtserzeugenden
Tatbestand für die ehevertragliche Begünstigung nicht

---

521 Hievon abweichend ist in Zusammenhang mit dem Gesell-
     schaftsrecht zu beachten, dass es für die Annahme einer
     Verfügung von Todes wegen bereits genügt, wenn eine Ab-
     findungsklausel nur für das Ausscheiden eines Gesell-
     schafters durch Tod vereinbart wurde (BGE 113 II 273).
     Diese Rechtsprechung des Bundesgerichts erklärt sich
     aus dem verständlichen Bemühen, gesellschaftsvertragli-
     che Abfindungsklauseln, welche den ausscheidenden Ge-
     sellschafter nur im Falle seines Todes, nicht aber in
     allen übrigen Fällen seines Ausscheidens, vermögensmäs-
     sig schlechter stellen, der erbrechtlichen Herabsetzung
     zu unterwerfen. Darin, dass der lebzeitig ausscheidende
     Gesellschafter zum Verkehrswert abgefunden wird, im To-
     desfall aber zu einem tieferen Betrag, kann eine Libe-
     ralität (mortis causa) erblickt werden. Im Gegensatz
     zur Vorschlags- und Gesamtgutszuweisung, welche stets
     auch Vermögen des überlebenden Ehegatten miteinbeziehen
     (vgl. § 7 III 6 3 hienach), belastet eine aus-
     schliesslich im Todesfall wirksame gesellschafts-
     vertragliche Abfindungsklausel tatsächlich nur den Nach-
     lass des verstorbenen Gesellschafters. Die Herab-
     setzbarkeit derartiger gesellschaftsvertraglicher Abre-
     den ist daher mit dem Bundesgericht zu befürworten.
     Nachdem im Gesellschaftsrecht im Unterschied zum Ehegü-
     terrecht (Art. 216 Abs. 2 und Art. 241 Abs. 3 ZGB) eine
     positivrechtliche Regelung fehlt, ist die Qualifikation
     der Abfindungsklausel als Verfügung mortis causa er-
     forderlich, wenn sie der Herabsetzung allgemein und
     nicht nur unter den für Rechtsgeschäfte unter Lebenden
     geltenden restriktiven Voraussetzungen des Art. 527 ZGB
     unterstellt sein soll. Allerdings darf aus der Anwend-
     barkeit einer Vertragsklausel ausschliesslich im Todes-
     fall nicht bereits generell auf ein Rechtsgeschäft mor-
     tis causa geschlossen werden.
522 Vgl. eingehend hinten § 7 III 5 1 d.
523 Vgl. KNAPP, S. 282, N. 849.

zu begründen. Vielmehr ist dies nur im Verbund mit einer lebzeitig abgeschlossenen und lebzeitig bestehenden Ehe möglich. Die ehevertragliche Begünstigung enthält - im Gegensatz zum Rechtsgeschäft mortis causa - nicht eine Regelung für irgendeinen Todesfall, sondern exklusiv für den an die Auflösung des Güterstandes als eines inter vivos begründeten und inter vivos wirksamen Rechtsverhältnisses geknüpften Fall des Ablebens des erstversterbenden Ehegatten[524].

3. Besondere, vom allgemeinen Erbrecht abweichende Pflichtteilsregelung

Sowohl Art. 216 Abs. 2 ZGB im ordentlichen Güterstand wie auch Art. 241 Abs. 3 ZGB bei der Gütergemeinschaft sind spezifische Schranken der Ehevertragsfreiheit[525] zum Schutz des Pflichtteilsrechts als eines zweifellos erbrechtlichen Instituts. Sie machen aber die Vorschlags- bzw. Gesamtgutszuweisung an den überlebenden Ehegatten nicht zu einer Verfügung mortis causa auf erbrechtlicher Anspruchsgrundlage. Aus dem teilweisen Vorbehalt des Pflichtteilsrechts gegenüber der güterrechtlichen Begünstigung darf ein solcher Schluss insbesondere auch deshalb nicht gezogen werden, weil der pflichtteilsrechtlichen Herabsetzung auch Rechtsgeschäfte inter vivos unterstellt sind[526]. Unter dem Aspekt der mit Art. 216 Abs. 2 und Art. 241 Abs. 3 ZGB positivrechtlich getroffenen Entscheidung des Gesetzge-

---

524 Bereits die Folgen beim Ableben des zweitversterbenden Ehegatten lassen sich ehevertraglich nicht mehr regeln. Vorbehalten bleiben allenfalls Rückfallsklauseln (dazu HAUSHEER/REUSSER/GEISER, N. 22 zu Art. 216 ZGB und N. 37 zu Art. 241 ZGB; einschränkend für Erbvertragsform dagegen N. 57 zu Art. 182 ZGB i.f.), welche nicht die Nachfolge in das Vermögen des zweitversterbenden Ehegatten regeln, sondern die beim Ableben des ersten Ehepartners im Rahmen der güterrechtlichen Auseinandersetzung erfolgte Zuwendung wieder rückgängig machen. Vgl. dazu ferner Anm. 614 hienach.
525 DESCHENAUX/STEINAUER, S. 174 und 172.
526 Art. 527 ZGB. DRUEY, § 6 N. 71.

bers bleibt offen, ob die ehevertragliche Begünstigung
des überlebenden Ehegatten als Geschäft unter Lebenden
oder als solches von Todes wegen zu qualifizieren ist.
Unter erbrechtlichen Gesichtspunkten müssen dagegen
Art. 216 Abs. 2 und Art. 241 Abs. 3 ZGB als - mindestens teilweise - Befreiung vom grundsätzlich zwingenden Pflichtteilsrecht eingestuft werden, somit als von
den allgemeinen Regeln des Erbrechts[527] abweichende Bestimmungen, die kein Argument für eine erbrechtliche
Qualifikation der ihnen im Vergleich zur Verfügung von
Todes wegen im technischen Sinne nur beschränkt unterworfenen Vorschlags- und Gesamtgutszuweisung abgeben
können[528].

4. **Gesetzessystematik**

Das ZGB regelt ehevertragliche Vereinbarungen über die
Vorschlagsbeteiligung bzw. Gesamtgutsteilung in den
Abschnitten über die Güterstände der Errungenschaftsbeteiligung bzw. Gütergemeinschaft je unter lit. E mit
der Marginalie "Auflösung des Güterstandes und Auseinandersetzung"[529], und zwar unter den Ziffern und Über-
schriften "V. Beteiligung am Vorschlag"[530] bzw. "VI.
Teilung"[531]. Gesetzessystematisch erscheinen Vor-
schlags- und Gesamtgutszuweisung als Varianten der Vorschlagsbeteiligung bzw. Gesamtgutsteilung, folglich als
Teil der güterrechtlichen Liquidation. Ihre sedes mate-

---

527 Allgemeiner erbrechtlicher Regel entspräche der Schutz
des Pflichtteilsrechtes in allen Fällen und zugunsten
aller Pflichtteilserben.
528 Jene Autoren, die sich von einer Verfügung von Todes
wegen ausgehen, relativieren ihre Qualifikation, indem
sie von materiell im Güterrecht abschliessend geregel-
tem Spezial- oder Sondererbrecht, aber eben nicht von
Erbrecht, sprechen; so PIOTET, SPR IV/1, S. 204; HAUS-
HEER/REUSSER/GEISER, N. 16 zu Art. 182 ZGB, NN. 9 und
34 zu Art. 216 ZGB, N. 44 zu Art. 241 ZGB.
529 Identische Marginalie vor Art. 204 und Art. 236 ZGB.
530 Marginalie vor Art. 215 ZGB.
531 Marginalie vor Art. 241 ZGB.

riae liegt im Güterrecht und - im Gegensatz zu den Verfügungen von Todes wegen - nicht im Erbrecht.

Nun ist freilich aus der Gesetzessystematik allein
keine endgültige Entscheidung hinsichtlich der Qualifikation der ehevertraglichen Begünstigung als Rechtsgeschäft unter Lebenden oder Verfügung von Todes wegen
abzuleiten; sie wird denn hier im Einklang mit der vom
Bundesgericht verlangten umfassenden Prüfung[532] auch
nur als eines von mehreren Kriterien herangezogen. Indessen hat gerade die Systematik des Gesetzes für die
Beantwortung der gestellten Frage doch einiges Gewicht:
Nachdem die kantonalen Rechte das Erbrecht vorwiegend
als ein Vorrecht des Blutes betrachtet[533] und vielfach
dem ausserhalb der Parentelenordnung stehenden überlebenden Ehegatten keinerlei erbrechtliche Ansprüche gewährt hatten[534], wurde erst mit dem ZGB gesamtschweize-
risch ein gesetzliches Erbrecht des überlebenden Ehegatten geschaffen[535]. In der damit aktuell werdenden
Frage der Abgrenzung zu den dem überlebenden Ehegatten
kraft Eherechts zustehenden Ansprüchen hat sich der
Gesetzgeber von 1907 bewusst für eine konsequente Tren-

---

532 Vgl. Anm. 480 hievor.
533 Ist Erbrecht ein pretium sanguinis, so ist der überlebende Ehegatte grundsätzlich davon ausgeschlossen; vgl.
E. HUBER, Vorträge, S. 135, unter Hinweis auf die entsprechende Auffassung im Code, im gemeinen Recht und im
Naturrecht.
534 Vollständig unbekannt war ein Intestaterbrecht des
überlebenden Ehegatten in den Kantonen Uri, Schwyz, Ob-
und Nidwalden, Baselland, Graubünden, Appenzell In-
nerrhoden und Luzern; vgl. E. HUBER, System II, S. 138.
535 TUOR/SCHNYDER/SCHMID, S. 444.
Die erbrechtlichen Ansprüche des überlebenden Ehegatten
haben sich historisch aus güterrechtlichen Bildungen
entwickelt; vgl. E. HUBER, System I, S. 338 f.; DERS.,
System IV, S. 470 ff. Zeitlich gehen also die güterrechtlichen Ansprüche des überlebenden Ehegatten den
erbrechtlichen vor. Werden Vorschlags- und Gesamtgutszuweisung als Geschäfte erbrechtlicher Natur betrachtet, fände die von ursprünglich rein güterrechtlichen
Ansprüchen ausgegangene historische Entwicklung demnach
im puren Gegenteil der nunmehr ausschliesslich als
erbrechtlich zu qualifizierernden Ansprüche ihr Ende.

nung von Ehegüterrecht und Erbrecht entschieden[536]. Die
beiden Rechtsgebiete wurden in der Folge regelmässig[537]
strikt auseinandergehalten[538]. Die Trennung fand bei
der Revision des Eherechts gerade im Zusammenhang mit
den ehegüterrechtlichen Ansprüchen bei Liquidation des
Güterstandes nach dem Tode eines Ehegatten eine Bestä-
tigung: Mit dem Argument, güterrechtliche und erbrechtliche Rechtstitel dürften nicht vermischt werden,
hat der Reformgesetzgeber von 1984 an der konsequenten
Scheidung von Güterrecht und Erbrecht festgehalten und
die sog. erbrechtliche Lösung des deutschen Rechts, wonach die Beteiligungsforderung des überlebenden Ehegatten durch ein erhöhtes Erbrecht ersetzt werden kann[539],
ausdrücklich verworfen[540].

536　E. HUBER, Vorträge, S. 133 ff.; DERS., Erläuterungen I,
　　　S. 116 f.; vgl. auch die eingehende Auseinandersetzung
　　　mit der Haltung EUGEN HUBERS bei H. A. KAUFMANN,
　　　Vorschlagszuweisung, passim, und den Hinweis, a.a.O.,
　　　S. 66, auf die Auffassung des Redaktors des ZGB, "dass
　　　die ehevertragliche Regelung des ehelichen Güterrechts
　　　an sich eine Materie ist, die vom Erbrecht getrennt zu
　　　halten sei".

537　Einen gegenteiligen Standpunkt vertrat 1912 J. KAUF-
　　　MANN, S. 232.

538　Vgl. GMÜR, N. 15 der Vorbemerkungen zum sechsten Titel;
　　　BILLINGER, N. 13; DENZLER, S. 133 ff.; DIENER, S. 23;
　　　ESCHER, N. 5 zu Art. 462 ZGB; TUOR, N. 57a zu Art. 462
　　　ZGB.
　　　KNAPP, S. 269, N. 805, spricht allgemein von einem
　　　"grand principe, selon lequel les règles des régimes
　　　matrimoniaux doivent être nettement séparées des règles
　　　des successions", und, S. 282, N. 849, konkret davon,
　　　das ZGB "distingue nettement les actes matrimoniaux
　　　(contrats de mariage), qui sont des actes entre vifs,
　　　....., d' avec les actes successoraux (pactes successo-
　　　raux) .....".

539　§ 1371 BGB. Abs. 1 des unter der Marginalie
　　　"Zugewinnausgleich im Todesfall" stehenden § 1371 BGB
　　　lautet: "Wird der Güterstand durch den Tod eines Ehe-
　　　gatten beendet, so wird der Ausgleich des Zugewinns da-
　　　durch verwirklicht, dass sich der gesetzliche Erbteil
　　　des überlebenden Ehegatten um ein Viertel der Erbschaft
　　　erhöht; hierbei ist unerheblich, ob die Ehegatten im
　　　einzelnen Fall einen Zugewinn erzielt haben."
　　　Wenn auch der durch erhöhtes Erbrecht gewährte
　　　Zugewinnausgleich nach deutschem Recht erbrechtlicher
　　　Behandlung unterliegt, ist kontrovers, ob die Gewährung
　　　selbst güterrechtlich oder erbrechtlich zu qualifizie-
　　　ren sei; vgl. VON OLSHAUSEN, S. 99 und S. 104-107,

In einer Rechtsordnung, die Familienrecht und besonders
Ehegüterrecht vom Erbrecht derart systematisch geson-
dert behandelt[541], müssen Vereinbarungen über die Teilung von Vorschlag und Gesamtgut und besonders deren
Hauptfall der Vorschlags- und Gesamtgutszuweisung an
den überlebenden Ehegatten als ausschliesslich im Güterrecht geordnete Institute[542] auch tatsächlich als
Regelungen güterrechtlicher Natur verstanden werden.
Als solche sind sie Rechtsgeschäfte unter Lebenden[543].

---

    m.w.H. auf die Stellungnahmen zur Qualifikationsfrage
    in der Literatur.

540 Botschaft, S. 130 f.

541 Der andererseits unbestrittenermassen bestehende sehr
    enge Konnex zwischen Güter- und Erbrecht bei Auflösung
    des Güterstandes durch Tod ändert nichts daran, dass
    güterrechtliche Ansprüche und Erbgang voneinander zu
    unterscheiden sind; vgl. statt vieler: HAUS-
    HEER/REUSSER/GEISER, N. 16 zu Art. 182 ZGB;
    HEGNAUER/BREITSCHMID, N. 30.03.
    Zutreffend bereits HEGGLIN, S. 122: "Die Verteilung des
    Vorschlages ist güterrechtlich, wenn sie auch in ihren
    Erscheinungen und Wirkungen dem Erbrecht nahe steht. Im
    gewöhnlichen Volke wird man schwer einen Unterschied
    zwischen dem güterrechtlichen und dem erbrechtlichen
    Anfall machen können."

542 Die gesetzessystematisch exklusive Regelung im Güter-
    recht allein geht soweit, dass - ein Unikum - selbst
    die der Vorschlags- bzw. Gesamtgutszuweisung entgegen-
    stehende Schranke des Pflichtteilsrechtes besonders im
    Güterrecht aufgestellt (Art. 216 Abs. 2 und Art. 241
    Abs. 3 ZGB) und nicht etwa aus dem Erbrecht hergeleitet
    wird.

543 KNAPP, S. 282, N. 849.

5.   Zeitpunkt des Eintritts der Wirkungen

5.1. Allgemeines

a) Abgrenzungsmerkmal zwischen Rechtsgeschäften unter
    Lebenden und Verfügungen von Todes wegen

In Anlehnung an TUOR[544] stellt das Bundesgericht bei
der Abgrenzung der Rechtsgeschäfte unter Lebenden von
den Verfügungen von Todes wegen vorab auf den Zeitpunkt
ab, in dem das Geschäft seinem typischen Entstehungs-
zweck und seiner juristischen Natur nach seine Wirkungen entfalten soll[545]. Der Eintritt der Wirkungen des
Rechtsgeschäftes wird auch in der Doktrin als primäres
Abgrenzungsmerkmal zwischen Rechtsgeschäften unter Lebenden und Verfügungen von Todes wegen erachtet[546].

Rechtsgeschäfte unter Lebenden zeichnen sich demnach
dadurch aus, dass sie Wirkungen bereits zu Lebzeiten
der Parteien entfalten, wogegen Verfügungen mortis

---

544   Berner Kommentar, N. 3a der Einleitung zum vierzehnten
      Titel.
545   BGE 93 II 226 E. 1.
      In BGE 99 II 272 und BGE 110 II 157 f. hat das
      Bundesgericht präzisiert, die Beurteilung, in welchem
      Zeitpunkt die Wirkungen des Rechtsgeschäftes eintreten,
      habe aufgrund einer Würdigung aller Umstände des ein-
      zelnen Falles, besonders auch nach dem Willen der Ver-
      tragsschliessenden, zu erfolgen; allgemein sei die Ab-
      grenzung nicht schematisch aufgrund eines abstrakten
      Kriteriums, sondern in Würdigung sämtlicher Umstände
      des konkreten Falls vorzunehmen. Am Zeitpunkt der
      Entfaltung der Wirkungen des Geschäftes als primärem
      Abgrenzungskriterium der Rechtsgeschäfte unter Lebenden
      von den Verfügungen von Todes wegen ist auch neuerdings
      festgehalten festgehalten worden; vgl. BGE 113 II 273;
      BGE 5A.26/1990 der II. Zivilabteilung vom 19.10.1990 E.
      3. Vgl. zur Entwicklung der bundesgerichtlichen
      Rechtsprechung auch ROTHENFLUH, S. 6-19.
546   So neben TUOR, a.a.O. (Anm. 544), besonders auch BECK,
      S. 41: "Das Hauptkriterium der Unterscheidung bildet
      die Rechtswirkung". Vgl. weiter DRUEY, § 8 NN. 34 f.;
      TUOR/SCHNYDER/SCHMID, S. 451 f.

causa erst nach dem Tode der verfügenden Partei ihre
Wirkungen zu äussern bestimmt sind[547]. Erst in diesem
Zeitpunkt, mit dem Tode des Erblassers und der gleichzeitigen Eröffnung des Erbganges[548], treten die Wirkungen der Verfügung von Todes wegen ein[549]: Hereditas
viventis non datur[550].

Mit den Wirkungen des Geschäfts sind dabei Rechtswirkungen gemeint[551], und zwar entweder eine Verpflichtungswirkung[552] oder eine Verfügungswirkung[553] [554].

---

547 MOSER, S. 1; TUOR, N. 3a der Einleitung zum vierzehnten
Titel; TUOR/SCHNYDER/SCHMID, S. 451 f.
548 Vgl. Art. 537 Abs. 1 ZGB.
549 Vgl. LANGE/KUCHINKE, S. 554.
550 Paul D 18,4,1; Pomp D 29,2,27; beide zitiert nach HAR-
DER, S. 31, Anm. 88.
551 Vgl. BECK, S. 41; ROTHENFLUH, S. 41.
552 Die rechtliche Verpflichtungswirkung weist engen Bezug
auf zu dem ebenfalls zur Abgrenzung der Rechtsgeschäfte
unter Lebenden von den Verfügungen von Todes wegen ver-
wendbaren Kriterium des gebundenen Vermögens; vgl. dazu
BGE 113 II 273 und unten § 7 III 6.
553 Vgl. LANGE/KUCHINKE, S. 554.
554 Der Zeitpunkt des Eintritts der (Bindungs-)Wirkungen
des Geschäfts ist auch in der deutschen Lehre massgebend für die Abgrenzung zwischen Geschäften inter vivos
und solchen mortis causa. Vgl. LANGE/KUCHINKE, S. 274
und S. 525: "Das Kennzeichen der Verfügung von Todes
wegen gegenüber Rechtsgeschäften unter Lebenden ist die
Unverbindlichkeit und Wirkungslosigkeit zu Lebzeiten
des Erblassers und die Von-selbst-Wirkung mit seinem
Tod"; STAUDINGER-LEHMANN, NN. 9 und 12 der Vorbemerkungen zu §§ 1937-1941 BGB: "Erbrechtliche Verfügungen von
Todes wegen sind rechtsgeschäftliche Anordnungen, durch
die jemand persönlich über die Schicksale seines Vermögens nach seinem Tode bestimmt. ..... Die Bestimmung
muss nach dem Tode für den Nachlass des Verfügenden
wirksam werden. Andernfalls, wenn sie schon für das
Vermögen des Lebenden ihre Wirksamkeit entfaltet, liegt
ein Rechtsgeschäft unter Lebenden vor" (zitiert ohne
Fettschrift im Original); HARDER, S. 19 f., m.w.H. auf
die deutsche Literatur.

b) Lebzeitige Wirkungslosigkeit der Verfügung von Todes wegen

Zu Lebzeiten des Erblassers bleiben Verfügungen von Todes wegen wirkungslos; es werden mit ihnen keinerlei Rechte und Pflichten zwischen den Beteiligten begründet[555]. Die aus der Verfügung mortis causa abzuleitenden Rechte der Nachfolger - Erben oder Vermächtnisnehmer - entstehen erst mit dem Erbgang[556]. Vorher besteht weder ein Vollrecht noch ein Anwartschaftsrecht, sondern eine blosse Erwerbsaussicht der künftigen Erben auf das Vermögen des Erblassers[557]. Zweck der Negation jedes rechtlichen Anspruches der Erben vor dem Erbgang ist die Wahrung der Verpflichtungs- und Verfügungsfreiheit des Erblassers zu seinen Lebzeiten[558].

Trotz Errichtung einer Verfügung von Todes wegen behält damit der Erblasser zu Lebzeiten seine volle Eigentümerstellung und die uneingeschränkte Dispositionsfähigkeit[559]. Letzteres versteht sich ohne weiteres für die einseitige und bis zum Tode des Verfügenden jederzeit widerrufliche letztwillige Verfügung[560]; der Testator bleibt weiterhin berechtigt, über sein Vermögen inter vivos sowie mortis causa zu verfügen oder dasselbe betreffende Verpflichtungen einzugehen, ohne sich etwaigen Schadenersatzansprüchen auszusetzen[561]. Gleiches gilt aber auch für den Erbvertrag[562] als

---

[555] HARDER, S. 48.
[556] DRUEY, § 8 N. 1.
[557] PIOTET, SPR IV/1, S. 83; zur Rechtsstellung des künftigen Erben und Vermächtnisnehmers vor dem Erbfall vgl. auch H. SCHMID, S. 35.
Für das deutsche Recht: LANGE, S. 1573; HARDER, S. 49; KIPP/COING, § 38 I 2, S. 239.
[558] LANGE, S. 1573 oben.
[559] TUOR, N. 12 zu Art. 494 ZGB; DRUEY, § 8 N. 1.
[560] Zur freien Widerruflichkeit des Testaments statt vieler: TUOR/SCHNYDER/SCHMID, S. 453.
[561] HARDER, S. 48.
[562] Seiner Regelung ist auch die Schenkung von Todes wegen, unter welche die ehevertragliche Begünstigung mehrheitlich subsumiert wird, zu unterstellen; vgl. Art. 245 Abs. 2 OR und TUOR/SCHNYDER/SCHMID, S. 454.

zweiseitige Verfügung von Todes wegen, dessen
Bindungswirkung ebenfalls eine ausschliesslich
erbrechtliche ist[563], unter Lebenden einzig darin bestehend, dass sich der Erblasser im Gegensatz zum
Testament nicht einseitig von ihm lossagen kann[564]. Mit
Abschluss des Erbvertrages legt sich der Erblasser nur
hinsichtlich der Erbfolge in dem Sinne fest, dass er
auf den Todesfall hin an seine erbvertraglichen Verfügungen gebunden ist[565], geht aber keine Verpflichtung
ein, eine Erbschaft zu hinterlassen[566] [567]. Weil die
erbvertragliche Bindung nur den Nachlass betrifft, be-
gibt sich der Erblasser damit - wie Art. 494 Abs. 2 ZGB
noch explizit festhält - ebensowenig der Möglichkeit,
weiterhin frei über sein Vermögen durch Rechtsgeschäft
unter Lebenden verfügen[568], und dies selbst dann nicht,
wenn er genau darüber bereits erbvertraglich disponiert
hat[569]. Unentgeltliche und damit die Aussichten der
Erbanwärter potentiell beeinträchtigende Rechtsgeschäfte des Erblassers unter Lebenden sind nur dann mit
dessen erbvertraglicher Bindung unvereinbar und damit
nach dessen Ableben anfechtbar[570], wenn eine weitere,
zum Erbvertrag hinzutretende Verpflichtung des Erblassers besteht, solche Geschäfte nicht zum Nachteil des
Bedachten vorzunehmen[571]. Dies gilt jedenfalls für die

---

563 BECK, S. 58; HARDER, S. 50.
564 HARDER, S. 50; KIPP/COING, § 38 I 1, S. 239.
565 LANGE/KUCHINKE, S. 642.
566 VON TUHR, Schenkungslehre, S. 207, Anm. 28; HENRICI,
     S. 160, Anm. 106; TUOR, N. 1 zu Art. 494 ZGB;
     H. SCHMID, S. 31; alle mit Hinweis auf die sprachlich
     ungenaue Fassung von Art. 494 Abs. 1 ZGB.
567 Der Erblasser untersteht allenfalls einer nicht klagba-
     ren sittlichen Pflicht zur Erhaltung seines vergebenen
     Vermögens; dazu LANGE, S. 1576, mit Hinweis auf die
     Rechtsprechung des BGH.
568 ESCHER, NN. 5 f. zu Art. 494 ZGB; TUOR, N. 12 zu Art.
     494 ZGB.
569 DRUEY, § 8 N. 3.
     Vgl. für das deutsche Recht der Art. 494 Abs. 2 ZGB
     entsprechende § 2286 BGB sowie KIPP/COING, § 38 IV 1,
     S. 243 f., und HARDER, S. 49.
570 Art. 494 Abs. 3 ZGB.
571 BGE 70 II 260; TUOR, NN. 18 und 20 zu Art. 494 ZGB.
     Eine Verpflichtung des Erblassers, über Gegenstände
     seines Vermögens nicht zu verfügen, sondern sie dem Be-

auf die Hinterlassenschaft als Ganzes oder zu einem
Bruchteil gehende Erbeinsetzung; dagegen ist die gefor-
derte zusätzliche obligatorische Verpflichtung im Falle
des Sachlegates - als Zuwendung der bestimmten Sache -
darin implizit als enthalten anzusehen[572]. Der
Vertragserblasser wird schliesslich nicht einmal in
seiner erbrechtlichen Verfügungsfreiheit wesentlich
eingeschränkt[573]: Es ist ihm nicht verwehrt, mit seiner
erbvertraglichen Bindung nicht vereinbare Verfügungen
von Todes wegen zu treffen; diese sind gültig, aber gestützt auf Art. 494 Abs. 3 ZGB nach dem Tode mittels
Klage analog der Herabsetzung anfechtbar[574].

Bindungswirkung geht Verfügungen von Todes wegen folglich weitgehend ab. Vielmehr zeichnen sie sich, seien
sie einseitig oder vertraglicher Art, durch die
"Freiheit des Erblassers bis zum letzten Atemzug"[575]
aus; der Erblasser bleibt zu seinen Lebzeiten uneinge-
schränkter Herr seines Vermögens[576].

---

dachten zu erhalten, folgt nicht aus dem Erbvertrag,
sondern müsste in besonderer schuldrechtlicher Abrede
stipuliert werden; vgl. dazu LANGE, S. 1576; KIPP/CO-
ING, § 38 IV 1 a, S. 244; H. SCHMID, S. 32, mit Anm.
215 und 216.
572 TUOR, N. 18 zu Art. 494 ZGB; vgl. auch ESCHER, N. 12 zu
Art. 494 ZGB.
573 Nach BECK, S. 56, liegt "zwar eine Einengung der Verfügungsfreiheit des Erblassers" vor, "doch gilt dies nur
in beschränktem Sinn".
Für das deutsche Recht vgl. § 2289 BGB; in der deutschen Lehre nehmen KIPP/COING, § 38 II, S. 239-241, und
BUCHHOLZ, S. 441, an, durch den Erbvertrag werde der
Erblasser in seiner Testierfreiheit beschränkt.
574 TUOR, N. 19 zu Art. 494 ZGB; BECK, S. 56 und 59. Vgl.
auch ESCHER, NN. 7-10 zu Art. 494 ZGB.
575 LANGE/KUCHINKE, S. 648.
576 DRUEY, § 8 N. 1. LANGE/KUCHINKE, S. 274, betonen, dass
die Verfügung von Todes wegen "keine verpflichtenden
oder die Verfügungsfreiheit beschränkenden Rechtswirkungen zu Lebzeiten des Erblassers herbeiführt". Vgl.
auch HARDER, S. 51, m.w.H. auf die deutsche Doktrin in
Anm. 195.

c) Lebzeitige Pflichtbindung beim Rechtsgeschäft unter Lebenden

Umgekehrt wirken Rechtsgeschäfte unter Lebenden bereits zu Lebzeiten, begründen somit - in diametralem Gegensatz zur Verfügung von Todes wegen - schon vor dem Tod Rechte und Pflichten der Parteien[577]. Negotia inter vivos lassen zwischen den Parteien unmittelbar "mit Abschluss des Geschäfts Rechtsbeziehungen zustande kommen, die subjektive Rechte (Forderungen, dingliche Rechte, Anwartschaftsrechte) erzeugen und die *unter Lebenden* nicht mehr einseitig rückgängig gemacht werden können"[578]. Während das Erbrecht von der Willkür des Erblassers beherrscht bleibt, besteht beim Rechtsge-

---

577 In denselben, hier dargestellten Kategorien des Eintritts der Bindungswirkung bzw. der Begründung von Rechten und Pflichten zu Lebzeiten der Parteien oder aber erst nach dem Tode dachte bereits GAIUS. Vgl. Gai, Inst, 3, 100: "Denique inutilis est talis stipulatio, si quis ita dari stipuletur: POST MORTEM MEAM DARI SPONDES? vel ita: <POST MORTEM TUAM DARI SPONDES? *valet autem, si quis ita dari stipuletur: CUM MORIAR, DARI SPONDES? vel ita:>* CUM MORIERIS, DARI SPONDES? id est, ut in novissimum vitae tempus stipulatoris aut promissoris obligatio conferatur: nam inelegans esse visum est, ab heredis persona incipere obligationem"; ferner Inst 3, 158: "Item si quis *quid* post mortem meam faciendum *mihi* mandet, inutile mandatum est, quia generaliter placuit ab heredis persona obligationem incipere non posse". Schon GAIUS differenzierte also - wie heute noch das Bundesgericht in BGE 113 II 273 - danach, ob die Verbindlichkeit eines Rechtsgeschäftes bereits beim Erblasser begonnen hat oder erst den Erben trifft und verneinte - im Gegensatz zu einer Konstitution JUSTINIANS aus dem Jahre 531 - die Möglichkeit, dass eine Verbindlichkeit zu Lebzeiten vertraglich so begründet werden kann, dass sie erst in der Person des Erben zu wirken beginnt; nach GAIUS ist es ausgeschlossen, durch ein Rechtsgeschäft unter Lebenden Verpflichtungswirkungen ausschliesslich für die Zeit nach dem Tode einer Partei zu stipulieren. Vgl. zum ganzen GUISAN, S. 15 ff., der, S. 19 ff., überzeugend dargelegt hat, dass das Theorem des GAIUS auch für das geltende Zivilrecht richtig ist.
578 HARDER, S. 48 (Kursivschrift im Original).

schäft unter Lebenden Pflichtbindung gegenüber der Gegenpartei[579].

d) Sonderfall des Rechtsgeschäfts mit Wirkungen sowohl vor als auch nach dem Tod einer Partei

Über die getroffene Kategorienbildung in Rechtsgeschäfte, die ausschliesslich unter Lebenden oder ausschliesslich von Todes wegen Rechtswirkungen äussern,
hinaus gibt es Rechtsgeschäfte mit Wirkungen sowohl zu
Lebzeiten als auch nach dem Tod einer Partei. Es fragt
sich, wie diese innerhalb der Dichotomie von Rechtsgeschäften inter vivos und Verfügungen mortis causa einzuordnen sind.

Auszugehen ist davon, dass die Wirkungen der Verfügungen von Todes wegen ihrer Funktion entsprechend, den
Nachlass zu regeln, ausschliesslich auf die Zeit nach
dem Tod des Erblassers beschränkt sind[580]. Rechtsakte,

---

579 LANGE, S. 1571.
580 Mit der dogmatischen Erkenntnis, wonach Verfügungen von
Todes wegen exklusiv post mortem zu wirken geeignet
sind, geht der praktische Aspekt einher, dass sie in
vielen Fällen zu Lebzeiten der Verfügenden gar nicht
- insbesondere den potentiellen Erben und Ver-
mächtnisnehmern nicht - bekannt sind, somit auch unter
diesem rein tatsächlichen Gesichtspunkt des Nichtbe-
kanntseins vor dem Erbgang "wirkungslos" bleiben. Von
dieser Tatsache ist auch der Gesetzgeber ausgegangen,
als er in Art. 556-559 ZGB ein besonderes Verfahren zur
Eröffnung der letztwilligen Verfügungen vorgesehen hat,
welches in mehreren Kantonen - vgl. für Bern Art. 24 f.
ND - auch für Erbverträge und gar für Eheverträge - für
Bern vgl. Art. 26 ND - übernommen worden ist. Neuerdings ist vorgeschlagen worden, die Eröffnung der Erb-
und auch der Eheverträge von Bundesrechts wegen allgemein vorzusehen; vgl. dazu den vom EJPD in die Vernehmlassung geschickten Bericht mit Vorentwurf für eine Revision des Zivilgesetzbuches (Stiftungsrecht und Eröffnung von Ehe- und Erbverträgen) vom 10. Juni 1993
sowie die Art. 184a und 556 des Vorentwurfs, welche allerdings im Vernehmlassungsverfahren - siehe dazu die
am 21. Juni 1995 durch das Bundesamt für Justiz veröf-
fentlichte Zusammenstellung der Ergebnisse des Vernehmlassungsverfahrens, S. 26 f. und S. 27 f. - auf Kritik
gestossen sind.

welche auch nur zum Teil Wirkungen bereits inter vivos
und nicht erst im Nachlass einer Person erzeugen, sind
demnach nicht als Verfügungen von Todes wegen, sondern
als Rechtsgeschäfte unter Lebenden zu qualifizieren[581].
Umgekehrt ist es dagegen durchaus möglich, dass Rechtsgeschäfte unter Lebenden auch Anordnungen, die Auswirkungen nach dem Tod einer Partei haben, enthalten[582]. Letztlich beeinflusst jedes vom Erblasser abgeschlossene Rechtsgeschäft unter Lebenden den Umfang des
Nachlasses und wirkt in diesem allgemeinen Sinne über
den Tod hinaus[583], ohne deswegen eine Verfügung von Todes wegen zu sein. Im besonderen können durch die Mittel der Befristung und der Suspensivbedingung einzelne
Wirkungen eines Rechtsgeschäftes unter Lebenden auf
einen späteren Zeitpunkt als denjenigen der Errichtung,
besonders auch auf einen solchen, der erst mit oder
nach dem Tod einer Partei eintritt, verlegt werden[584].
Weil als Geschäft unter Lebenden alles zu qualifizieren
ist, was seine Wirkungen nicht ausschliesslich im Nachlass einer Person entfalten soll[585], ist bei einem
sowohl vor als auch nach dem Tod einer Partei Wirkungen
zeitigenden Geschäft, das eine Einheit bildet, auf ein
Rechtsgeschäft inter vivos zu schliessen. Nach der
Rechtsprechung des Bundesgerichts genügt bei einem
einheitlichen Geschäft mit Wirksamkeit unter Lebenden
und nach dem Tod einer Partei für die Kennzeichnung als

---

581 Vgl. DRUEY, § 8 N. 34.
582 Vgl. DRUEY, § 8 N. 33: "Bei weitem nicht alle Rechtsgeschäfte, die an den Tod einer Person Rechtswirkungen
knüpfen, sind Verfügungen von Todes wegen ..."; PIOTET,
Distinction, S. 355: "Si l' acte doit être exécuté
avant le décès du de cujus, il n' est pas fait à cause
de mort. En revanche, l' inverse n' est pas vrai: un
contrat passé par le de cujus peut être un acte entre
vifs même s' il doit n' être exécuté qu' après son décès." Vgl. allgemein auch K. MÜLLER, S. 49: "Die Praxis
hat sich immer wieder mit Rechtsgeschäften zu befassen,
die in die erbrechtliche Ordnung eingreifen, ohne formelle Verfügungen von Todes wegen zu sein."
583 Vgl. KLAUS, S. 16, bei Anm. 23.
584 TUOR, N. 3a der Einleitung zum vierzehnten Titel.
585 DRUEY, § 8 N. 34.

Rechtsgeschäft unter Lebenden, wenn gewisse Wirkungen
schon zu Lebzeiten eintreten[586].

5.2. Ehevertrag mit Begünstigung des überlebenden Ehegatten

a) Allgemeine Wirkungen inter vivos

Der Ehevertrag wird mit dem Abschluss durch die Ehegatten[587] nach den kantonalrechtlichen Vorschriften zum
Verfahren der öffentlichen Beurkundung[588] wirksam[589].
Die mit dem Ehevertrag begründeten Rechte und Pflichten
treten in diesem Zeitpunkt ipso iure sowohl intern zwischen den Ehegatten als auch extern gegenüber Dritten
ein[590]. Selbst wenn einzelne ehevertragliche Bestimmungen - wie die Vorschlags- und Gesamtgutszuweisung an
den überlebenden Ehegatten - unter einer Befristung
oder aufschiebenden Bedingung stehen, werden die Ehegatten dennoch unmittelbar mit Vertragsschluss der
rechtsgeschäftlichen Bindung unterworfen[591]. Weiter
äussert jeder Ehevertrag - auch derjenige, der aus-

---

586 BGE 84 II 251 f.; 99 II 268 ff. E. 2-4; vgl. auch
     DRUEY, § 8 N. 39.
587 Sind die vertragsschliessenden Parteien Verlobte, steht
     der Eintritt der Wirkungen unter der Suspensivbedingung
     der nachfolgenden Eheschliessung.
588 Bei der Beurkundung des Ehevertrages als Rechtsgeschäft
     ist die öffentliche Urkunde mit der allseitigen Unter-
     zeichnung anlässlich des Abschlusses des Hauptverfah-
     rens entstanden; vgl. MARTI, Notariatsprozess, S. 121.
     In diesem Zeitpunkt gilt der Ehevertrag als abgeschlos-
     sen; vgl. HAUSHEER/REUSSER/GEISER, N. 8 zu Art. 184
     ZGB.
589 HAUSHEER/REUSSER/GEISER, N. 48 zu Art. 182 ZGB;
     DESCHENAUX/STEINAUER, S. 176: "Le contrat de mariage
     entre personnes mariées produit tout de suite ses ef-
     fets, à la date de sa conclusion.....".
590 HEGNAUER/BREITSCHMID, N. 23.05.
     Bezüglich der Begründung von Rechten und Pflichten vgl.
     auch DESCHENAUX/STEINAUER, S. 177: "Les droits résul-
     tant du régime adopté naissent (ou s' éteignent) *ipso
     iure* entre les époux comme à l' égard des tiers"
     (Kursivschrift im Original).
591 HAUSHEER/REUSSER/GEISER, N. 48 zu Art. 182 ZGB. Vgl.
     auch vorne § 6 III 2 1 c aa.

schliesslich die Vorschlags- bzw. Gesamtgutszuweisung
an den überlebenden Ehegatten, somit eine erst beim Ableben des erstversterbenden Ehegatten zu vollziehende
Anordnung, bezwecken soll[592] - Rechtswirkungen zu Lebzeiten der Parteien. Mit der Vereinbarung der Vorschlagszuweisung an den überlebenden Partner entscheiden sich die Ehegatten in einem grundsätzlich den
ordentlichen Güterstand bestätigenden speziellen Ehevertrag[593] für die Errungenschaftsbeteiligung, mit der
Vereinbarung der Gesamtgutszuweisung an den überlebenden Ehegatten für den Güterstand der Gütergemeinschaft.
In beiden Fällen ergeben sich daraus, zugleich mit Ver-
tragsabschluss, Rechtswirkungen inter vivos hinsichtlich der Eigentums-, Verwaltungs-, Nutzungs-, Verfü-
gungs- und Haftungsverhältnisse. In beiden Varianten
der güterrechtlichen Begünstigung - auch bei der Vorschlagszuweisung innerhalb der Errungenschaftsbeteiligung - liegen vertragliche Güterstände vor[594], d.h. die
während der Dauer des Güterstandes lebzeitig für die
Parteien wie auch im Verhältnis zu Dritten geltende
güterrechtliche Ordnung stützt sich auf den Ehevertrag
als Rechtsgrundlage.

**b) Besondere Wirkungen der Vorschlags- bzw. Gesamtguts-
zuweisung**

**aa) Begründung eines bedingten Anspruchs des einzelnen
Ehegatten**

Der Anspruch auf Zuweisung von Vorschlag oder Gesamtgut
besteht zu Lebzeiten der Ehegatten für jeden einzelnen

---

592 Zur Begünstigung des überlebenden Ehegatten als Haupt-
     motiv zum Abschluss eines Ehevertrages vorne § 1 II.
593 Zum Begriff des speziellen Ehevertrages vorne Anm. 78.
594 HAUSHEER/REUSSER/GEISER, NN. 13 f. zu Art. 181 ZGB für
     die Errungenschaftsbeteiligung, N. 15 zu Art. 181 ZGB
     für die Gütergemeinschaft.

individuell aufschiebend bedingt[595]. Für jeden Ehegatten wird mit Ehevertragsschluss eine als Anwartschaftsrecht erkannte Rechtsposition geschaffen[596].

bb) Verpflichtung zur Liquidationsweise

Zugleich liegt mit Abschluss des Ehevertrages auf Begünstigung des überlebenden Ehegatten eine gegenseitige Verpflichtung der Ehegatten zur Liquidation des Güterstandes nach der vereinbarten Ordnung vor[597]. Diese kann unter Lebenden einseitig grundsätzlich[598] nicht mehr rückgängig gemacht werden, da nach Art. 182 Abs. 2 ZGB die Vorschlags- bzw. Gesamtgutszuweisung an den überlebenden Ehegatten als Vereinbarung, welche der Form des Ehevertrages bedarf, nur zweiseitig in der Form des Ehevertrages (contrarius actus) geändert oder wieder aufgehoben werden kann[599].

cc) Verpflichtung zur Erhaltung des Zuwendungssubstrats

Eine ausdrückliche gesetzliche Verpflichtung der Ehegatten, bei Auflösung des Güterstandes ein möglichst umfangreiches, Gegenstand der güterrechtlichen Begünstigung bildendes Vermögen in Form von Errungenschaft bzw. Gesamtgut zu hinterlassen, fehlt zwar. Ist der einzelne Ehegatte während der Dauer des Güterstandes demnach auch nicht gerade zur Bildung von Vorschlag oder Gesamtgut verpflichtet[600], so bestehen andererseits doch mehrere gesetzliche Bestimmungen, welche direkt oder indirekt den Schutz der güterrechtlichen An-

---

595 Vgl. vorne § 4 II 2.
596 Dazu vorne § 6 III 3.
597 Dazu vorne § 3 II 3 2 a aa.
598 Vorbehältlich der Möglichkeiten von Art. 185 ZGB oder der Willensmängelanfechtung nach Art. 23 ff. OR; vgl. dazu auch vorne Anm. 354.
599 HEGNAUER/BREITSCHMID, N. 23.13.
600 Vgl. HALLER, S. 217.

sprüche auf Vorschlag oder Gesamtgut bezwecken[601] [602].
Ist Kennzeichen einer Verpflichtung, dass die Rechtsordnung ein vorgeschriebenes Verhalten "durch Voll-
streckung zu erzwingen sucht oder wenigstens durch
Schadenersatz ein möglichst nahekommendes Resultat her-
stellt"[603], wird man in Anbetracht besonders von Art.
185 Abs. 2 Ziff. 2[604] und Art. 208 ZGB[605], welche Bestimmungen der Sanktionierung schädigender Handlungen
dienen, implizit eine lebzeitige Verpflichtung der Ehegatten, das Zuwendungssubstrat für die güterrechtliche
Liquidation zu erhalten, annehmen müssen[606]. Im Gegen-

---

601 Dazu eingehend vorne § 6 III 2 1 c bb.
     Die entsprechenden Bestimmungen gelten an sich von Ge-
     setzes wegen und sind daher nicht Auswirkungen speziell
     des den überlebenden Ehegatten begünstigenden Ehe. ver-
     trages; sie sind im behandelten Zusammenhang aber den-
     noch zu beachten, weil sie die Rechtsposition der Ehe-
     gatten während der Dauer des Güterstandes umschreiben
     und in diesem Sinne rechtswirksam sind.
602 Die Schutzmassnahmen werden in vorbeugende und heilende
     geschieden. Zu jenen gehören - vgl. DESCHENAUX, Ex-
     pectative, S. 178 ff., und FELLMANN, S. 72 ff. - die
     Bestimmungen von Art. 169 (Wohnung der Familie), Art.
     178 (Verfügungsbeschränkung), Art. 170 (Auskunfts-
     pflicht), Art. 195a ((Güterrechtliches) Inventar) und
     Art. 185 ZGB (Begehren um Gütertrennung), zu diesen
     - vgl. DESCHENAUX, Expectative, S. 183 ff., und FELL-
     MANN, S. 99 ff. - die Hinzurechnung nach Art. 208 und
     die Klage gegen Dritte nach Art. 220 ZGB. Zum ganzen
     eingehend vorne § 6 III 2 1 c bb bbb.
603 VON TUHR I, S. 100 f.
604 Zu Voraussetzungen und Wirkung von Art. 185 Abs. 2
     Ziff. 2 ZGB eingehend vorne § 6 III 2 1 c bb bbb bbbb
     ddddd.
     Jeder Ehegatte verfügt gestützt auf Art. 185 Abs. 2
     Ziff. 2 ZGB über ein effizientes Mittel, Vermögensen-
     täusserungen des anderen Ehegatten, die mit der ehever-
     traglichen Begünstigung in Widerspruch stehen, zu Leb-
     zeiten entgegen zu treten. Die Bestimmung erscheint da-
     her als Versuch der Rechtsordnung, den von ihr anges-
     trebten Schutz des güterrechtlichen Zuwendungssub-
     strates inter vivos zwangsweise durchzusetzen.
605 Vgl. zu dieser die Errungenschaftsbeteiligung betref-
     fenden Schutzmassnahme vorne § 6 III 2 1 c bb bbb cccc
     aaaaa aaaaaa.
606 Vgl. hinsichtlich der Errungenschaft etwa FELLMANN,
     S. 72 f., wonach Art. 208 ZGB direkt in die
     Verantwortlichkeitsordnung der Ehegatten eingreift und
     weitere Massnahmen wie die von Art. 169 und 178 ZGB
     vorgesehenen Ausfluss ihrer indirekten Verantwortlich-
     keit darstellen. Rechtliche Verantwortlichkeit besteht

satz zur Verfügung von Todes wegen, die zu Lebzeiten
keine Verpflichtung des Erblassers begründet, eine Erbschaft zu hinterlassen, liegt damit kraft Eherechts
eine Pflicht der Ehegatten vor, zu Errungenschaft bzw.
Gesamtgut Sorge zu tragen. Aus dieser Verpflichtung
lässt sich ein Anspruch jedes Ehegatten auf Unterlas-
sung schädigender Geschäfte durch den andern ableiten[607].

c) Erfordernis gemeinsamer Verfügung

Bei der Gütergemeinschaft[608] und je nach Konstellation
auch bei der Errungenschaftsbeteiligung[609] besteht das
Erfordernis gemeinsamer Verfügung über das Zuwendungssubstrat, welches alleinige, allenfalls im Widerspruch
zu dem den überlebenden Ehegatten begünstigenden Ehevertrag stehende Verfügungen eines Ehegatten verhindert. Diese lebzeitige Wirkung kontrastiert augenfällig
mit der Freiheit des Erblassers, der trotz vertraglicher Verfügung von Todes wegen in der Verfügungsbefugnis über die Gegenstände seines Vermögens unter Lebenden nicht beschränkt ist[610], mithin für die
Wirksamkeit der den Vertragserben schädigenden Verfügungen dessen Einwilligung oder Mitwirkung nicht bedarf[611].

- so ist zu folgern - nur, wo ihr Rechtspflichten vor-
angehen.
607 Ein entsprechender Anspruch fehlt bei Verfügungen von
Todes wegen; vgl. HARDER, S. 49, und vorne § 7 III 5 1
b.
608 Art. 222 Abs. 3 ZGB. Dazu vorne § 6 III 2 1 c bb bbb
cccc bbbbb aaaaa.
609 Vgl. die Tatbestände von Art. 169 und 178 ZGB, allenfalls im praktischen Ergebnis auch von Art. 208 ZGB.
Dazu vorne § 6 III 2 1 c bb bbb bbbb aaaaa, ccccc und
cccc aaaaa aaaaaa. Zum Erfordernis gemeinsamer güterrechtlicher Verfügung vgl. auch § 3 II 3 2 a bb.
610 Art. 494 Abs. 2 ZGB; dazu vorne § 7 III 5 1 b.
611 Vgl. TUOR, N. 10 zu Art. 494 ZGB.

d) Einheitliches Rechtsgeschäft mit transmortaler Wirkung

Im Ergebnis steht fest, dass die Vorschlags- bzw. Gesamtgutszuweisung zugunsten des überlebenden Partners erst nach dem Tode des ersten Ehegatten vollzogen wird, andererseits aber lebzeitig als bedingter Anspruch bzw. als Verpflichtung der Ehegatten mit entsprechenden rechtlichen Folgen bereits besteht[612] und darüber hinaus weitere allgemeine Wirkungen inter vivos äussert[613]. Der Ehevertrag auf Begünstigung des überlebenden Ehegatten zeitigt damit sowohl vor als auch nach dem Tod des erstversterbenden Ehegatten Rechtswirkungen[614]. Er beeinflusst die lebzeitigen güterrechtlichen Verhältnisse der Ehegatten und legt über den Tod des ersten Ehegatten hinaus die güterrechtliche Liquidationsordnung fest. Dem Ehevertrag mit güterrechtlicher Begünstigung des überlebenden Ehegatten *transmortale Wirkung* zu, nicht nur postmortale[615], was ihn grundlegend von den Verfügungen mortis causa unterscheidet[616]. Die Qualifikation der Vorschlags- bzw. Gesamtgutszuweisung an den überlebenden Ehegatten als Verfügung von Todes wegen beruht auf einer verkürzten

---

612 Vorne § 7 III 5 2 b.
613 § 7 III 5 2 a hievor.
614 Dagegen ist, weil die ehevertragliche Vorschlags- bzw. Gesamtgutszuweisung Teil der die Vermögen beider Ehegatten erfassenden, beim Ableben des ersten vorzunehmenden güterrechtlichen Liquidation bildet, ausgeschlossen, im Ehevertrag auch Anordnungen für den Fall des Ablebens des zweitversterbenden Ehegatten zu treffen; hiefür ist eine Verfügung von Todes wegen, der erbrechtlichen Bindungswirkung wegen vorzugsweise ein Erbvertrag, erforderlich. Möglich sind im Ehevertrag dagegen etwa Wiederverheiratungsklauseln mit Wirkung zu Lebzeiten des überlebenden Ehegatten, allenfalls auch sog. Rückfallsklauseln (vgl. dazu Anm. 524 hievor).
615 Postmortale Wirkung bedeutet, dass Wirkungen erst nach dem Tod einer Partei eintreten, transmortale dagegen, dass das Rechtsgeschäft schon zu Lebzeiten und auch nach dem Tode Wirkungen hat. Vgl. EBENROTH, S. 353 f., im Zusammenhang mit transmortaler und postmortaler Vollmacht.
616 Zur lebzeitigen Wirkungslosigkeit der Verfügungen von Todes wegen vorne § 7 III 5 1 b.

Betrachtung ausschliesslich des Vollzugsstadiums der
Zuweisungen und abstrahiert vom Umstand, dass es Vor-
schlags- und Gesamtgutszuweisung ohne die geschilderten
lebzeitigen Wirkungen nicht gibt. Sie übersieht ferner,
dass es sich beim Vollzug der Zuweisung von Vorschlag
oder Gesamtgut um die "Durchführung einer Liquidation
von Verhältnissen handelt, die schon während der Ehe
bestanden hatten"[617] und die nicht losgelöst von diesen
betrachtet werden können. Weil die erst nach dem Ableben des ersten Ehegatten einsetzenden Wirkungen der
ehevertraglichen Begünstigung nicht ohne vorangegangene
lebzeitige Wirkungen bestehen und auch inhaltlich ein
untrennbarer Zusammenhang zwischen dem Güterstand zu
Lebzeiten und dessen Liquidation nach Ableben eines
Ehegatten vorliegt, stellt der ganze Ehevertrag eine
Einheit dar. Der Ehevertrag auf Begünstigung des überlebenden Ehegatten erscheint folglich als ein Rechtswirkungen inter vivos und beim Tod des ersten Ehegatten
vereinigendes, einheitliches Rechtsgeschäft. Als solches ist er ein transmortales Rechtsgeschäft unter Lebenden[618].

6. Erfasstes Vermögen

6.1. Vermögen des Verpflichteten oder dessen Nachlass?

Ein weiteres Abgrenzungskriterium geht davon aus, dass
Rechtsgeschäfte unter Lebenden das Vermögen des Verpflichteten betreffen, Verfügungen von Todes wegen dagegen dessen Nachlass belasten[619].

---

617 E. HUBER, Vorträge, S. 134.
618 Vgl. § 7 III 5 1 d.
619 BGE 113 II 273.

6.2. Keine Zuwendung aus dem Nachlass

Vorschlags- und Gesamtgutszuweisung legen eine Modali-
tät der güterrechtlichen Auseinandersetzung fest[620].
Die güterrechtliche Auseinandersetzung geht nach ein-
helliger Auffassung der erbrechtlichen Auseinandersetzung voraus[621]: Sie bestimmt, was vom Vermögen beider
Ehegatten dem überlebenden und was der Erbschaft zukommt, die allein dem Erbgang untersteht[622]. Als Teil
der güterrechtlichen Liquidation beeinflusst die Begünstigung des überlebenden Ehegatten den Umfang des Nach-
lassvermögens, welches überhaupt erst nach erfolgter
Tilgung der güterrechtlichen Ansprüche feststeht[623].
Die Entrichtung der Vorschlags- und Gesamtgutszuweisung
erfolgt damit nicht aus dem Nachlass, sondern vor dessen Bildung; der begünstigte überlebende Ehegatte macht
seinen Anspruch vor der Nachlassteilung, in der güterrechtlichen Auseinandersetzung, geltend[624]. Weil der
Gegenstand einer Zuwendung aufgrund einer Verfügung
mortis causa dem Nachlass des Zuwendenden zu entstammen

---

620 Vorne § 2 III 2 und 3.
621 Statt aller: HAUSHEER/REUSSER/GEISER, N. 16 zu Art. 182
    ZGB.
622 HEGNAUER/BREITSCHMID, N. 30.03.
623 Zutreffend BGE 58 II 5 f.: "Sowohl die Vereinbarung
    über eine andere Beteiligung am Gesamtgut, als über
    eine andere Beteiligung am Vorschlage bei der Güterver-
    bindung sind denn auch in Wahrheit gar nicht Verfügun-
    gen von Todes wegen über das eigene Vermögen des Ver-
    storbenen, sondern bestimmen erst den Umfang seines
    Vermögens auf den Zeitpunkt des Todes hin."
    Vgl. auch E. PETER, S. 10: "Wenn der Erblasser verhei-
    ratet war, so bestimmt sich nach ehelichem Güterrecht,
    welcher Betrag des in der Ehe vorhanden gewesenen Ver-
    mögens den Gegenstand der Erbfolge bildet, mit andern
    Worten, durch die güterrechtliche Auseinandersetzung
    ist der Nachlass festzustellen."
624 Vgl. für das Gesamtgut GNEKOW, S. 142. Ebenso ESCHER,
    Miszellen, S. 241: "Der Ueberlebende erhält also dies-
    falls kraft Ehevertrages zum voraus einen Teil des ehe-
    lichen Gutes, der Rest ist Nachlass, ...".

hat[625], kann die Vorschlags- bzw. Gesamtgutszuweisung
keine Verfügung von Todes wegen sein[626].

6.3. Vermögen beider Ehegatten

Verfügungen von Todes wegen dienen dem Erblasser dazu,
Zuwendungen aus seinem Nachlass zu machen[627]. Belastet
durch die Zuwendung mortis causa ist dabei nur der eigene Nachlass; selbst bei einem gegenseitigen Erbvertrag kann jeder Erblasser nur über sein Vermögen, nicht
aber über dasjenige des anderen Teils verfügen[628].

Der Vorschlag als Gegenstand der Vorschlagszuweisung
resultiert aus Errungenschaft; in die Vorschlagsrech-
nung involviert sind dabei die Errungenschaften von
Mann und Frau, somit von Güterrechts wegen[629] in getrenntem Eigentum stehende Vermögenswerte beider Ehegatten[630]. Am Gesamtgut als Objekt der Gesamtgutszuweisung besteht Gesamteigentum der beiden Ehegatten[631].

Mit der Vereinbarung von Vorschlags- oder
Gesamtgutszuweisung an den überlebenden Ehegatten wird
folglich *Vermögen beider Ehegatten erfasst*, im Falle

---

625 MOSER, S. 3; BGE 113 II 273.
626 So hinsichtlich der Gesamtgutszuweisung ausdrücklich
   auch SUTTER, S. 79, Anm. 11.
627 VON TUHR/PETER, § 20 VI 3, S. 151.
628 LANGE/KUCHINKE, S. 641.
629 Unabhängig vom Güterrecht ist es selbstverständlich
   möglich, dass Ehegatten an gewissen Gegenständen der
   Errungenschaft rechtsgeschäftlich gemeinschaftliches
   Eigentum begründen, z.B. ein Grundstück zu Miteigentum
   oder als einfache Gesellschafter zu Gesamteigentum erwerben. Das ändert aber nichts daran, dass aufgrund des
   Güterrechts die Errungenschaften je separat im Alleineigentum jedes Ehegatten stehen. Allfälliges gemeinschaftliches Eigentum an Errungenschaftsgegenständen
   ändert sodann auch an der hier interessierenden Pro-
   blemlage nichts.
630 Vgl. Art. 196 ZGB.
631 Art. 222 Abs. 2 ZGB. "Gesamteigentum" ist in diesem Zusammenhang nicht nur zu verstehen als Eigentum an Sachen, sondern generell als "Gesamtrechtszuständigkeit";
   vgl. TUOR/SCHNYDER/SCHMID, S. 239, Anm. 2.

der Auflösung des Güterstandes durch Tod somit Vermögen
nicht nur des erstversterbenden, sondern auch des überlebenden Ehegatten. Bekanntlich bedeutet ja Vorschlagsbzw. Gesamtgutszuweisung, dass der überlebende Ehegatte
den Vorschlag bzw. Gesamtgutsanteil des vorversterbenden erhält und seinen eigenen Vorschlag bzw. Gesamtgutsanteil behalten darf[632]. Dass Vermögen beider Ehegatten erfasst wird, ist Konsequenz aus der der güterrechtlichen Liquidation zugedachten Aufgabe, das Vermögen beider Ehegatten auszusondern und die Vorschlagsbeteiligung bzw. Gesamtgutsteilung zu verwirklichen[633].

Weil die Vorschlags- und Gesamtgutszuweisung Vermögen
auch des überlebenden Ehegatten einbezieht, fällt ihre
Qualifikation als Verfügung von Todes wegen ausser Betracht. Das lebzeitige Vermögen des überlebenden Ehegatten kann nicht Gegenstand einer Verfügung mortis
causa sein; die erbrechtliche Verfügungsmacht ist vielmehr auf den je eigenen Nachlass beschränkt und nicht
auf das Vermögen Lebender erstreckbar[634] [635]. Die Vor-
schlags- und Gesamtgutszuweisung ist unter diesem
Aspekt den Rechtsgeschäften unter Lebenden zuzuordnen.

---

632 Vgl. vorne Anm. 89.
633 Vgl. HEGNAUER/BREITSCHMID, N. 26.03.
634 STAUDINGER-LEHMANN, N. 11 der Vorbemerkungen zu §§
1937-1941 BGB. Vgl. auch FLUME, S. 149, wonach beim
Rechtsgeschäft von Todes wegen der Erblasser aus ei-
genem Recht über seinen Herrschaftsbereich bestimmt.
635 Es bestätigt sich damit auch die hier - vgl. vorne §
3 II 3 2 - vertretene Auffassung, dass die ehevertragliche Begünstigung und jede andere ehevertragliche Gestaltung der Vorschlagsbeteiligung bzw. Gesamtgutsteilung als die Vermögen beider Ehegatten erfassende Vereinbarung ebenfalls einer gemeinschaftlichen Verpflichtung und Verfügung beider Ehegatten bedarf. Dagegen
disponiert beim gegenseitigen Erbvertrag letztlich jede
Partei allein in einseitiger Verfügung über ihren der-
einstigen Nachlass.
Vgl. ferner in diesem Zusammenhang die aus der Zeit vor
Inkrafttreten des BGB stammende Unterscheidung bei VON
ROTH, S. 251, in von der ehelichen Güterordnung, dem
sog. ehelichen Gütererbrecht, abhängige Ansprüche und
in die erbrechtlich zu qualifizierende statutarische
Portion, welche allein der letztwilligen Disposition
des Erblassers unterliegt.

7. Subjekt der Zuwendung

Mit Ausnahme der juristischen Person als Verfügende
mortis causa können Rechtsgeschäfte von Todes wegen wie
auch solche unter Lebenden grundsätzlich zwischen beliebigen natürlichen und juristischen Personen abgeschlossen werden. Dagegen behält das ZGB den Abschluss
eines Ehevertrages nur solchen natürlichen Personen
vor, zwischen welchen eine Ehe bereits besteht oder
doch vorgesehen ist[636]: Ehegatten und
- unter der Suspensivbedingung der Eheschliessung -
Brautleuten[637]. Angesichts dieses an die beteiligten
Parteien zu stellenden Erfordernisses der Sondersubjektsqualität ist der wirksame Ehevertrag des ZGB als
reiner Gattenvertrag zu charakterisieren[638].

Ebenso ist der Kreis der Zuwendungsempfänger der Vor-
schlags- und Gesamtgutszuweisung auf Ehegatten beschränkt. Wohl wird je nach Ausgestaltung der ehevertraglichen Vereinbarung indirekt auch der Nachlass
grösser oder kleiner und es können damit neben dem Ehegatten mittelbar auch die Erben begünstigt oder benach-
teiligt sein; ein Erbe kommt aber als direkter Destina-
tär der Vorschlags- und Gesamtgutszuweisung nicht in
Frage[639]. Vielmehr kann die Aufteilung von Vorschlag
und Gesamtgut immer nur zwischen den Eheleuten bzw. ihren Nachlässen erfolgen, niemals aber zugunsten Dritter[640]. Der direkte Empfänger der Vorschlags- und Gesamtgutszuweisung muss daher ein Ehegatte sein, wogegen

---

636 Art. 182 Abs. 2 ZGB.
637 Statt vieler: HAUSHEER/REUSSER/GEISER, N. 18 zu Art.
    182 ZGB.
638 SUTTER, S. 19.
639 Vgl. PIOTET, Errungenschaftsbeteiligung, S. 166.
640 HAUSHEER/REUSSER/GEISER, N. 12 zu Art. 216 ZGB.

bei Verfügungen von Todes wegen jeder beliebige Dritte, ob natürliche oder juristische Person, Erbe sein kann.

Das hier behandelte Subjekt der Zuwendung aus der ehevertraglichen Begünstigung unterscheidet diese sowohl von Verfügungen von Todes wegen als auch von Rechtsgeschäften unter Lebenden, ist mithin also kein Argument für die Einordnung in der einen oder anderen Kategorie. Der Umstand, dass nur ein Ehegatte unmittelbarer Empfänger der Vorschlags- bzw. Gesamtgutszuweisung sein kann, qualifiziert diese dagegen als ehegüterrechtliches Geschäft.

8. Gesetzliche Ordnung und vertragliche Vereinbarung

8.1. Gesetzliche Ordnung

a) Vorschlagsbeteiligung

Für den Güterstand der Errungenschaftsbeteiligung ist die gesetzliche Vorschlagsbeteiligung[641] in Art. 215 ZGB geregelt, wonach jedem Ehegatten oder seinen Erben die Hälfte des Vorschlages des anderen zusteht. Die gesetzliche Regel der hälftigen gegenseitigen Vorschlagsbeteiligung basiert auf dem Gedanken, dass "jeder Ehegatte - auch der haushaltführende - gleichmässig zum gemeinsamen Wohlstand beigetragen hat"[642]; ungeachtet der einzelnen, von den Ehegatten geleisteten Beiträge soll der während der Dauer des Güterstandes erwirt-

---

641 Die Beteiligung am Vorschlag gilt als eigentlicher Kern des ordentlichen Güterstandes. Vgl. TUOR/SCHNYDER/SCHMID, S. 235 ("Kerninhalt"); HAUSHEER/REUSSER/GEISER, N. 8 zu Art. 215 ZGB ("Kerngehalt").
642 Botschaft, S. 130.

schaftete Erfolg beiden Ehegatten wertmässig in gleicher Weise zukommen[643]. Die eheliche Gemeinschaft allein ist objektive Rechtfertigung des Beteiligungsanspruchs[644]. Art. 215 ZGB verwirklicht im ordentlichen
Güterstand die vom Gesetzgeber angestrebte wirtschaft-
liche Gemeinschaft der Ehegatten[645].

b) Gesamtgutsteilung

Im Güterstand der Gütergemeinschaft ordnet Art. 241
Abs. 1 ZGB bei Auflösung des Güterstandes durch Tod die
Teilung[646] des Gesamtgutes je zur Hälfte an. Die Lösung
entspricht der hälftigen Vorschlagsbeteiligung bei der
Errungenschaftsbeteiligung[647]; allerdings stellt sie im
Unterschied zum ordentlichen Güterstand nicht eine automatisch eintretende Rechtsfolge der ehelichen Gemeinschaft dar, sondern setzt, weil die Gütergemeinschaft
ausschliesslich vertraglicher Güterstand ist[648], stets
eine rechtsgeschäftliche Vereinbarung durch die Ehegatten in Form eines Ehevertrages voraus.

---

643 HAUSHEER/REUSSER/GEISER, N. 5 zu Art. 215 ZGB.
644 Vgl. HUWILER, S. 64-67.
645 HAUSHEER/REUSSER/GEISER, N. 8 zu Art. 215 ZGB.
646 Im Gegensatz zum ordentlichen Güterstand verwendet das
     Gesetz hier nicht den Terminus "Beteiligung" (vgl. Mar-
     ginalie vor Art. 215 ZGB), sondern spricht von
     "Teilung" (Marginalie vor Art. 241 ZGB). Es differen-
     ziert damit auch sprachlich zwischen den Ansprüchen auf
     den aus grundsätzlich in getrenntem Eigentum stehenden
     Errungenschaften resultierenden Vorschlag bzw. auf das
     im Gesamteigentum der Ehegatten stehende Gesamtgut.
     Vgl. TUOR/SCHNYDER/SCHMID, S. 246.
647 Botschaft, S. 150.
     Wie im ordentlichen Güterstand geht man auch bei der
     Gütergemeinschaft davon aus, dass jeder Ehegatte gleich
     viel zum wirtschaftlichen Erfolg der Ehe beigetragen
     hat; vgl. Botschaft, S. 130.
648 Statt vieler: HEGNAUER/BREITSCHMID, N. 28.03.

8.2. Vertragliche Vereinbarung

Die geschilderte gesetzliche Regelung von Vorschlagsbeteiligung bzw. Gesamtgutsteilung ist dispositiven Charakters[649]. Dies folgt ohne weiteres aus den Bestimmungen von Art. 216 Abs. 1 und Art. 241 Abs. 2 ZGB, welche als Folge der den Ehegatten innerhalb der gesetzlichen Schranken gewährten güterrechtlichen Dispositionsfreiheit[650] Vereinbarungen über die Änderung der Vorschlagsbeteiligung[651] bzw. der Gesamtgutsteilung[652] expressis verbis zulassen. Das ZGB gibt somit für Vorschlagsbeteilung und Gesamtgutsteilung nur eine subsidiäre Leitregel im Sinne hälftiger Ansprüche und stellt es den Ehegatten anheim, ob sie sich der gesetzlichen Regelung unterziehen oder aber eine eigene Vereinbarung treffen wollen[653]. Im Rahmen der vertraglichen Gestaltung von Vorschlags- und Gesamtgutsteilung bleibt es den Ehegatten unbenommen, die vollumfängliche Zuweisung an den überlebenden Ehegatten zu verabreden[654].

8.3. Verhältnis und Vergleich von gesetzlicher Ordnung und vertraglicher Vereinbarung

Schliessen die Ehegatten einen Ehevertrag, welcher den Vorschlag bzw. das Gesamtgut dem überlebenden unter ihnen zuweist, tritt die vereinbarte ehevertragliche Regelung an die Stelle der gesetzlichen Ordnung[655]. Für

---

649 Vgl. dazu grundsätzlich vorne § 2 II.
650 Art. 182 Abs. 2 ZGB.
651 HAUSHEER/REUSSER/GEISER, N. 36 zu Art. 182 ZGB.
652 HAUSHEER/REUSSER/GEISER, N. 43 zu Art. 182 ZGB.
653 Vgl. § 2 II 1 hievor.
654 Über den möglichen Inhalt abweichender Vereinbarungen vgl. neben HAUSHEER/REUSSER/GEISER, a.a.O. (Anm. 651 f. hievor), auch SCHWAGER, S. 191 ff. und 197 ff. Die integrale Zuweisung von Vorschlag oder Gesamtgut an den überlebenden Ehegatten ist dabei wichtigstes Motiv zum Abschluss eines Ehevertrages; vgl. vorne § 1 II.
655 BGE 82 II 486: "Lorsque les époux ont fait usage de cette faculté, la répartition dont ils sont convenus

einen grossen Teil der Lehre ist mit der Ersetzung der
gesetzlichen Regelung der Vorschlagsbeteiligung bzw.
der Gesamtgutsteilung durch die ehevertragliche
Begünstigung des überlebenden Ehegatten zugleich eine
Änderung der Rechtsnatur verbunden: Während die gesetzliche Regelung eine güterrechtliche Regel darstelle,
enthalte die ehevertragliche Begünstigung eine erbrechtliche Verfügung[656]. Diese Ansicht ist aufgrund eines Vergleiches indessen abzulehnen.

Die vertragliche Vorschlags- und Gesamtgutszuweisung
weist genau die gleiche Struktur auf wie die gesetzliche Regelung der Vorschlags- bzw. Gesamtgutsteilung.
Die vertragliche und die gesetzliche Zuweisung invol-
vieren die Ehegatten, unterliegen einer Befristung[657]
auf das Ableben eines Ehegatten als Auflö-
sungstatbestand für den Güterstand und der Bedingung
des Überlebens[658] desjenigen Ehegatten, dem die Ansprüche aus der güterrechtlichen Auseinandersetzung zufallen werden. Wie die vertragliche ist damit auch die
gesetzliche Regelung aleatorisch[659]. Der Gegenstand der
Zuweisung ist bei gesetzlicher Ordnung und vertraglicher Vereinbarung identisch, nur sein Umfang variiert:
Nach der gesetzlichen Regel steht dem überlebenden Ehegatten die Hälfte des Vorschlages oder des Gesamtgutes
zu, bei vertraglicher Begünstigung erhält er den gesamten Vorschlag bzw. das ganze Gesamtgut[660]. Die Sub-
stitution der gesetzlichen Regel durch die vertragliche
Vereinbarung verändert die Vorschlagsbeteiligung bzw.

---

fait seule règle et se substitue au mode légal de partage."
656 So BILLINGER, S. 28 f. und 64 (Vorschlagszuweisung)
bzw. S. 32 f. und 73 (Gesamtgutszuweisung); SUTTER,
S. 74 (Vorschlagszuweisung); LEMP, NN. 81 und 94 zu
Art. 214 aZGB (Vorschlagszuweisung) sowie N. 7 zu Art.
226 aZGB (Gesamtgutszuweisung). Vgl. auch die weiteren
Hinweise in Anm. 456 hievor.
657 Vorne § 4 III.
658 Vorne § 4 II.
659 Zum aleatorischen Element vorne § 4 II 2 3.
660 Vorbehalten bleiben allfällige Pflichtteilsansprüche
nach Art. 216 Abs. 2 bzw. Art. 241 Abs. 3 ZGB.

die Gesamtgutsteilung nur in quantitativer Hinsicht im
Sinne einer Begünstigung[661], nicht aber qualitativ im
Sinne einer Änderung der Rechtsnatur und eines Überge-
hens von einer ursprünglich güterrechtlichen in eine
erbrechtliche Verfügung. Wenn sich die vertragliche
Vereinbarung ausschliesslich im Umfang von der einhellig als güterrechtlich anerkannten gesetzlichen Regel
unterscheidet, stellt sie im Vergleich zu dieser ein
maius, nicht aber ein die Rechtsnatur änderndes aliud
dar. Die Argumentation, die gesetzliche Liquidationsordnung habe ihre Begründung im Güterstand, die ehevertragliche Begünstigung dagegen im Willen der Parteien,
weshalb sich eine Änderung der Rechtsnatur ergebe[662],
übersieht, dass auch die ehevertragliche Begünstigung
ihre Ordnung im Güterstand hat[663], und zwar die Vorschlagszuweisung in der Errungenschaftsbeteiligung und
die Gesamtgutszuweisung in der Gütergemeinschaft[664].
Wohl beruht die ehevertragliche Begünstigung auf einem
Rechtsgeschäft als Anspruchsgrundlage, somit im Gegensatz zu dem ex lege geltenden hälftigen Vorschlagsbzw. Gesamtgutsanspruch auf dem gegenseitigen Parteiwillen. Die Vereinbarung von Vorschlags- und Gesamtgutszuweisung kann aber nur dank der gesetzlich gewährten Disponibilität und nur innerhalb des gesetzlich ab-
gesteckten Rahmens erfolgen[665]. Auch die auf Parteiwillen beruhende Begünstigungsabrede bewegt sich demzu-
folge innerhalb des Systems des Güterrechts und begründet keine ausserhalb desselben stehenden Ansprüche[666].

---

661 Die güterrechtliche Begünstigung ist vorne, § 1 I 1,
   umschrieben worden als rechtsgeschäftliche Vereinbarung
   der Ehegatten, die dem überlebenden mehr gibt als ihm
   nach gesetzlicher Regel zustehen würde.
662 So MOOR, S. 109 f.
663 Vgl. BGE 82 II 488: "La répartition du bénéfice conve-
   nue par contrat de mariage ..... a sa cause juridique
   dans le régime matrimonial au même titre que celle qui
   est prévue par la loi."
664 Die beiden Varianten der ehevertraglichen Begünstigung
   sind güterstandsabhängig; vgl. dazu sogleich § 7 III 9.
665 Art. 182 Abs. 2 ZGB.
666 MOOR, S. 109 f., stellt die Anspruchsgrundlage mit der
   Änderung der Rechtsnatur gleich. Richtig ist, dass Gesetz und Vertrag unterschiedliche Grundlagen sind; da-

Gesetz und Vertrag sind gleichgestellte güterrechtliche Anspruchsgrundlagen für die Festlegung der Liquidationsordnung[667]. Vorschlags- und Gesamtgutszuweisung enthalten wohl Abweichungen vom gesetzlichen Güterrecht, stellen aber nichts anderes als die Ausschöpfung dispositiven Rechts dar, weshalb mit ihnen keine Änderung der Rechtsnatur im Sinne des Überganges zu einem erbrechtlichen Geschäft verbunden ist. Ebensowenig lässt sich mit der Begründung, der Vertrag auf Begünstigung des überlebenden Ehegatten trete nur im Falle der Auflösung des Güterstandes durch Tod in Kraft, die gesetzliche Ordnung dagegen gelte unabhängig vom Auflösungsgrund, etwas zugunsten der Subsumtion unter die Verfügungen von Todes wegen ableiten[668]. Denn der Tod ist ordentlicher Auflösungsgrund der Ehe[669] und dieser Regelfall zeichnet sich im Vergleich zu den anderen Eheauflösungstatbeständen der Scheidung und Ungültigerklärung durch Besonderheiten aus wie den Umstand, dass sich die Ehe bewährt hat und dass sich

mit ist aber keine weitere Folge hinsichtlich der Rechtsnatur verbunden, sind doch gesetzliche und ehevertragliche Regelung beide von Güterrechts wegen vorgesehen. Wollte man mit MOOR darauf abstellen, ob Gesetz oder Parteiwille der Vorschlagsbeteiligung bzw. Gesamtgutsteilung zugrunde liegen, müsste man konsequenterweise jede Abrede nach Art. 216 Abs. 2 bzw. Art. 241 Abs. 2 ZGB als eine die güterrechtliche Natur ändernde Vereinbarung auffassen, was nicht zutreffen kann.

667 Vgl. zur Gleichstellung von Gesetz und Ehevertrag bereits E. HUBER, Grundlagen, S. 44 f.: "An diesem Vorschlag gebührt der Frau nach verbreiteter Rechtsanschauung ihr Teil, und erhält sie ihn nicht durch das Gesetz, so wird er ihr so viel als möglich durch Verfügung auf den Fall ihres Ueberlebens zugewiesen. ..... Dieser Anspruch sollte der Frau nicht aus Erbrecht, sondern aus Güterrecht zustehen, ..."

668 Die ehevertragliche Begünstigung des überlebenden Ehegatten enthält wohl eine Anordnung auf den Todesfall, ist allein deswegen aber noch kein Rechtsgeschäft mortis causa; vgl. dazu § 7 III 2 und § 7 III 5 1 d hievor.

669 Vgl. statt vieler GERNHUBER/COESTER-WALTJEN, § 2 I, S. 16, wonach die Ehe ein grundsätzlich nur durch den Tod auflösliches Band ist, das nur ausnahmsweise zufolge einer Fehlentwicklung vorzeitig gelöst werden kann.

nicht beide Ehegatten, sondern ein Ehegatte und die Erben des anderen gegenüberstehen, mithin durch Besonderheiten, welche eine unterschiedliche güterrechtliche Behandlung aufgrund ehelichen Zusammenwirkens ohne weiteres rechtfertigen[670]. Daraus ergibt sich, dass die Zuweisung des Vorschlages bzw. Gesamtgutes an den überlebenden Ehegatten eine sachgerechte, wohlbegründete güterrechtliche Anordnung bleibt und nicht zur Verfügung von Todes wegen wird.

9. Güterstandsabhängigkeit

Vorschlags- und Gesamtgutszuweisung an den überlebenden Ehegatten stellen privatautonom vereinbare Modalitäten der Auflösung der Güterstände der Errungenschaftsbeteiligung bzw. der Gütergemeinschaft dar[671]. Es handelt sich um ehevertragliche Begünstigungsmöglichkeiten, die der Gesetzgeber ausschliesslich den unter Errungenschaftsbeteiligung bzw. Gütergemeinschaft lebenden Ehegatten gewährt: Nur in Verbindung mit der Errungenschaftsbeteiligung ist die Vorschlagszuweisung und nur in Verbindung mit der Gütergemeinschaft die Gesamtgutszuweisung an den überlebenden Ehegatten möglich. Die Verknüpfung der beiden Varianten ehevertraglicher Begünstigung mit einem bestimmten Güterstand ist nicht eine bloss formal-gesetzessystematische, sondern eine inhaltliche; zwischen Vorschlagszuweisung und Errungenschaftsbeteiligung bzw. zwischen Gesamtgutszuweisung und Gütergemeinschaft besteht ein untrennbarer Zusammenhang[672]. Ihre Güterstandsabhängigkeit kenn-

---

670 Vgl. VON OLSHAUSEN, S. 111 f., mit Hinweis darauf, dass nach dem ZGB Vereinbarungen über die Verteilung des ehelichen Vermögens grundsätzlich nur bei Auflösung des Güterstandes durch Tod gelten.
671 Vorne § 2 III 2 bzw. 3.
672 Vgl. auch HAUSHEER/REUSSER/GEISER, N. 15 zu Art. 182 ZGB, wonach die Regeln über die güterrechtliche Auseinandersetzung und darunter die Bestimmungen von Art. 216 Abs. 1 und 241 Abs. 2 ZGB zum Güterstand gehören.

zeichnet Vorschlags- und Gesamtgutszuweisung als ehegüterrechtliche Zuwendungen[673], während umgekehrt Verfügungen von Todes wegen völlig unabhängig vom Güterstand, in welchem die Ehegatten leben, Bestand haben[674]
[675].

IV. Ergebnis

Die Vorschlags- bzw. Gesamtgutszuweisung an den überlebenden Ehegatten erlangt nur Wirksamkeit, wenn die Ehe
durch Tod eines Partners aufgelöst wird. Sie enthält
insofern eine Anordnung auf den Todesfall des erstversterbenden Ehegatten[676].

Die ehevertragliche Begünstigung des überlebenden Ehegatten erfährt eine umfassende güterrechtliche Sonder-
behandlung[677], die sie von den Verfügungen von Todes
wegen abgrenzt. Die Vorschlags- bzw. Gesamtgutszuweisung an den überlebenden Ehegatten muss deshalb zumin-

---

673 Zur Abhängigkeit von einem bestimmten Güterstand als
    Kriterium ehegüterrechtlicher Normierung vgl. HALL-
    STEIN, S. 781, und VON OLSHAUSEN, S. 148 f. Ausführlich
    dazu VON OLSHAUSEN, S. 129 ff., m.w.H.
674 Ebenso erfolgt die Abgrenzung zwischen Ansprüchen des
    überlebenden Ehegatten aus Ehegüterrecht und Erbrecht
    bei E. PETER, S. 8 f.: Das Erbrecht des überlebenden
    Ehegatten, wie es sich geschichtlich entwickelt habe,
    sei "nicht direkter Ausfluss eines bestimmten ehelichen
    Güterrechtes" und werde gewährt "gleichgültig, welches
    Güterrecht gilt".
    Bereits im 19. Jahrhundert hat auch VON ROTH, S. 249
    ff., für die damaligen deutschen Partikularrechte zwi-
    schen einem von der Güterordnung der Ehegatten unabhän-
    gigen Erbrecht und dem nur als Folge eines bestimmten
    Güterstandes eintretenden sog. ehelichen Gütererbrecht
    unterschieden.
675 Die Verfügung von Todes wegen tritt gerade auch bei
    Gütertrennung, wo von Güterrechts wegen keine
    vermögensrechtlichen Ansprüche der Ehegatten bestehen,
    in Kraft.
676 Vgl. vorne § 7 III 2.
677 HAUSHEER/REUSSER/GEISER, N. 36 zu Art. 216 ZGB.

dest als im Güterrecht geregeltes "Sondererbrecht" bezeichnet werden[678].

M. E. ist aufgrund der festgestellten, rechtlich wesentlichen Unterschiede zu den Rechtsgeschäften mortis
causa i.e.S.[679] nicht nur ein güterrechtlich abschliessend umschriebenes "Sondererbrecht" anzunehmen, sondern
es ist - weitergehend - von einer Qualifikation der
Vorschlags- und Gesamtgutszuweisung an den überlebenden
Ehegatten als Verfügung von Todes wegen überhaupt abzu-
sehen. Besonders die der ehevertraglichen Begünstigung
eigenen Rechtswirkungen inter vivos[680] und der Umstand,
dass mit der Vorschlags- bzw. Gesamtgutszuweisung stets
auch Vermögen einer lebenden Person, nämlich des überlebenden Ehegatten, erfasst wird[681], schliessen eine
Subsumtion unter die Verfügungen von Todes wegen i.e.S.
aus.

Weil die Ehe zu ihrem Entstehungstatbestand gehört,
sind Vorschlags- und Gesamtgutszuweisung Rechtsverhältnisse familienrechtlicher Natur[682]; die Ehe als lebzei-
tiges und persönlichkeitsbezogenes Tatbestandselement
des Zuweisungsvertrages grenzt diesen ab von Instituten
und Geschäftstypen des Erb- oder Schuldrechts.

Vorschlags- und Gesamtgutszuweisung sind durch die
gesetzliche Regelung ausdrücklich der Ordnungsfunktion
des Ehevertrages zugewiesen[683]. Sind sie auf diese
Weise ex lege als Modifikationen der Güterstände der
Errungenschaftsbeteiligung bzw. Gütergemeinschaft zuge-

---

678 Vgl. HAUSHEER/REUSSER/GEISER, N. 16 zu Art. 182 ZGB,
     N. 34 zu Art. 216 ZGB und N. 44 zu Art. 241 ZGB.
679 Vgl. eingehend vorne § 7 III.
680 Vgl. § 7 III 5 2 hievor.
681 Dazu § 7 III 6 hievor.
682 Vgl. die Charakterisierung familienrechtlicher Verhält-
     nisse bei GERNHUBER/COESTER-WALTJEN, § 2 I, S. 14.
683 Art. 216 Abs. 1 ZGB: "Durch Ehevertrag kann eine andere
     Beteiligung am Vorschlag vereinbart werden." Art. 241
     Abs. 2 ZGB: "Durch Ehevertrag kann eine andere Beteili-
     gung vereinbart werden."

lassen, ist bei ihnen eine im Rahmen des Ordnungs-
zweckes des Ehevertrages liegende Geschäftsabsicht ohne
weiteres gegeben und es finden darin Vorschlags- und
Gesamtgutszuweisung als vom Ehevertrag bewirkte Güter-
bewegungen ihre eigenständige und legitime causa[684].

Im Gegensatz zu den Verfügungen von Todes wegen ist der
Tod eines Ehegatten nicht der Rechtsgrund der Zuwendung, sondern nur der Zeitpunkt für den Erwerb des
Vollrechts an Vorschlag bzw. Gesamtgut durch den überlebenden Ehegatten[685].

Der Ehevertrag auf Vorschlags- oder Gesamtgutszuweisung
an den überlebenden Ehegatten enthält somit wohl eine
Anordnung auf den Todesfall des erstversterbenden
Ehepartner, ist aber keine Verfügung von Todes wegen,
sondern ein güterrechtlicher Vertrag und als solcher
ein *Rechtsgeschäft unter Lebenden*.

V.   **Praktische Auswirkungen der Qualifikation als Rechtsgeschäft unter Lebenden**

1.   **Vorbemerkungen**

Die Qualifikation der Vorschlags- und Gesamtgutszuweisung als Rechtsgeschäft unter Lebenden hat praktische
Auswirkungen. Diese sind nachfolgend darzustellen.

---

684 Vgl. GERNHUBER/COESTER-WALTJEN, § 32 I, S. 472.
     Die Grenzen, innerhalb derer ein Güterstand rechtferti-
     gende causa für Güterverschiebungen sein kann, entspre-
     chen den zulässigen Modifikationen eines Güterstandes;
     vgl. GERNHUBER/COESTER-WALTJEN, § 32 III, S. 478, mit
     in Anm. 12 enthaltenem Hinweis auf eine noch weitere
     Auffasssung, wonach der Ehevertrag causa für jede im
     Hinblick auf eine Ehe getroffene sinnvolle Ordnung der
     güterrechtlichen Verhältnisse abgeben kann.
685 KNAPP, S. 282, N. 849.

Die sich aus der Subsumtion unter die Rechtsgeschäfte
unter Lebenden ergebenden Auswirkungen decken sich
weitgehend mit denjenigen, welche auch von der von einer Verfügung mortis causa mit güterrechtlicher Sonder-
behandlung ausgehenden Auffassung vertreten werden[686].
Ausdrückliche Übereinstimmung der beiden unterschiedlichen Ausgangsstandpunkte besteht im Ergebnis hinsichtlich der Willensmängelanfechtung[687] und der Ehevertragsform[688]. Ferner wird Übereinstimmung wohl auch in
bezug auf die Geschäftsfähigkeit der Parteien[689], die
Auslegung[690], die Vertragsaufhebung[691], die Ausschlagung[692] und die Haftung[693] vorliegen. Eine kongruente
Lösung ergibt sich - jedenfalls nach der hier vertretenen Auffassung[694] - sodann auch zur Frage der Pflichtteilsberechnung[695]. Unterschiedliche Ergebnisse ver-
bleiben hinsichtlich der Reihenfolge der Herabsetzung[696].

2. Geschäftsfähigkeit der Parteien

Zum Abschluss eines Ehevertrages auf Vorschlags- oder
Gesamtgutszuweisung genügt Urteilsfähigkeit der Par-

---

686 Diese weitgehende Übereinstimmung ist damit zu erklä-
ren, dass jene Lehrmeinung zwar grundsätzlich von einer
Verfügung von Todes wegen ausgeht, sich aber in der
Mehrzahl der Fälle, wo sich je nach Qualifikation als
Rechtsgeschäft inter vivos bzw. als solches mortis
causa Unterschiede ergeben würden - so etwa ausdrücklich hinsichtlich Willensmängelanfechtung und Form;
vgl. dazu § 7 V 3 und 4 - , aufgrund der güterrechtlichen Sonderregelung ebenfalls zugunsten der Behandlung
als Rechtsgeschäft unter Lebenden entscheidet.
687 Vgl. § 7 V 3 hienach.
688 Vgl. § 7 V 4 hienach.
689 § 7 V 2.
690 § 7 V 5.
691 § 7 V 6.
692 § 7 V 7.
693 § 7 V 8.
694 Anders aber nach STEINAUER; vgl. § 7 V 10.
695 § 7 V 10.
696 § 7 V 9.

teien (Art. 183 Abs. 1 ZGB)[697]. Im Gegensatz zur Einge-
hung vertraglicher Bindung in einem Rechtsgeschäft von
Todes wegen bedarf es somit nicht der Mündigkeit, d.h.
der vollen Handlungsfähigkeit, der Ehevertragsparteien[698].

In Abweichung von der vertraglichen Verfügung von Todes
wegen, wo die Anforderungen an die Geschäftsfähigkeit
und der Ausschluss der Vertretung stets nur auf die von
Todes wegen verfügende Partei anzuwenden sind[699], haben
bei der Begünstigung des überlebenden Ehegatten beide
Parteien die Anforderungen an die Geschäftsfähigkeit zu
erfüllen und den Ehevertrag ohne die Möglichkeit der
rechtsgeschäftlichen Vertretung selber zu unterschrei-
ben[700].

3.   Berufung auf Willensmängel

Die Anfechtung des Ehevertrages auf Begünstigung des
überlebenden Ehegatten wegen Willensmängeln hat nach
den für Rechtsgeschäfte unter Lebenden geltenden Bestimmungen von Art. 23 ff. OR zu erfolgen[701], nicht
aber nach dem für Verfügungen von Todes wegen massgebenden Art. 469 ZGB.

---

697 Gegebenenfalls ist zusätzlich die Zustimmung des ge-
     setzlichen Vertreters (Art. 183 Abs. 2 ZGB) und bei
     Entmündigten die Genehmigung durch die Vormundschafts-
     behörde erforderlich (Art. 421 Ziff. 9 ZGB). Auch in
     diesen Fällen genügt Urteilsfähigkeit als Anforderung
     an die Ehevertragsparteien selbst.
698 Vgl. für den Erbvertrag Art. 468 ZGB.
699 TUOR, N. 21 der Vorbemerkungen zum Erbvertrag. Vgl.
     dazu auch vorne § 3 II 3 2 a bb i.f.
700 Art. 184 ZGB.
701 HAUSHEER/REUSSER/GEISER, N. 29 zu Art. 216 ZGB und N.
     40 zu Art. 241 ZGB. Vgl. ferner FRIEDRICH, N. 7 zu Art.
     7 ZGB; HAUSHEER/REUSSER/GEISER, N. 59 zu Art. 182 ZGB.

4. Form

Ist die Vorschlags- und Gesamtgutszuweisung an den
überlebenden Ehegatten ein Rechtsgeschäft unter Lebenden, genügt zu ihrer Vereinbarung die Ehevertragsform[702]. Die für Verfügungen von Todes wegen bestehenden qualifizierten Formerfordernisse der Art. 498 ff.
ZGB sind nicht anwendbar[703].

5. Auslegung

Der die Vorschlags- oder Gesamtgutszuweisung enthaltende Ehevertrag ist nach dem für Rechtsgeschäfte unter
Lebenden geltenden Vertrauensprinzip, nicht nach dem
bei Verfügungen von Todes wegen zu beachtenden Willens-
prinzip, auszulegen[704].

6. Aufhebung

Die Erleichterung der Aufhebung vertraglicher Verfügungen von Todes wegen in der Form der einfachen Schriftlichkeit[705] ist auf die ehevertragliche Begünstigung
nicht anwendbar. Die Vorschlags- bzw. Gesamtgutszuweisung kann nur in Form eines neuen Ehevertrages wieder
geändert oder aufgehoben werden[706].

---

702 HAUSHEER/REUSSER/GEISER, NN. 34 und 36 zu Art. 216 ZGB,
     N. 44 zu Art. 241 ZGB.
703 Angesichts der Kontroversen um die Rechtsnatur zwei-
     felnd NÄF-HOFMANN, S. 376 f., NN. 2179 ff.; vgl. zur
     Formfrage auch Anm. 463 hievor.
704 Vgl. dazu auch Anm. 464 hievor.
705 Art. 513 Abs. 1 ZGB.
706 Art. 182 Abs. 2 ZGB.

7. **Ausschlagung**

Als Zuwendung aus einem Rechtsgeschäft unter Lebenden wird das dem überlebenden Ehegatten aufgrund der Vorschlags- oder Gesamtgutszuweisung zufallende Vermögen von einer Ausschlagung nicht erfasst. Der begünstigte überlebende Ehegatte kann die Erbschaft ausschlagen, ohne damit auf die güterrechtlichen Ansprüche aus der Vorschlags- oder Gesamtgutszuweisung zu verzichten[707].

8. **Haftung**

Die Anwendbarkeit der Erbenhaftung nach Art. 560 Abs. 2 und Art. 603 Abs. 1 ZGB auf den ehevertraglich begünstigten überlebenden Ehegatten ist abzulehnen, sofern dieser nicht zugleich Erbe des vorverstorbenen Partners ist[708].

9. **Reihenfolge der Herabsetzung**

In den von Art. 216 Abs. 2 bzw. Art. 241 Abs. 3 ZGB geregelten Fällen ist die ehevertragliche Begünstigung aufgrund der positivrechtlichen Regelung herabsetzbar unabhängig davon, ob sie als Rechtsgeschäft unter Lebenden oder als Verfügung von Todes wegen qualifiziert wird. Dagegen hat die Qualifikation einen Einfluss auf die Reihenfolge der Herabsetzung.

Nach Art. 532 ZGB sind Verfügungen von Todes wegen vor den Zuwendungen unter Lebenden herabzusetzen. Der Ehevertrag auf Begünstigung des überlebenden Ehegatten ist, soweit er gemäss Art. 216 Abs. 2 bzw. Art. 241 Abs. 3 ZGB überhaupt der Herabsetzung unterliegt, als Rechtsgeschäft unter Lebenden erst nach dem Intestaterwerb und nach den Verfügungen von Todes wegen i.e.S.

---

707 Vgl. HAUSHEER, Güterstand, S. 165.
708 Siehe auch Anm. 467 hievor.

herabzusetzen[709]. Die Herabsetzung ehevertraglicher Zuwendungen erst nach den Verfügungen von Todes wegen
steht im Einklang mit der einhellig vertretenen Auffassung, dass die güterrechtliche Auseinandersetzung der
erbrechtlichen Teilung vorausgeht[710]. Sie entspricht
besonders auch dem Umstand, dass die güterrechtlichen
Ansprüche auf Vorschlags bzw. Gesamtgut nicht in der
Teilung des Nachlasses des vorverstorbenen Ehegatten,
sondern vorher in der güterrechtlichen Auseinandersetzung geltend gemacht werden können[711].

Schliesslich wird auch unter zwei Aspekten aus der
praktischen Rechtsanwendung im - die Regel bildenden -
Falle, dass unter den Ehegatten sowohl ein Ehe- als
auch ein Erbvertrag abgeschlossen worden ist, die ehevertragliche Begünstigung des überlebenden Ehegatten
erst nach dem Erbvertrag herabzusetzen sein.

Zum einen wird im Regelfalle in der Praxis, in je sepa-
raten Urkunden, der Ehevertrag zeitlich vor dem Erbvertrag beurkundet, wenn vielleicht auch nur eine Viertel-
stunde vorher[712]. Die Begründung der ehevertraglichen

---

709 STEINAUER, Calcul, S. 415, Anm. 15; a.M. PIOTET, Réser-
     ves, S. 39, der die ehevertragliche Begünstigung des
     überlebenden Ehegatten generell im gleichen Verhältnis
     wie die Verfügungen von Todes wegen für herabsetzbar
     erklärt. Differenzierend HAUSHEER/REUSSER/GEISER, NN.
     47 f. zu Art. 216 ZGB, N. 54 zu Art. 241 ZGB, wonach
     der Ehevertrag wie ein Erbvertrag zu behandeln ist, so-
     mit erst nach Letztwilligen Verfügungen der Herab-
     setzung unterliegt, und für die Herabsetzungsreihen-
     folge innerhalb von Ehe- und Erbvertrag auf den Zeit-
     punkt der Errichtung abzustellen ist.
710 Dazu statt aller: HAUSHEER/REUSSER/GEISER, N. 16 zu
     Art. 182 ZGB.
711 Vgl. vorne § 7 III 6 2.
712 Soweit für die Reihenfolge der Herabsetzung das Datum
     der Zuwendung massgebend ist, gilt jenes des Abschlus-
     ses des Verpflichtungsgeschäftes; vgl. TUOR, N. 4 zu
     Art. 532 ZGB.
     Den Urkundspersonen ist aus Gründen der Beweisführung
     zu empfehlen, bei Beurkundung sowohl eines Ehevertrages
     als auch eines Erbvertrages in jeder Urkunde auf die
     jeweils andere zu verweisen, im Ehevertrag festzuhal-
     ten, dass anschliessend noch ein Erbvertrag abgeschlos-

Begünstigung erfolgt in der wohl überwiegenden Zahl der Fälle vor der erbvertraglichen Zuwendung, so dass diese vor jener herabzusetzen ist[713].

Zum anderen wird man, falls die ehevertragliche Zuweisung unter den Voraussetzungen von Art. 216 Abs. 2 bzw. 241 Abs. 3 ZGB die verfügbare Quote ausschöpfen und zusätzlich ein den überlebenden Ehegatten begünstigender Erbvertrag vorliegen sollte, zur wertmässigen Herstellung der verletzten Pflichtteile aus Praktikabilitätsgründen die erbvertragliche Zuwendung voll herabsetzen und die ehevertragliche Begünstigung bestehen lassen, nicht aber beide verhältnismässig herabsetzen. Die in den Art. 523 und 525 ZGB vorgesehene verhältnismässige Kürzung bezieht sich auf Zuwendungen an mehrere begünstigte Personen. Sie ist im vorliegenden, anders gelagerten Fall, wo eine einzige Person - nämlich der überlebende Ehegatte - aus mehreren Rechtsgründen - scil. aus dem Ehe- und dem Erbvertrag - begünstigt ist, nicht anwendbar.

10. Berechnung der Pflichtteile

Aus der Qualifikation der ehevertraglichen Vorschlagszuweisung als Rechtsgeschäft unter Lebenden wird gefolgert, dass in bezug auf Art. 216 ZGB die Pflichtteilsrechte für die gemeinsamen und nichtgemeinsamen Nach-

---

sen wird, und im Erbvertrag einen Hinweis auf den zuvor eingegangenen Ehevertrag anzubringen.
713 Vgl. im Ergebnis hinsichtlich der zeitlichen Begründung der Zuwendung ebenso HAUSHEER/REUSSER/GEISER, N. 48 zu Art. 216 ZGB und N. 54 zu Art. 241 ZGB, je Ziff. 3, wonach bei Eheverträgen und Erbverträgen die jeweils später errichteten vor den älteren herabzusetzen sind.
Wird die ehevertragliche Begünstigung auch unter die Verfügungen von Todes wegen i.e.S. subsumiert, so spielt allerdings der Errichtungszeitpunkt keine Rolle mehr, weil alle Verfügungen mortis causa als gleichzeitig geschehen gelten, gleichgültig, wann sie tatsächlich angeordnet worden sind; vgl. TUOR, N. 3 zu Art. 532 ZGB; TUOR/SCHNYDER/SCHMID, S. 477.

kommen auf unterschiedlicher Grundlage zu berechnen seien[714]. Für die Pflichtteilsberechnung der gegenüber der ehevertraglichen Begünstigung nicht pflichtteilsgeschützten Erben seien nur das Eigengut und der Anteil an Vorschlag oder Gesamtgut, welcher nicht dem überlebenden Ehegatten zugewiesen ist, heranzuziehen[715]. Nach einer anderen Auffassung ist der ganze Nachlass, wie er bei gesetzlicher Teilung des Vorschlages oder Gesamtgutes bestünde, Grundlage für die Pflichtteilsberechnung sowohl der durch Art. 216 Abs. 2 bzw. Art. 241 Abs. 3 ZGB geschützen wie auch der schutzlos bleibenden Pflichtteilserben[716].

M.E. lässt sich aus der Qualifikation der ehevertraglichen Begünstigung als Rechtsgeschäft inter vivos nichts zur Klärung der streitigen Frage der Pflichtteilsberechnung ableiten. Wohl trifft zu, dass güterrechtliche Auseinandersetzung und Erbteilung unabhängig voneinander erfolgen[717]. Indessen hat sich der Gesetzgeber mit Art. 216 Abs. 2 und Art. 241 Abs. 3 ZGB nur dafür entschieden, Vorschlags- und Gesamtgutszuweisung unter den gesetzlich statuierten Voraussetzungen, nicht aber in den übrigen Fällen, der erbrechtlichen Herabsetzung zu unterstellen[718]. Hinsichtlich der Herabsetzbarkeit bestehen folglich Noterbenkategorien, die vom Gesetzgeber unterschiedlich behandelt werden. Dass damit aber ebenfalls eine unterschiedliche Berechnung der Pflichteile einhergehen sollte, ist nicht ersichtlich[719]. Die

---

714 STEINAUER, Calcul, S. 406 und 411 ff. Vgl. auch Anm. 469 hievor.
715 STEINAUER, a.a.O., S. 405 f. Vgl. dazu auch HAUSHEER/REUSSER/GEISER, NN. 51 ff. zu Art. 216 ZGB und NN. 57 f. zu Art. 241 ZGB; TUOR/SCHNYDER/SCHMID, S. 236, Anm. 32.
716 PIOTET, Réserves, S. 41 f.; "eher" für diese Auslegung auch HAUSHEER/REUSSER/GEISER, N. 54 zu Art. 216 ZGB und ebenso nun N. 59 zu Art. 241 ZGB.
717 So die Argumentation bei STEINAUER, Calcul, S. 404.
718 Vgl. vorne § 7 II 2 und 3.
719 Gl.M. HAUSHEER/REUSSER/GEISER, N. 54 zu Art. 216 ZGB, wonach sich aus dem Gesetzestext nicht ableiten lässt, dass die Pflichtteile unterschiedlich zu berechnen wären.

Pflichtteile betragen gemäss Art. 471 ZGB ausnahmslos
feste Anteile des gesetzlichen Erbanspruches. Nachdem
sich aus den Sonderbestimmungen von Art. 216 Abs. 2 und
241 Abs. 3 ZGB wohl eine unterschiedliche Behandlung
hinsichtlich der Herabsetzbarkeit, nicht aber eine unterschiedliche Pflichtteilsberechnung für die geschützten und die nicht geschützten Pflichtteilserben entnehmen lässt, wird man die Berechnung der Pflichtteile für
beide Noterbenkategorien einheitlich aufgrund der gesetzlichen hälftigen Vorschlagsbeteiligung bzw. Gesamtgutsteilung vornehmen müssen[720] [721].

---

720 Ebenso HAUSHEER/REUSSER/GEISER, N. 54 zu Art. 216 ZGB
     und N. 59 zu Art. 241 ZGB.
721 Art. 471 Ziff. 1 ZGB wäre folglich im Zusammenhang mit
     der ehevertraglichen Begünstigung sinngemäss ergänzend
     so auszulegen, dass der Pflichtteil mit 3/4 des Anspru-
     ches zu berechnen ist, wie er sich bei Vornahme der gü-
     terrechtlichen Auseinandersetzung nach der gesetzlichen
     Regelung ergeben würde.

BESONDERER TEIL: GRUNDBUCHRECHT

C. VORSCHLAGSZUWEISUNG ALS GRUNDLAGE ZUM EIGENTUMSERWERB
IM BEREICH DES ABSOLUTEN EINTRAGUNGSPRINZIPES

§ 8 Eigentumsverhältnisse nach Auflösung des Güterstandes
durch Tod

I. Keine dingliche Wirkung der Vorschlagszuweisung

Der Ehevertrag mit Vorschlagszuweisung an den überlebenden Ehegatten hat beim Ableben des erstversterbenden
Ehegatten keinen Einfluss auf die Eigentumsverhältnisse
an den Gegenstand der Errungenschaft bildenden Grundstücken[722]. Soweit solche während des Güterstandes ausschliesslich im Eigentum des nunmehr überlebenden Ehegatten standen, ändert sich an dessen sachenrechtlicher
Eigentümerstellung nichts[723]: Der überlebende Partner
ist vor und nach dem Tod des erstversterbenden Ehegatten Eigentümer des Grundstücks; grundbuchrechtlich ist
keine Vorkehr erforderlich. Soweit der Errungenschaft
zuzurechnende Grundstücke dagegen während der Dauer der
Ehe im Eigentum des vorverstorbenen oder beider Ehegat-

---

722 Grundstücke und überhaupt alle Vermögensgegenstände,
     die dem Eigengut angehören, werden von der Vorschlags-
     zuweisung nicht erfasst und fallen daher hier ausser
     Betracht; vgl. vorne § 5 I 1.
723 Nicht auszuschliessen ist dagegen, dass die von der
     Vorschlagszuweisung   nicht   direkt   berührten
     Eigentumsverhältnisse im Rahmen der güter- und erb-
     rechtlichen Auseinandersetzung nach dem Ableben des er-
     sten Ehegatten auf rechtsgeschäftlicher Grundlage eine
     Veränderung erfahren. Denkbar wäre etwa, dass der über-
     lebende Ehegatte sich mit derart hohen Ersatzforde-
     rungen des Eigenguts seines vorverstorbenen Gatten oder
     Ansprüchen der Erben konfrontiert sieht, dass er trotz
     Vorschlagszuweisung nicht mehr in der Lage ist, das
     Grundstück, das sachenrechtlich stets ihm zugeordnet
     war, weiter zu behalten.

ten[724] standen, erwerben die Erben des erstversterbenden Ehegatten unmittelbar mit dessen Tod kraft Erbganges[725] aussergrundbuchlich[726] Grundeigentum[727]. Der Eigentumsübergang bei Ableben eines Ehegatten und Vorliegen eines Ehevertrages mit Vorschlagszuweisung erfolgt
ausschliesslich auf erbrechtlicher und nicht auf ehegü-
terrechtlicher Grundlage. Der Ehevertrag äussert hier
keine dingliche Wirkung[728]: Er begründet keinen unmittelbaren Eigentumsübergang, sondern bloss eine Forderung.

II. **Vorschlagsforderung: Güterrechtlicher Anspruch obligatorischer Natur**

Der Ehevertrag mit Vorschlagszuweisung begründet damit
für den überlebenden Ehegatten einen güterrechtlichen

---

724 Der gemeinschaftliche Erwerb von Grundeigentum durch
beide Ehegatten - als Miteigentümer oder Gesamteigentümer unter Eingehen einer einfachen Gesellschaft -
stellt heute die Regel dar.
725 Art. 560 Abs. 1 ZGB, Art. 602 ZGB; vgl. auch Art. 656
Abs. 2 ZGB.
726 LIVER, SPR V/1, S. 156; DESCHENAUX, SPR V/3, I, S. 310;
REY, Sachenrecht I, N. 1649, m.w.H.; eingehend zum ausserbuchlichen Eigentumserwerb durch Erbgang GLOOR,
S. 44 ff.
727 Der beim Erbgang von Gesetzes wegen ausserbuchlich
eintretende Eigentumserwerb an Grundstücken beruht
darauf, dass jene Partei, welche die zur Eigentumsübertragung erforderlichen Vorkehren in Form des Grundgeschäftes und der Grundbuchanmeldung vornehmen müsste,
gestorben ist und somit die Separattitel für den Erwerb
der einzelnen Rechtsverhältnisse nicht zu beschaffen
wären; vgl. HEUSLER, S. 535.
728 Im Güterstand der Errungenschaftsbeteiligung bewirken
güterrechtliche Ansprüche nie direkt einen dinglichen
Rechtsübergang, welcher grundbuchrechtlich dem Bereich
des relativen Eintragungsprinzipes zugehören würde. Die
güterrechtliche Auseinandersetzung ist eine Abfolge
rechnerischer Operationen, als deren Ergebnis rein persönliche Ansprüche resultieren; vgl. für die obligatorische Natur der güterrechtlichen Ansprüche in der
Errungenschaftsbeteiligung etwa die Beispiele der Rücknahme von Vermögenswerten (Art. 205 Abs. 2 ZGB), des
Mehrwertanteils (Art. 206 ZGB), der Ersatzforderung
(Art. 209 ZGB), des Vorschlages (Art. 210 ZGB) und der
güterrechtlichen Teilungsvorschriften (Art. 219 ZGB).

Anspruch obligatorischer Natur[729]. Die Vorschlagsforderung vermittelt kein Recht des begünstigten überlebenden Ehegatten an den Gegenständen der Errungenschaft selbst, sondern nur eine Forderung gegen die Erben als Schuldner und das hinter diesen stehende Vermögen[730]. Liegt allein eine Vorschlagszuweisung vor, geht
der Anspruch auf einen reinen Wert; ist die Vorschlagsforderung mit einer Sachzuweisung verbunden, steht dem
überlebenden Ehegatten zusätzlich ein obligatorischer
Anspruch auf diese bestimmte Sache zu[731].

Konkret bedeutet die Zuweisung des ganzen Vorschlages
an den überlebenden Ehegatten, dass dieser seinen eigenen Vorschlag vollumfänglich behalten darf und den ganzen Vorschlag seines vorverstorbenen Ehegatten erhält[732]. Liegt kein Eigengut des vorverstorbenen Ehegatten vor, fällt aufgrund der Vorschlagszuweisung dessen gesamtes Vermögen auf güterrechtlicher Grundlage an
den überlebenden Ehegatten, auch hier indessen nur mit
obligatorischer Wirkung[733]. Bei diesem vollständigen
Vermögensübergang aus Güterrecht bleibt es gegenüber
gemeinsamen Nachkommen der Ehegatten sowie bei Fehlen
von solchen. Einzig nichtgemeinsamen Kindern und deren
Nachkommen steht nach Art. 216 Abs. 2 ZGB zur Wahrung
ihrer Pflichtteilsansprüche die Möglichkeit der Herabsetzungsklage zur Verfügung[734].

---

729 Vorne § 5 I 2 1.
730 Vgl. allgemein zur Abgrenzung der Forderungen von den
    dinglichen Rechten VON TUHR/PETER, § 2 II, S. 9 f.
731 Vgl. vorne § 5 I 2 3.
732 Vorne Anm. 89.
733 Siehe sogleich § 8 III.
    Die Vorschlagszuweisung allein begründet einen Anspruch
    einzig auf einen Wert. Liegt auch eine Sachzuweisung
    vor, hat der überlebende Ehegatte ebenfalls einen obli-
    gatorischen Anspruch auf den Erwerb dieser bestimmten
    Sache. Vgl. soeben im Text vor Anm. 731.
734 Vgl. HAUSHEER/REUSSER/GEISER, N. 47 zu Art. 216 ZGB.

III. Spaltung der Rechtszuständigkeiten

In der güterrechtlichen Auseinandersetzung steht der überlebende Ehegatte mit seinem güterrechtlichen Vorschlagsanspruch obligatorischer Natur den Erben des vorverstorbenen Ehegatten gegenüber[735], welche an den Vermögensgegenständen des vorverstorbenen Ehegatten kraft Erbrechts dinglich berechtigt sind[736]. Trotz des Umstandes, dass dem überlebenden Ehegatten güterrechtlich der ganze Vorschlag zugewiesen ist und die güterrechtliche Auseinandersetzung der erbrechtlichen vorgeht[737], fallen die der Vorschlagszuweisung unterliegenden Errungenschaftsgegenstände in das Eigentum der Erben[738], weil der Vorschlag als rechnerische Grösse[739] lediglich einen obligatorischen Anspruch begründet[740]: "Nicht die entsprechenden subjektiven Rechte - Eigentumsrechte, Forderungen - an sich, sondern lediglich die in Geld quantifizierbaren, diesen Rechten entsprechenden Werte, machen den Vorschlag aus"[741]. Ein rein obligatorischer Anspruch liegt selbst dann vor, wenn

---

735 An der Erbengemeinschaft des vorverstorbenen Ehegatten kann der überlebende Ehegatte ebenfalls beteiligt sein, muss aber nicht; vgl. HAUSHEER/REUSSER/GEISER, N. 21, Absatz 2, zu Art. 215 ZGB.

736 Vgl. schon vorne § 8 I. Grundstücke gehen dabei ausserbuchlich ins Eigentum der Erben über.

737 Zu diesem Grundsatz statt aller: TUOR/SCHNYDER/SCHMID, S. 445 f.

738 Falls der ganze Wert des Vermögens des Verstorbenen kraft ehevertraglicher Vorschlagszuweisung auf den überlebenden Ehegatten übergeht, beträgt der Nachlass frankenmässig Null; dennoch werden die Erben Gesamteigentümer der Errungenschaftsgegenstände. Vgl. NÄF-HOFMANN, S. 328, N. 1910. Es ergibt sich somit die Besonderheit, dass der ganze Vorschlag wertmässig nie Bestandteil des erbrechtlich zu teilenden Nachlasses wird - vgl. FRANK, S. 141, N. 9 -, aber dinglich dennoch den Erben gehört!

739 Vgl. BGE 100 II 73: Vorschlag als Aktivsaldo ist ein "rein zahlenmässiger Begriff und sagt nichts aus über die Eigentumsverhältnisse".

740 Statt aller: HAUSHEER/REUSSER/GEISER, N. 16 zu Art. 215 ZGB. Vgl. auch vorne § 5 I 2 1 und soeben § 8 II.

741 HUWILER, S. 109, Anm. 186.

mit der Vorschlagszuweisung ehevertraglich zusätzlich eine Sachwertzuweisung verbunden wird[742].

Der Ehevertrag mit Vorschlagszuweisung führt demnach zu einer Spaltung in der Rechtszuständigkeit an den der Vorschlagszuweisung unterworfenen Vermögensgegenständen des vorverstorbenen Ehegatten[743]: Dinglich stehen sie kraft Erbrechts im Eigentum der Erben, obligatorisch daran berechtigt ist gestützt auf die ehegüterrechtliche Anspruchsgrundlage dagegen der überlebende Ehegatte. Der Anspruch des überlebenden Ehegatten auf Ausrichtung des Vorschlages stellt folglich ein Passivum der Erbschaft dar[744]. Dieses Passivum entsteht, weil die sachenrechtlichen Eigentumsverhältnisse nicht mit den wertmässig massgebenden güterrechtlichen Beteiligungsverhältnissen übereinstimmen[745]. Die fehlende Übereinstimmung der sachenrechtlichen Eigentumsverhältnisse mit den güterrechtlichen Ansprüchen ist ihrerseits wiederum die Folge davon, dass die Vorschlagszuweisung nicht dinglich wirkt. Zur Herstellung der Übereinstimmung von dinglicher und güterrechtlicher Rechtslage bedarf es der Erfüllung der Vorschlagsforderung, sei es durch Geldzahlung oder Sachübereignung, wobei die letztere als Übertragung von Grundstücken hier weiter zu verfolgen ist[746].

---

742 Vgl. vorne § 5 I 2 3.
743 Die Spaltung entsteht nicht nur bei ehevertraglicher Vorschlagszuweisung, sondern immer, wenn in der güterrechtlichen Auseinandersetzung bei der Errungenschaftsbeteiligung Vorschlagsansprüche eines Ehegatten bestehen, also auch bei gesetzlicher Vorschlagsteilung. Die Diskrepanz zwischen dinglicher und obligatorischer Rechtszuständigkeit ist aber bei Vorliegen der Zuweisung des ganzen Vorschlages weit ausgeprägter.
744 MERZ, Übertragung, S. 132; vgl. auch EGGER, N. 4 zu Art. 212/213 aZGB.
745 Vgl. MERZ, Übertragung, S. 132.
746 Sogleich § 9.

§ 9 Tilgung der Vorschlagsforderung durch Eigentumsübertragung an Grundstücken

I.   Einleitende Bemerkungen

1.   Freiheit in der Bestimmung des Tilgungsgegenstandes

Es ist Sache der an der güterrechtlichen Auseinandersetzung beteiligten Parteien, zu bestimmen, wie der auf der Vorschlagszuweisung beruhende obligatorische Anspruch des überlebenden Ehegatten getilgt werden soll[747]. Grundsätzlich sind die Beteiligten in der Festsetzung des Tilgungsgegenstandes frei.

2.   Vorzugsstellung des überlebenden Ehegatten

Indessen besteht in bezug auf die Übernahme von Grundstücken eine Vorzugsstellung des überlebenden Ehegatten gegenüber den Erben. Einerseits wird nämlich im Ehevertrag auf Vorschlagszuweisung an den überlebenden Ehegatten hinsichtlich in der Errungenschaft der Ehegatten stehender Grundstücke in aller Regel ebenfalls ein Anspruch des überlebenden Ehegatten auf Übernahme zu Eigentum in Anrechnung an die Vorschlagsforderung begründet[748]. Andererseits besteht zugunsten des überlebenden Ehegatten ex lege ein güterrechtlicher Anspruch auf Eigentumseinräumung am Haus oder an der Wohnung, worin die Ehegatten gelebt haben und die im Eigentum des verstorbenen Gatten gestanden sind[749]. Der

---

747 Vgl. MERZ, Übertragung, S. 132.
748 Zur Zulässigkeit der Sachwertzuweisung - an sich handelt es sich nicht direkt um eine Sachwertzuweisung, welche eine dingliche Berechtigung implizierte, sondern um die Bestimmung des Schuldgegenstandes -, die an der obligatorischen Natur des Anspruches nichts ändert, vorne § 5 I 2 3.
749 Art. 219 Abs. 3 ZGB.

überlebende Ehegatte wird, abgesehen von den
Zuweisungsansprüchen vertraglicher oder gesetzlicher
Natur, ganz allgemein kraft der mit der
Vorschlagszuweisung geschaffenen Begünstigung, die zusätzlich durch erbrechtliche Ansprüche ergänzt sein
kann, in Konkurrenz mit den Erben regelmässig am
ehesten in der Lage sein, Grundstücke zu übernehmen.

II. Eigentumsübertragung

1. Vorbemerkung

Die Zuweisung des Eigentums an Grundstücken erfolgt in
Anrechnung an die mittels Vorschlagszuweisung begründeten güterrechtlichen Ansprüche des überlebenden Ehegatten[750]. Angesichts des obligatorischen Charakters des
Vorschlagsanspruchs, der damit zu erfüllen ist, wickelt
sich die Eigentumsübertragung an Grundstücken im Bereich des absoluten Eintragungsprinzipes ab[751], bedarf
somit des Abschlusses eines Grundgeschäftes

Das Recht auf Zuweisung des Eigentums besteht allerdings nach Gesetzesvorschrift nur, "wo die Umstände es
rechtfertigen". An die den Anspruch auf Eigentumsverschaffung rechtfertigenden "Umstände" dürfen keine ho-
hen Anforderungen gestellt werden; es genügt zum Beispiel allein die Tatsache, dass die Wohnung zur Errungenschaft gehört. Vgl. PIOTET, Errungenschaftsbeteiligung, S. 169, mit Hinweis auf die Auffassung im Natio-
nalrat.
750 Neben der Gegenstand dieser Arbeit bildenden
Vorschlagsforderung kann, wie aus der Marginalie vor
Art. 218 i.V.m. Art. 219 Abs. 3 ZGB zweifelsfrei zu
schliessen ist, auch der Mehrwertanteil durch Eigentumsübertragung an Grundstücken getilgt werden.
751 Zum Eigentumserwerb im Bereich des absoluten
Eintragungsprinzipes allgemein: DESCHENAUX, SPR V/3, I,
S. 261 ff.; WIELAND, NN. 1 ff. zu Art. 656 ZGB; MEIER-
HAYOZ, NN. 7 ff. zu Art. 656 ZGB; HAAB, NN. 6 ff. zu
Art. 656 ZGB; REY, Sachenrecht I, NN. 1319 ff.

(Erwerbsgrund)[752] und der Eintragung im Grundbuch (Erwerbsakt)[753].

2. Grundgeschäft

2.1. Ehevertrag mit Vorschlagszuweisung?

a) Güterrechtliches Verpflichtungsgeschäft

Im Falle der Begünstigung des überlebenden Ehegatten durch Vorschlagszuweisung verpflichtet der Ehevertrag die Parteien zur Liduidation des Güterstandes in der vereinbarten Weise. Mit Abschluss des Ehevertrages entsteht die güterrechtliche Verpflichtung zur integralen Vorschlagszuweisung direkt und abschliessend; weiterer Handlungen bedarf es zur Begründung dieser Verpflichtung nicht. Der Ehevertrag stellt das güterrechtliche Verpflichtungsgeschäft dar[754].

---

752 Dazu § 9 II 2 hienach.
753 Dazu § 9 II 3 hienach.
754 Vgl. vorne § 3 II 3 2 a aa.
Der Ehevertrag auf Vorschlagszuweisung an den überlebenden Ehegatten ist ebenfalls güterrechtliches Verfügungsgeschäft, weil er den Liquidationsmodus des Güterstandes direkt gestaltet, d.h. ohne Erfordernis weiterer güterrechtlicher Geschäfte eine unmittelbare Veränderung im Bestand der subjektiven güterrechtlichen Ansprüche herbeiführt. Vgl. allgemein zum Begriff des Verfügungsgeschäftes BUCHER, OR AT, S. 42; zur güterrechtlichen Verfügung KLAUS, S. 12 f.; vgl. auch vorne § 3 II 3 2 a bb a.A., mit Anm. 131. Nach KLAUS, S. 12 mit Anm. 21, sind güterrechtliche Verfügungen jene "Verfügungen, welche die Ehegatten im Rahmen der vom Gesetz ihnen gegebenen Dispositionsbefugnis im ehelichen Güterrecht vorzunehmen berechtigt sind", worunter besonders die Vorschlags- und Gesamtgutszuweisung fallen.
Dagegen ist der Ehevertrag auf Vorschlagszuweisung kein sachenrechtliches Verfügungsgeschäft: Eine dingliche Verfügung enthält der Ehevertrag nur dort, wo mit ihm unmittelbar eigentumsverändernde Wirkungen verbunden sind, was nur bei der Gütergemeinschaft der Fall ist; dazu hinten § 10 III 4 und § 11 I 2.

b) Nicht grundbuchrechtliches Verpflichtungsgeschäft

Dagegen stellt der Ehevertrag mit Vorschlagszuweisung
für die Grundstücksübertragung auf Anrechnung an die
Vorschlagsforderung nicht das Verpflichtungsgeschäft
(Grundgeschäft) im grundbuchrechtlichen Sinne dar.
Grundgeschäft zur Eigentumsübertragung ist der Ehevertrag auf Vorschlagszuweisung nicht, weil er keine direkte Verpflichtung der Ehegatten erzeugt, "dafür zu
sorgen, dass das Eigentum übergeht"[755]. Der Ehevertrag
auf Vorschlagszuweisung hat nicht unmittelbar die Übertragung von Grundeigentum an den überlebenden Ehegatten
zum Gegenstand[756], sondern begründet nur, aber immerhin, wertmässig den Anspruch des überlebenden Ehegatten, der diesen in die Lage versetzt, das Grundstück im
Rahmen der güterrechtlichen Auseinandersetzung in Anrechnung an seine Vorschlagsforderung zu Eigentum zu
übernehmen[757]. Hier, in der Schaffung der allgemeinen
vermögensrechtlichen Anspruchsgrundlage im Hinblick auf
die güterrechtliche Liquidation, hat die Vorschlagszuweisung eine nicht hoch genug zu veranschlagende Bedeutung; angesichts des Umstandes, dass der überlebende
Ehegatte für die Übernahme des Grundstückes keinen Vor-
zugspreis beanspruchen kann, sondern den vollen Verkehrswert zu entrichten hat[758], ist die Vorschlagszuweisung - allenfalls in Kombination mit einer erbrechtlichen Begünstigung - in der Regel unerlässlich

---

755 So die Definition des Grundgeschäfts bei DESCHENAUX,
SPR V/3, I, S. 263.
756 Dies wäre vorauszusetzen, sollte der Ehevertrag
Grundgeschäft zur Eigentumsübertragung bilden; vgl.
REY, Sachenrecht I, N. 1341.
757 Ein obligatorischer Anspruch auf Übernahme eines bestimmten Grundstücks wird dagegen mit der Vorschlagszuweisung nicht gewährt. Hierzu bedürfte es der zusätzlichen Sachzuweisung. Auch diese ist jedoch nicht Verpflichtungsgeschäft im grundbuchrechtlichen Sinne, weil
sie nicht den direkten Anspruch auf Eigentumsverschaffung, sondern nur einen obligatorischen Anspruch
darauf, das Grundstück in der Auseinandersetzung zu
übernehmen, begründet.
758 Vorbehalten bleibt die Anrechnung zum Ertragswert bei
landwirtschaftlichen Gewerben; vgl. Art. 212 ZGB.

dafür, dass der überlebende Ehegatte die ihm ehevertraglich oder gesetzlich im Rahmen von Art. 219 ZGB eingeräumten Übernahmemöglichkeiten überhaupt auszuüben vermag[759].

2.2. Der Vertrag über den Abschluss der güterrechtlichen Auseinandersetzung

a) Fehlende positivrechtliche Regelung

Die rechtsgeschäftliche Einigung über den Abschluss der güterrechtlichen Auseinandersetzung bei der Errungenschaftsbeteiligung ist positivrechtlich nicht geregelt. Es fehlt eine Norm des Inhalts des Art. 246 ZGB, welcher für die Auflösung der Gütergemeinschaft die Bestimmungen über die Durchführung der Erbteilung sinngemäss anwendbar erklärt und damit insbesondere auf Art. 634 ZGB verweist[760] [761].

Weil der überlebende Ehegatte bei Errungenschaftsbeteiligung kraft Güterrechts keine dingliche Berechtigung an dem ihm auf Anrechnung an seine Vorschlagsforderung zu übertragenden Grundstück hat, liegt - im Gegensatz zur Gütergemeinschaft und zur Erbteilung - eine Teilung stricto sensu, welche aufzulösendes gemeinschaftliches Eigentum der Beteiligten voraussetzen würde, nicht vor. Die Lehre hat indessen die für die Gütergemeinschaft bestehende Regelung von

---

759 Übersteigt der Anrechnungswert eines Grundstücks die Beteiligungsforderung, ist der überlebende Ehegatte für die Differenz ausgleichspflichtig; ist er zu dieser Ausgleichszahlung nicht in der Lage, wird die Übernahme des Grundstücks zu Eigentum für ihn illusorisch. Vgl. PIOTET, Errungenschaftsbeteiligung, S. 168. Zur Problematik auch vorne Anm. 257.

760 Art. 634 ZGB bestimmt, dass die Erbteilung für die Erben mit der Realteilung oder dem Abschluss eines schriftlichen Teilungsvertrages verbindlich wird.

761 HAUSHEER/REUSSER/GEISER, N. 21 zu Art. 215 ZGB.

Art. 246 ZGB sinngemäss auch für die Vereinbarung über
die güterrechtliche Auseinandersetzung bei
Errungenschaftsbeteiligung als anwendbar erklärt[762].
Dies lässt sich trotz hier fehlender dinglicher Berechtigung des überlebenden Ehegatten damit rechtfertigen,
dass diesem in der güterrechtlichen Auseinandersetzung
von Gesetzes wegen[763] Ansprüche auf Sachwerte zustehen,
welche vertraglich erweitert werden können[764]. Ferner
werden in der Regel mit Vereinbarung der Vorschlagszuweisung im Ehevertrag auch die Gegenstände bezeichnet,
mit welchen die Vorschlagsforderung zu erfüllen sein
wird[765]. Sodann ist der überlebende Ehegatte in aller
Regel auch Erbe des vorverstorbenen Partners[766], so
dass er als solcher kraft Erbrechts an den zur Tilgung
der Vorschlagsforderung zu übertragenden Gegenständen
doch dinglich berechtigt ist. Eingedenk dieser
Besonderheiten, vor allem des Umstandes, dass dem überlebenden Ehegatten bei Errungenschaftsbeteiligung kraft
Güterrechts keine dingliche Berechtigung am Teilungs-
vermögen zusteht, spricht m.E. nichts dagegen, die Vereinbarung über die güterrechtliche Liquidation als
güterrechtlichen Teilungsvertrag zu bezeichnen und
darauf sinngemäss die Regeln der Erbteilung anzuwenden[767].

b) Verpflichtungsgeschäft

Grundgeschäft zur Eigentumsübertragung an Grundstücken
an den überlebenden Ehegatten zwecks Tilgung seiner
Vorschlagsforderung bildet die Vereinbarung über die

---

762 Vgl. HAUSHEER/REUSSER/GEISER, N. 21 zu Art. 215 ZGB.
763 Art. 219 ZGB, Art. 205 Abs. 2 ZGB.
764 HAUSHEER/REUSSER/GEISER, N. 21 zu Art. 215 ZGB.
765 Dazu § 5 I 2 3 i.f.
766 Nach Art. 471 Ziff. 3 ZGB kommt dem überlebenden Ehe-
    gatten die Stellung eines Pflichtteilerben zu.
767 Besondere Bedeutung hat die analoge Anwendung von
    Bestimmungen aus dem Erbteilungsrecht bei den beiden
    Teilungsarten und der Form des Teilungsvertrages er-
    langt; vgl. dazu unten § 9 II 2 2 c, besonders bb bbb.

güterrechtliche Auseinandersetzung[768]. Erst sie - und nicht bereits die ehevertragliche Zuweisung als solche[769] - begründet die Verpflichtung, dem überlebenden Ehegatten in Anrechnung an seinen Vorschlagsanspruch ein Grundstück zu Eigentum zu übertragen. Die Vereinbarung über die güterrechtliche Auseinandersetzung ist ein allgemein zivilrechtliches Rechtsgeschäft zwischen der Erbengemeinschaft des vorverstorbenen Ehegatten als Veräusserin und dem überlebenden Ehegatten als Erwerber. Es dient wohl der Tilgung der Vorschlagsforderung als eines güterrechtlichen Anspruchs, ist aber kein güterrechtliches Rechtsgeschäft, weil dieses nur unter Ehegatten, zur Regelung ihrer güterrechtlichen Verhältnisse, möglich ist.

Für die beteiligten Parteien - überlebender Ehegatte einerseits und Erben des verstorbenen Ehegatten andererseits - wird die güterrechtliche Auseinandersetzung mit der Begleichung der güterrechtlichen Forderungen im Sinne einer Realteilung[770] oder mit Abschluss eines schriftlichen Vertrages (Teilungsvertrag)[771] verbindlich[772]. In beiden Fällen liegt eine rechtsgeschäftliche Eigentumsübertragung aus dem Gesamteigentum der Erbengemeinschaft in das Alleineigentum des überlebenden Ehegatten vor, für die es bei Grundstücken der Grundbucheintragung bedarf[773].

---

768 MERZ, Übertragung, S. 132.
769 Vgl. vorne § 9 II 2 1.
770 Dazu § 9 II 2 2 c aa hienach.
771 Dazu § 9 II 2 2 c bb hienach.
772 HAUSHEER/REUSSER/GEISER, N. 21 zu Art. 215 ZGB.
773 Grundbuchrechtlich liegt für den aufgrund der Vorschlagszuweisung ein Grundstück übernehmenden überlebenden Ehegatten eine rechtsgeschäftliche Eigentumsübertragung vor, wie sie auch zwischen Erbengemeinschaft und dem übernehmenden Miterben in der Erbteilung besteht. Vgl. dazu GLOOR, S. 76 und 80; TUOR/PICENONI, N. 20 zu Art. 634 ZGB.

c) Arten der güterrechtlichen Auseinandersetzungsvereinbarung

aa) Realteilung

aaa) Zulässigkeit bei Grundstücken

Realteilung als Teilung von Hand zu Hand ist auch bei
Vorhandensein von Grundstücken zulässig[774]. Dies ergibt
sich aus der allgemeinen Fassung von Art. 634 Abs. 1
ZGB[775], der die Teilung von Hand zu Hand und den
schriftlichen Teilungsvertrag als gleichwertige und
gleichbedeutende Teilungsarten zur Verfügung stellt, so
dass im einen wie im anderen Fall der Einbezug von
Grundstücken möglich sein muss[776].

bbb) Tatsächlich vollzogene Teilung

aaaa) Allgemeines

Realteilung ist die "tatsächlich vollzogene, zu Ende
geführte Teilung"[777], welche die zu teilenden Gegenstände realiter durch Entgegennahme der Lose[778] ins Al-

---

774 So schon E. HUBER, Sachenrecht, S. 99 und S. 119, Anm.
1, für die analoge Situation bei Erbteilung; ebenso der
Entscheid des Bundesrates in SJZ 13/1916/17, S. 385.
Vgl. aus der Literatur zur Erbteilung weiter: OSTERTAG,
N. 65 zu Art. 965 ZGB; ESCHER, N. 1 zu Art. 634 ZGB;
TUOR/PICENONI, N. 1 zu Art. 634 ZGB; HAAB,
N. 42 zu Art. 652-654 ZGB; eingehend zur Realteilung
bei Grundstücken GLOOR, S. 73-79.
775 TUOR/PICENONI, N. 1 zu Art. 634 ZGB, mit Erwähnung auch
von Art. 18 GBV, der in Fall 4 ebenfalls Realteilung
und schriftlichen Teilungsvertrag als nebeneinander
stehende Alternativen der Erbteilung vorsieht.
776 GLOOR, S. 78; KRAMER, S. 96; HAUSER, S. 56.
777 TUOR/PICENONI, N. 5 zu Art. 634 ZGB, m.w.H.
778 Art. 634 Abs. 1 ZGB.

leineigentum der einzelnen Parteien überführt[779]. Bindungswirkung entfaltet die Teilung von Hand zu Hand
erst mit Inempfangnahme der Lose als dem Zeitpunkt der
vollendeten Teilungsausführung[780].

bbbb) Grundstücke

aaaaa) Bestand der Realteilung

aaaaaa) Meinungsstand

Die Lehre ist sich nicht einig, worin die Realteilung
bei Grundstücken besteht. Nach herkömmlicher und überwiegender Auffassung stellt die Eintragung des Übernehmers als Eigentümer im Grundbuch die Realteilung
dar[781]. Für eine Minderheit liegt die Teilung von Hand
zu Hand bei Immobilien bereits in der Übertragung zu
Eigenbesitz[782] und einzelne Autoren erblicken sie in
der schriftlichen Zustimmung aller Erben nach Art. 18

---

779 GLOOR, S. 73 und S. 74 f., mit Hinweis auf die Vorarbeiten in Anm. 70; ESCHER, N. 3 zu Art. 634 ZGB;
TUOR/PICENONI, N. 5 zu Art. 634 ZGB.
780 GLOOR, S. 74 f. und S. 77; ESCHER, N. 4 zu Art. 634
ZGB; TUOR/PICENONI, NN. 6 und 9 zu Art. 634 ZGB; HAU
SER, S. 56.
781 OSTERTAG, N. 25 zu Art. 965 ZGB; GLOOR, S. 77; KRAMER,
S. 96, mit Anm. 44; ESCHER, N. 5 zu Art. 634 ZGB;
TUOR/PICENONI, N. 5 zu Art. 634 ZGB; HAAB, N. 42 zu
Art. 652-654 ZGB; MEIER-HAYOZ, N. 56 zu Art. 654 ZGB.
Denselben Standpunkt nehmen der Bundesrat (vgl. dessen
Entscheid in SJZ 13/1916/17, S. 385) und das Bundesgericht (BGE 86 II 347, 102 II 203 f.) ein, welches im
letzterwähnten Entscheid aber offen lässt, ob statt der
Änderung des Grundbucheintrages nicht auch die Grundbuchanmeldung genügt.
782 JÄGGI, S. 165 ff., besonders S. 167 f.;
TUOR/SCHNYDER/SCHMID, S. 586.

GBV[783] oder in der Anmeldung zur Eintragung des Übernehmers als Eigentümer[784].

bbbbbb) Eigene Auffassung

Die Auffassungen, wonach die Übertragung zu Eigenbesitz
bzw. die schriftliche Zustimmung aller Erben die
Realteilung darstelle, sind abzulehnen. Beide dispen-
sieren von der Vornahme der dinglichen Verfügung, welche das Teilungsgegenstand bildende Grundstück ins Eigentum des Übernehmers führt, und stellen daher keine
zu Ende geführte Teilung und somit keine Realteilung
dar. Dass weder die Einräumung von Eigenbesitz noch die
schriftliche Zustimmungserklärung aller Erben die
Realteilung, welche sich durch den bereits erfolgten
Vollzug der Auseinandersetzung kennzeichnet, bilden
können, ergibt sich ohne weiteres, wenn man sich als
praktisches Beispiel den Fall vor Augen hält, wo nach
Übertragung des Grundstücks zu Eigenbesitz oder Vorliegen der Zustimmungserklärung der Erben, aber ohne dass
die Anmeldung des Übernehmers zur Eintragung im Grundbuch erfolgt wäre, einer der gesamthänderisch am Grundstück berechtigten und an der Teilung beteiligten Erben
verstirbt. Diesfalls ist in allen Fällen vorerst der
Erbgang hinsichtlich dieses verstorbenen Miterben im
Grundbuch nachzutragen und es haben sodann dessen Erben
mit den Mitgliedern der bisherigen Erbengemeinschaft
über die Teilung neu zu befinden. Die Teilung ist mit
der Übertragung zu Eigenbesitz bzw. der schriftlichen
Zustimmung also keinesfalls abgeschlossen und kann nun
auch gar nicht mehr in der ursprünglichen
Parteienzusammensetzung abgeschlossen werden.

Ist Realteilung die tatsächlich zu Ende geführte Teilung, kann sie bei Grundstücken niemals in der Einräu-

---

783 JOST, S. 36.
784 PIOTET, SPR IV/2, S. 905.

mung von Eigenbesitz oder der Zustimmungserklärung nach
Art. 18 GBV liegen. Vielmehr ist die Überführung der zu
teilenden Gegenstände ins Eigentum der einzelnen Beteiligten zu verlangen, was nur unter Wahrung der je-
weiligen der juristischen Natur der Teilungsobjekte
entsprechenden sachen- oder obligationenrechtlichen
Übertragungsformen, bei Grundstücken somit mittels Eintragung im Grundbuch, erfolgen kann[785]. Erst mit der
Vornahme des dinglichen Verfügungsgeschäfts liegt eine
realiter vollzogene Teilung vor.

Auch die auf die Eintragung im Grundbuch abstellende
h.L.[786] ist jedoch zu präzisieren. Die Einschreibung
des Übernehmers als Eigentümer im Grundbuch ist bei
Vorliegen aller Eintragungsvoraussetzungen eine rein
öffentlichrechtliche Pflicht des Grundbuchverwalters[787], so dass die Realteilung genau besehen nicht
darin, sondern in der allein den Parteien obliegenden
Anmeldung des Übernehmers als Eigentümer besteht[788].
Der Zeitpunkt der Grundbuchanmeldung ist bei nachfolgender Einschreibung denn auch massgebend für den Eigentumsübergang[789].

bbbbb) Koinzidenz von Verpflichtung und Verfügung

Eine der Grundbuchanmeldung vorangehende vertragliche
Gebundenheit der Parteien fehlt, so dass sich die Re-

---

785 GLOOR, S. 76; TUOR/PICENONI, N. 5 zu Art. 634 ZGB.
   Die Überführung der Teilungsgegenstände in die
   Alleinberechtigung der Erben in den dafür zu beachtenden Formen, so der traditio bei Fahrnis, verlangen an
   sich auch TUOR/SCHNYDER/SCHMID, S. 585, machen aber für
   Grundstücke eine m.E. unbegründete Ausnahme.
786 Vorne Anm. 781.
787 Insoweit zutreffend JÄGGI, S. 166, der von "Amts-
   handlung" spricht.
788 Gl.M. PIOTET, SPR IV/2, S. 905.
   Bei entsprechender Ermächtigung durch die Erben kann
   die Grundbuchanmeldung allein vom Übernehmer vorgenommen werden.
789 Art. 972 Abs. 2 ZGB.

alteilung als "rein dingliche Übertragung, scheinbar
ohne irgendein obligatorisches Moment"[790] kennzeichnet.
Indessen ist, wie sich bereits aus der sich auf beide
Teilungsarten beziehenden Marginalie zu Art. 634 ZGB
ergibt, auch die Teilung von Hand zu Hand ein Vertrag[791], nur besteht bei ihr ein obligatorisches Grundgeschäft nicht vor, sondern fällt mit der Grundbuchanmeldung als dem Verfügungsgeschäft[792] zusammen[793]. Die
Eigentumsübertragung ist bei der Realteilung nicht
Perfizierung eines vorangehenden obligatorischen Vertrages, sie ist vielmehr Bestandteil und Voraussetzung
der vertraglichen Bindung selbst[794]: Bindung an den
Vertrag und Ausführung dieser Bindung decken sich[795].
Insofern sie nicht bereits durch den Konsens, sondern
erst durch den tatsächlichen Vorgang verbindlich abgeschlossen wird, weist die Realteilung unverkennbar ver-
wandte Züge mit dem römischen Realkontrakt auf[796], bei
dem die Obligierung ebenfalls neben der vertraglichen
Einigung die Hingabe der Sache verlangt[797].

Zufolge Fehlens einer der Eigentumsübertragung
vorangehenden vertraglichen Bindung kann sich bei der
Realteilung die Frage nach einer besonderen für das
Verpflichtungsgeschäft einzuhaltenden Form gar nicht
stellen und es ist die Anwendung von Art. 657 ZGB, wo-

---

790 ESCHER, N. 5 zu Art. 634 ZGB.
791 ESCHER, N. 5 zu Art. 634 ZGB; TUOR/PICENONI, N. 9 zu
Art. 634 ZGB; JÄGGI, S. 165; HAUSER, S. 56; a.M. noch
der Entscheid des Bundesrates in SJZ 13/1916/17,
S. 385.
792 Zur Grundbuchanmeldung als Verfügungsgeschäft VON
TUHR/PETER/ESCHER, § 25 N. 15, S. 33, m.w.H.
793 PICENONI, Grundbuchgeschäfte, S. 135; BGE 102 II 203 E.
3 a. Vgl. auch E. HUBER, Sachenrecht, S. 119, Anm. 1:
"Der Vertrag ... fällt hier mit der Durchführung der
Teilung zusammen, er ist nicht Grundlage der durch-
zuführenden Teilung, sondern die Teilung selbst ...".
794 TUOR/PICENONI, N. 11 zu Art. 634 ZGB.
795 KRAMER, S. 96. Vgl. auch HAUSER, S. 57, mit zutreffen-
dem Hinweis darauf, dass in dieser Einheitlichkeit der
wesentliche Unterschied der Realteilung zum schriftlichen Teilungsvertrag liegt.
796 ESCHER, N. 5 zu Art. 634 ZGB; HAUSER, S. 57.
797 Vgl. KASER, § 38 II 1 a, S. 179 f.

nach der Vertrag auf Eigentumsübertragung grundsätzlich der öffentlichen Beurkundung bedarf, ausgeschlossen[798]. Die für den Eigentumsübergang konstitutive Anmeldung zur Eintragung des Übernehmers im Grundbuch ist bei der Realteilung nicht nur Verfügungs-, sondern zugleich Verpflichtungsgeschäft. Dem Grundbuchamt ist als Ausweis für die Eintragung nicht ein Vertrag, sondern lediglich die schriftliche Zustimmungserklärung aller Beteiligten vorzulegen[799]. Waren die Erben bisher noch nicht eingetragen, so dass als Eigentümer des Grundstücks nach wie vor der Erblasser im Grundbuch eingeschrieben ist, ist zusätzlich eine amtliche Bescheinigung ihrer Erbenqualität beizubringen[800].

bb) Teilungsvertrag[801]

aaa) Auseinanderfallen von Verpflichtungs- und Verfügungsgeschäft

Häufiger als die Realteilung ist der Abschluss der güterrechtlichen Liquidation durch einen Teilungsvertrag. Im Gegensatz zur Teilung von Hand zu Hand führt dieser schon vor Durchführung der Teilung, nämlich mit Vertragsschluss, verpflichtende Wirkung herbei[802]. Der zwischen überlebendem Ehegatten und Erben abgeschlossene Teilungsvertrag begründet als Grundgeschäft im Be-

---

798 GLOOR, S. 77 und 79; ESCHER, N. 6 zu Art. 634 ZGB; TUOR/PICENONI, N. 11 zu Art. 634 ZGB.
799 Art. 18 Fall 4 GBV; HAAB, N. 42 zu Art. 652-654 ZGB; MEIER-HAYOZ, N. 56 zu Art. 654 ZGB.
800 TUOR/PICENONI, N. 14 zu Art. 634 ZGB. Vgl. zur grundbuchlichen Behandlung näher unten § 9 II 3.
801 Unter Teilungsvertrag ist hier und im folgenden nicht der Erbteilungsvertrag im Sinne von Art. 634 ZGB, sondern der güterrechtliche Teilungsvertrag zu verstehen. Der sprachlichen Vereinfachung wegen wird diese güterrechtliche Teilungsvereinbarung, welche vom Erbteilungsvertrag zu unterscheiden ist, ebenfalls als Teilungsvertrag bezeichnet.
802 GLOOR, S. 79; KRAMER, S. 96.

reich des absoluten Eintragungsprinzipes für die Erben
als Veräusserer die schuldrechtliche Pflicht, das Nö-
tige vorzukehren, damit dem überlebenden Ehegatten die
Eigentümerstellung eingeräumt werden kann[803], und für
den überlebenden Ehegatten als Erwerber den persönlichen Anspruch auf Übertragung des ihm in Anrechnung
auf seine Vorschlagsforderung zugewiesenen Grundstücks
zu Alleineigentum[804].

Die Teilungsvereinbarung stellt lediglich die
obligatorische Verpflichtung der Parteien auf, die zum
Vollzug der Auseinandersetzung erforderlichen Handlungen nachfolgen zu lassen[805]. Die Teilung selbst erfolgt
erst im Anschluss an den das Verpflichtungsgeschäft
bildenden Konsensualvertrag[806]. Erst mit der Entgegennahme der einzelnen Teile in den vom Sachen- und Obligationenrecht vorgesehenen Formen wird die dingliche
Rechtsänderung herbeigeführt[807]. Mit der h.L. ist dem
Teilungsvertrag daher dingliche Wirkung abzu-
sprechen[808].

Zur Erfüllung ihrer im Teilungsvertrag eingegangenen
Verpflichtung zur Eigentumsverschaffung haben die Erben
konkret die Eintragungsbewilligung abzugeben, sofern

---

803 DESCHENAUX, SPR V/3, I, S. 262 f.; REY, Sachenrecht I,
N. 1480. Vgl. auch BGE 113 II 505.
804 Vgl. ESCHER, N. 13 zu Art. 634 ZGB.
805 ESCHER, N. 8 zu Art. 634 ZGB; TUOR/PICENONI, N. 15 zu
Art. 634 ZGB; MEIER-HAYOZ, N. 57 zu Art. 654 ZGB; PIO-
TET, SPR IV/2, S. 908.
806 TUOR/PICENONI, N. 15 zu Art. 634 ZGB; vgl. auch KRAMER,
S. 96.
807 GLOOR, S. 79 f.; KRAMER, S. 96.
808 ESCHER, N. 13 zu Art. 634 ZGB; MEIER-HAYOZ, N. 57 zu
Art. 654 ZGB; HAUSER, S. 101 und 108, m.w.H. in Anm.
32. Ebenso BGE 95 II 432 E. 3 b.
Selbst die von einem Teil der neueren Lehre entgegen
der traditionellen Auffassung von Erbgang und Erbteilung als doppeltem Eigentumsübergang vertretene Konzeption des einmaligen Eigentumsübergangs mit anschlies-
sender Konsolidation verleiht dem Teilungsvertrag keinen dinglichen Charakter, weil die sachenrechtlichen
Prinzipien auch bei der Konsolidierung unter Rechtsver-
zicht zu befolgen sind; vgl. dazu HAUSER, S. 101 ff.,
besonders S. 105 f. und S. 107, mit Hinweis auf a.M.

diese nicht, was die Regel bildet, bereits im Rahmen des Grundgeschäfts erteilt worden ist, und die Grundbuchanmeldung zu veranlassen. Diese Handlungen gehören zum Teilungsvollzug; im Gegensatz zur Realteilung bedeuten sie nicht mehr die Teilung, sondern deren Ausführung[809]. Erst mit ausgeführter Teilung, d.h. mit erfolgter Grundbuchanmeldung, wird - wie bei der Realteilung - das Gesamteigentum der Erbengemeinschaft zu Individualeigentum des überlebenden Ehegatten[810].

bbb) Form des Vertrages

aaaa) Lücke

Weder das Zivilgesetzbuch noch die Grundbuchverordnung enthalten eine positivrechtliche Vorschrift hinsichtlich der Form des Vertrages über die güterrechtliche Auseinandersetzung als Grundgeschäft zur Eigentumsübertragung an Grundstücken bei Errungenschaftsbeteiligung. Weil das Gesetz damit auf eine sich notwendigerweise stellende Rechtsfrage keine Antwort gibt, liegt eine echte Lücke praeter legem vor[811].

bbbb) Lösungsvorschlag

aaaaa) Ausgangslage

Gemäss Art. 657 Abs. 1 ZGB müsste in rein formaler Sicht für die güterrechtliche Auseinandersetzungsvereinbarung bei Errungenschaftsbeteiligung die Form der öffentlichen Beurkundung verlangt werden, weil die Ei-

---

809 Vgl. TUOR/SCHNYDER/SCHMID, S. 586.
810 TUOR/PICENONI, N. 20 zu Art. 634 ZGB; TUOR/SCHNYDER/SCHMID, S. 586; vgl. auch BGE 102 II 184.
811 RUF, S. 106 und 107.

gentumsübertragung zur Tilgung der Vorschlagsforderung auf rechtsgeschäftlicher Grundlage im Rahmen des absoluten Eintragungsprinzipes erfolgt. Es fragt sich jedoch, ob die güterrechtliche Auseinandersetzung nicht in Analogie zum Erbteilungsvertrag, der gemäss Art. 634 Abs. 2 ZGB der Schriftform bedarf, ebenfalls in einfach schriftlicher Form zulässig sei[812].

bbbbb) Analogie zum Vermächtnisanspruch

Zwar handelt es sich bei der güterrechtlichen Auseinandersetzung im Güterstand der Errungenschaftsbeteiligung im Gegensatz zur Gütergemeinschaft und zur Erbteilung nicht um die Auflösung eines Gesamthandverhältnisses[813] durch Teilung der im Gesamteigentum befindlichen Gegenstände an die einzelnen bisherigen Gesamthänder[814]; eine solche Teilung sensu stricto liegt nicht vor, weil die Vorschlagsforderung dem überlebenden Ehegatten nicht einen dinglichen, sondern nur einen persönlichen Anspruch vermittelt. Indessen kann auch der Vermächtnisnehmer, der wie der vorschlagsberechtigte überlebende Ehegatte gegenüber den Erben nicht einen dinglichen, sondern lediglich einen obligatorischen Anspruch hat[815], ohne öffentliche Beurkundung gestützt auf eine schriftliche Ermächtigung des beschwerten Eigentümers die Eintragung im Grundbuch verlan-

---

812 Vgl. zur sinngemässen Anwendbarkeit der Regeln über die Erbteilung allgemein auch vorne § 9 II 2 2 a.
813 Vgl. HAUSHEER/REUSSER/GEISER, N. 21 zu Art. 215 ZGB. Dagegen stellt für die Erben als Veräusserer die Erfüllung der Vorschlagsforderung des überlebenden Ehegatten durch Übereignung von Sachen stets eine objektiv partielle Auflösung eines Gesamthandsverhältnisses dar, indem die entsprechenden Gegenstände aus dem bisherigen Gesamteigentum der Erbengemeinschaft ausscheiden und ins Alleineigentum des überlebenden Ehegatten überführt werden.
814 Dazu auch vorne § 9 II 2 2 a.
815 Zur obligatorischen Natur des Vermächtnisanspruchs statt aller: TUOR/SCHNYDER/SCHMID, S. 495.

gen[816]. Beantwortet man daher die Frage nach der Form
des güterrechtlichen Auseinandersetzungsvertrages in
Analogie zur Erbteilung, wo die Schriftform zur Übertragung von Grundstücken sowohl an bereits innerhalb
der Erbengemeinschaft gesamthänderisch dinglich daran
berechtigte Erben als auch an den nicht Erbeneigenschaft aufweisenden, rein obligatorisch
berechtigten Vermächtnisnehmer genügt, so muss für die
Übertragung von Grundstücken in Erfüllung des seinerseits auch obligatorischen Vorschlagsanspruchs ebenfalls einfache Schriftlichkeit ausreichen.

**ccccc) Enger Konnex zwischen güterrechtlicher Auseinan-
dersetzung und Erbteilung**

Zu beachten ist sodann der enge Konnex zwischen
güterrechtlicher Auseinandersetzung und Erbteilung[817].
Die güterrechtliche Auseinandersetzung bildet Voraussetzung und Basis der erbrechtlichen Teilung[818]. Solange die güterrechtlichen Ansprüche nicht feststehen,
steht auch der Nachlass nicht fest und es kann die Erbteilung nicht erfolgen.

ddddd) Identischer Personenkreis

Die Durchbrechung des Beurkundungszwanges für rechtsgeschäftliche Eigentumsübertragungen an Grundstücken bei
Erbteilung wird u.a. damit gerechtfertigt, dass sich
der Kreis der am Vertrag beteiligten Parteien auf die
Erben, somit auf Personen, die sich gegenseitig kennen
und regelmässig auch mit den zu teilenden Grundstücken
vertraut sind, beschränke; daher erschienen weniger
strenge Formvorschriften notwendig als bei einem ei-

---

816 Art. 16 Abs. 4 und Art. 18 Fall 3 GBV; HAUS-
     HEER/REUSSER/GEISER, N. 21 zu Art. 215 ZGB.
817 Vgl. auch HAUSER, S. 91.
818 Statt vieler: ESCHER, N. 5 zu Art. 462 ZGB.

gentlichen Grundstückkaufvertrag und es könne insbesondere auf den mit der öffentlichen Beurkundung u.a. verfolgten Schutz vor Übereilung verzichtet werden[819].
Gleiches gilt aber auch für die güterrechtliche Liquidation.

Der Kreis der an der güterrechtlichen Auseinandersetzung beteiligten Personen ist grundsätzlich identisch
mit jenem bei der Erbteilung; er ist höchstens erweitert um den in engster Beziehung zum Erblasser gestandenen überlebenden Ehegatten, und auch das nur, wenn
dieser nicht ebenfalls Erbe ist, was angesichts seiner
Stellung als Pflichtteilserbe[820] die seltene Ausnahme
bilden wird[821].

eeeee) Auseinandersetzungszwang

Zur Begründung der Schriftform beim Grundstücke umfassenden Erbteilungsvertrag wird sodann angeführt, die
Erben besässen im Gegensatz zu den Parteien in irgend
einem anderen Rechtsgeschäft auf Eigentumsübertragung
keine Abschlussfreiheit, sondern seien bezwungen, sich
einmal auseinanderzusetzen[822]. Dasselbe gilt auch für
den güterrechtlich begünstigten überlebenden Ehegatten
und die Erben als Parteien der güterrechtlichen Auseinandersetzung[823]. Der überlebende Ehegatte hat Anspruch auf Begleichung seiner Vorschlagsforderung durch

---

819 ESCHER, N. 12 zu Art. 634 ZGB.
820 Art. 471 Ziff. 3 ZGB.
821 Solche Ausnahmen sind etwa gegeben im Falle, wo der
    überlebende Ehegatte einen Erbverzicht eingegangen ist
    oder die Ausschlagung erklärt.
822 Vgl. HAUSER, S. 82, Anm. 30.
823 HAUSER, S. 95.

die Erben, welche ihrerseits zur Tilgung des güterrechtlichen Anspruchs verpflichtet sind[824].

fffff) Umfang der Formerleichterung

aaaaaa) Meinungsstand

Dem Grundsatze nach wird die Zulässigkeit der Schriftform von der Lehre in lückenfüllender[825] Analogie zum
Erbteilungsvertrag auch für die güterrechtliche
Auseinandersetzungsvereinbarung bejaht[826]. Im einzelnen
bestehen im Schrifttum allerdings Nuancen in bezug auf
den Umfang, in dem die güterrechtliche Auseinandersetzungsvereinbarung für Grundstücke einfach schriftlich möglich sein soll.

Unter dem alten ordentlichen Güterstand der Güterverbindung hat LEMP in enger Auffassung einfache Schriftlichkeit nur zugelassen, wenn der überlebende Ehegatte
auch Miterbe ist, und andernfalls für die Tilgung des
Vorschlagsanspruchs durch Übertragung von Grundeigentum
von der Erbengemeinschaft auf den überlebenden Ehegatten öffentliche Beurkundung verlangt[827]. MERZ[828] und
PICENONI[829] haben ebenfalls danach unterschieden, ob
der vorschlagsberechtigte überlebende Ehegatte zugleich

---

824 Auch diese Verpflichtung ähnelt der Pflicht der Erben
zur Auflösung des erbengemeinschaftlichen Eigentums,
wenn ein Erbe die Teilung verlangt; vgl. zu diesem zur
Begründung der Schriftlichkeit des Erbteilungsvertrages
verwendeten Argument PIOTET, SPR IV/2, S. 909.
825 Vgl. § 9 II 2 2 c bb bbb aaaa hievor.
826 PFÄFFLI, Auswirkungen, S. 292; HAUSHEER/REUSSER/GEISER,
N. 21 zu Art. 215 ZGB; SIMONIUS/SUTTER, S. 310, N. 52;
MEIER-HAYOZ, N. 59 zu Art. 657 ZGB; HAUSER, S. 91 und
S. 95. Aus dem Schrifttum zur Güterverbindung: MERZ,
Übertragung, S. 133; LEMP, N. 23 zu Art. 212 und 213
aZGB; PICENONI, Grundbuchgeschäfte, S. 136 f.; RUF,
S. 107.
827 LEMP, N. 23 zu Art. 212 und 213 aZGB.
828 Übertragung, S. 132 f.
829 Grundbuchgeschäfte, S. 136 f.

auch Erbe des vorverstorbenen ist, und in vorerst rein formaler Argumentation die Zulässigkeit der Schriftform auf diesen Fall beschränkt, im Ergebnis aber dennoch die einfach schriftliche Auseinandersetzungsvereinbarung kraft des engen Sachzusammenhanges mit der Erbteilung ebenfalls akzeptiert, wenn der überlebende Ehegatte nicht auch Erbe ist[830] [831]. Demgegenüber befürwortet HAUSER aufgrund des engen Sachzusammenhanges zwischen güter- und erbrechtlicher Liquidation die einfache Schriftform unabhängig von der Erbenqualität des überlebenden Ehegatten[832].

Aus der Literatur zum neuen Eherecht spricht sich PFÄFFLI uneingeschränkt für einfache Schriftlichkeit aus, sofern nur "dem überlebenden Ehegatten Grundstücke auf Rechnung güterrechtlicher Ansprüche zugewiesen werden"[833]. HAUSHEER/REUSSER/GEISER ihrerseits lassen Schriftlichkeit nur genügen, falls ein güterrechtlicher Anspruch auf Tilgung der Vorschlagsforderung mit Sachwerten aufgrund von Art. 205 Abs. 2 ZGB, Art. 219 ZGB[834] oder ehevertraglich vereinbarter Zuweisungsvor-

---

830 MERZ, Übertragung, S. 133, fordert grundsätzlich einen öffentlich beurkundeten Teilungsvertrag für die güterrechtliche Auseinandersetzung mit Liegenschaftsübertragung bei Güterverbindung, falls der überlebende Ehegatte nicht zugleich Erbe ist, zeigt aber Verständnis, "wenn sich die Grundbuchpraxis auch hier mit der Schriftform begnügen würde".
831 PICENONI, Grundbuchgeschäfte, S. 136 f., weist darauf hin, dass der überlebende Ehegatte, falls er nicht zugleich Erbe ist, der Erbengemeinschaft als Dritter gegenüberstehe, weshalb Übertragungen von Liegenschaften der Erbengemeinschaft an ihn für Forderungen aus Vorschlag wie alle Übertragungsgeschäfte auf Dritte der öffentlichen Beurkundung bedürfen; er erachtet sodann aber "diese rein theoretische Betrachtungsweise" für "völlig unpraktisch, insbesondere dort, wo erb- und güterrechtliche Ansprüche insgesamt durch die Uebertragung einer Liegenschaft getilgt würden" und lässt hier ebenfalls blosse Schriftlichkeit genügen.
832 HAUSER, S. 91 und 95.
833 PFÄFFLI, Auswirkungen, S. 292; DERS., Revision, S. 234, Ziff. 12 lit. c.
834 HAUSHEER/REUSSER/GEISER, N. 21 zu Art. 215 ZGB.

schriften[835] vorbesteht und halten für den Fall, dass
sich der überlebende Ehegatte und die Erben des Verstorbenen ohne gesetzliche oder ehevertragliche Vorgabe
erst im Rahmen der güterrechtlichen Liquidation auf
eine Begleichung der Beteiligungsforderung durch
Sachwertübereignung in Form von Grundstücken einigen,
am Erfordernis der öffentlichen Beurkundung fest[836].
SIMONIUS/SUTTER postulieren bei Errungenschaftsbeteiligung Schriftform nur für den Fall der ehegüterrechtlichen Übertragung einer Liegenschaft, die der überlebende Ehegatte aufgrund von Art. 219 Abs. 3 ZGB bean-
sprucht[837].

bbbbbb) Eigene Auffassung

Der Ansicht, wonach die Schriftform bei Grundstücken in
der güterrechtlichen Auseinandersetzung nur zuzulassen
sei, wenn dem überlebenden Ehegatten auch Erbenqualität
zukommt, kann nicht gefolgt werden, weil unter allen
übrigen Teilaspekten[838] sich eine derartige Differenzierung nicht begründen lässt. Das Abstellen einzig auf
die Erbeneigenschaft stellt ein zu formales Kriterium
dar, als dass es allein den Ausschlag geben darf. Würde
nur die Tatsache, ob der überlebende Ehegatte auch Erbe
sei, als massgeblich erachtet, bedeutete dies, die der
Erbteilung analoge Behandlung der güterrechtlichen Auseinandersetzung weitgehend zu verneinen, weil mit der
Erbeneigenschaft die Voraussetzung der direkten und
nicht nur sinngemässen Anwendbarkeit von Art. 634 ZGB
verlangt würde.

Wenn sodann auch tatsächlich zwischen gesetzlichen bzw.
ehevertraglichen Sachwertzuweisungen einerseits und

---

835 HAUSHEER/REUSSER/GEISER, N. 25 zu Art. 215 ZGB, N. 26
zu Art. 216 ZGB.
836 HAUSHEER/REUSSER/GEISER, NN. 21 und 23 zu Art. 215 ZGB.
837 SIMONIUS/SUTTER, S. 310, N. 52.
838 Vgl. § 9 II 2 c bb bbb bbbb bbbbb, ccccc und eeeee.

Vereinbarungen zwischen überlebendem Ehegatten und Erben über die Tilgung der Beteiligungsforderung durch Sachen andererseits nicht zu übersehende Unterschiede bestehen[839], lässt sich daraus m.E. eine unterschiedliche Behandlung in bezug auf die Form dennoch nicht ableiten. Vorab hat auch die erst im Rahmen der güterrechtlichen Auseinandersetzung zwischen überlebendem Ehegatten und Erben festgelegte Sachwertzuweisung zur Begleichung der Vorschlagsforderung einen Anspruch güterrechtlicher Natur zum Gegenstand, stützt sie sich, wenn auch nicht direkt in der Sache, so doch wertmässig auf den Vorschlag als eines zweifellos güterrechtlichen Instituts. Güterrechtlicher Charakter fehlt der Übertragung von Sachen nicht bereits, wenn sie ohne vorbestehenden Anspruch ausschliesslich im Rahmen der güterrechtlichen Teilung frei vereinbart wird, sondern erst, wenn sie sich wertmässig weder mit einer Beteiligungsforderung noch einem allfälligen Mehrwertanteil oder weiteren güterrechtlichen Forderungen des überlebenden Ehegatten überhaupt begründen liesse[840]. Zudem unterscheidet die zur Lückenfüllung in der Formfrage per analogiam herangezogene Bestimmung von Art. 634 Abs. 2 ZGB hinsichtlich der Form des Erbteilungsvertrages ebensowenig danach, ob die erbrechtliche Zuweisung bereits aufgrund gesetzlicher oder rechtsgeschäftlicher Teilungsvorschriften vorbestand oder erst durch die Erben vereinbart wird, sondern begnügt sich allemal mit einfacher Schriftlichkeit.

---

839 Die ersten bestehen oder werden bereits vor Auflösung der Ehe geschaffen, die zweiten werden erst im Rahmen der güterrechtlichen Auseinandersetzung begründet; die ersten werden - soweit es sich nicht um gesetzliche Ansprüche handelt - zwischen den Ehegatten, in der Regel in einem Ehevertrag, die zweiten zwischen dem überlebenden Ehegatten und den Erben, also nicht ehevertraglich, vereinbart.

840 Vgl. HAUSHEER/REUSSER/GEISER, N. 26 zu Art. 216 ZGB a.E.

ggggg) Ergebnis

Es ergibt sich, dass die Form der einfachen Schriftlichkeit in allen Fällen, wo güterrechtliche Ansprüche
im Rahmen der Errungenschaftsbeteiligung mit Übereignung von Grundstücken getilgt werden, als Rechtsgrundausweis genügt[841]. Diese Auffassung steht in Übereinstimmung mit der bundesgerichtlichen Rechtsprechung[842]
und der Grundbuchpraxis[843]. Die analoge Anwendung von
Art. 634 Abs. 2 ZGB auf den Vertrag über die güterrechtliche Auseinandersetzung ist angesichts des engen
Zusammenhanges zwischen güter- und erbrechtlicher Liquidation und des grundsätzlich identischen Kreises der
beteiligten Personen, denen die gleiche Pflicht obliegt, sich auseinanderzusetzen, sachlich gerechtfertigt. Die güterrechtliche Auseinandersetzung steht dem
Erbteilungsvertrag weit näher als einem zwischen beliebigen Parteien, zwischen denen keine Pflichten vorbe-
stehen, möglichen Kaufvertrag als klassischem Fall eines öffentlich zu beurkundenden Grundgeschäftes.

Schliesslich erschiene eine Differenzierung der für die
güterrechtliche bzw. die erbrechtliche Liquidation
einzuhaltenden Formvorschriften wenig praktikabel in
Anbetracht des Umstandes, dass in aller Regel bei Auflösung der Ehe durch Tod über die güterrechtlichen und
erbrechtlichen Ansprüche eine einzige Gesamtauseinan-
dersetzung getroffen wird[844] und das Grundstück ohne
weiteres im Erbteilungsvertrag einfach schriftlich dem

841 Ebenso im Ergebnis RUF, S. 107.
842 BGE 73 I 278.
843 GNEKOW, S. 177, Anm. 105, mit Hinweis auf das entsprechende Ergebnis einer Umfrage bei kantonalen Grundbuchbehörden; ebenso das für die bernische Grundbuchpraxis
massgebende Handbuch der Justizdirektion des Kantons
Bern, S. 13.
844 MERZ, Übertragung, S. 133; HAUSER, S. 91.

überlebenden Ehegatten in Verrechnung mit seiner güterrechtlichen Forderung zugewiesen werden kann[845] [846].

3. Grundbucheintragung

3.1. Überblick

Liegen die grundbuchrechtlich erforderlichen Ausweise
über Verfügungsrecht und Rechtsgrund[847] in Form der
Erbenbescheinigung sowie der schriftlichen Zustimmungserklärung aller Erben bei Realteilung bzw. des von allen Erben unterzeichneten Teilungsvertrages vor, kann
die Grundbuchanmeldung erfolgen und der grundbuchliche
Vollzug veranlasst werden[848]. In der Eigentümerspalte

---

845 HAUSHEER/REUSSER/GEISER, N. 23 zu Art. 215 ZGB a.E.
Ergänzend sei angefügt, dass es mit der hinsichtlich
des materiellrechtlichen Rechtsgrundes auf offenbare
Nichtigkeit beschränkten Kognitionsbefugnis des Grundbuchverwalters - vgl. dazu PFÄFFLI, Prüfungspflicht,
S. 1511 - nicht überprüfbar ist, ob ein Grundstück in
einem Erbteilungsvertrag gestützt auf erbrechtliche
oder güterrechtliche Ansprüche an den überlebenden Ehegatten übertragen wird, wenn dies im Vertrag nicht erwähnt wird.
846 Abgesehen von der theoretischen Betrachtung bestehen
zugunsten der Schriftform auch eminente praktische
Gründe. Bei Festhalten am Erfordernis der öffentlichen
Beurkundung wäre nämlich der Abschluss eines einzigen
einheitlichen Teilungsvertrages nicht mehr möglich, so-
bald er Grundstücke in mehreren Kantonen beinhalten
würde, weil gestützt auf Art. 55 SchlT ZGB die Kantone
die örtliche Zuständigkeit zur öffentlichen Beurkundung
beschränken können und von dieser Kompetenz in aller
Regel auch Gebrauch gemacht haben (vgl. BGE 113 II 501
ff.).
847 Art. 965 Abs. 1 ZGB.
848 Der Weg zur Erfüllung des Vorschlagsanspruchs durch
Übereignung von Grundstücken verläuft somit zusammengefasst über drei Stufen. Vorerst begründet der Ehevertrag mit der Vorschlagszuweisung einen obligatorischen
Anspruch güterrechtlicher Natur zugunsten des überlebenden Ehegatten. Nach dem Ableben des erstversterbenden Partners hat der überlebende Ehegatte gegenüber den
Erben des verstorbenen einen Anspruch auf Abschluss der
güterrechtlichen Teilung zur Erfüllung seiner gegenüber
den Nachlass bestehenden Vorschlagsforderung. Schliesslich ist der grundbuchliche Vollzug vorzunehmen, wel-

werden gestützt auf den Erbgang vorab die Erben eingetragen[849] und alsdann aufgrund der güterrechtlichen
Auseinandersetzung der überlebende Ehegatte[850].

3.2. Eintragung der Erben

a) Deklaratorische Bedeutung

Da die Vorschlagszuweisung nur obligatorische Ansprüche
vermittelt, fallen Grundstücke des verstorbenen Ehegatten mit dessen Ableben aussergrundbuchlich und ohne
irgendwelche Willenserklärung ins Eigentum der Erben[851]. Diese sind vorerst als Gesamteigentümer in Form
der Erbengemeinschaft im Grundbuch einzutragen[852] [853].
Die Einschreibung kann so erfolgen, dass alle Erben namentlich in der Eigentümerspalte aufgeführt werden,

---

cher der schriftlichen Teilungsvereinbarung   nachfolgt
oder mit der Realteilung zusammenfällt.

849 § 9 II 3 2 hienach.
850 § 9 II 3 3 hienach.
851 Vorne § 8 I. Vgl. allgemein zum ausserbuchlichen Eigen-
     tumserwerb durch Erbgang: LIVER, SPR V/1, S. 156;
     MEIER-HAYOZ, N. 78 zu Art. 656 ZGB; REY, Sachenrecht I,
     N. 1649, m.w.H.
852 Vgl. MERZ, Übertragung, S. 133 f.
     Die Eintragung der Erbengemeinschaft erübrigt sich,
     falls der überlebende Ehegatte einziger Erbe ist; auch
     diesfalls erwirbt der überlebende Ehegatte das Grundei-
     gentum nicht kraft Güterrechts, sondern kraft Erbgangs,
     und kann nur als Alleinerbe direkt als Eigentümer ein-
     getragen werden. Vgl. auch Anm. 949 hienach.
853 Gemäss Art. 33 Abs. 3 GBV hat dabei die Angabe des dem
     Gesamteigentum zugrundeliegenden Rechtsverhältnisses,
     in casu der Erbengemeinschaft, zu erfolgen. Das die Ge-
     samthand begründende Gemeinschaftsverhältnis muss dem
     Grundbuchverwalter nachgewiesen werden: MEIER-HAYOZ,
     N. 30 zu Art. 646 ZGB und N. 49 zu Art. 652 ZGB; JENNY,
     S. 199; BGE 96 II 330; andernfalls ist die Eintragung
     von Gesamteigentum abzulehnen: HAAB, N. 22 zu Art. 652-
     654 ZGB. Demgegenüber hindert eine Verletzung von Art.
     33 Abs. 3 GBV die Existenz des Gesamteigentumsverhält-
     nisses nicht: BGE 78 II 310; GROSSEN, Propriété com-
     mune, S. 6 f. Die Beifügung des Rechtsverhältnisses
     dient der Abgrenzung gegenüber dem Miteigentum nach
     Bruchteilen; vgl. GUHL, Gesamthandsverhältnisse, S. 11.

oder es kann, etwa wenn zahlreiche Erben vorhanden oder
nicht alle Erben bekannt sind, auch nur die Kollektiv-
bezeichnung "Erbengemeinschaft X" in der Eigentümerru-
brik eingetragen werden, wobei der die Namen der einzelnen Erben enthaltende Erbenschein zu den Belegen zu
nehmen ist[854].

Weil sich der erbrechtliche Eigentumsübergang auf die
Erbengemeinschaft ausserhalb des Grundbuches vollzieht,
stellt die Eintragung der Erben eine rein deklaratorische Anpassung des Grundbucheintrages an die durch Erbgang bereits ausserbuchlich eingetretene Rechtslage
dar[855]. Die Eintragung im Grundbuch bzw. dessen Richtigstellung kann aufgrund einer blossen Tatsachenbeur-
kundung in Form eines Erbscheins vorgenommen werden[856].
Die Erben haben dem Grundbuchamt gemäss Art. 18 Fall 2
GBV eine Bescheinigung einzureichen, wonach sie als
einzige Erben des Erblassers anerkannt sind[857]. Anerkannt sind die Erben dann, wenn sie die Erbschaft nicht
ausgeschlagen haben und wenn gegen ein Testament oder
gegen einen Erbvertrag kein Einspruch erhoben worden
ist[858]. Die Erbenbescheinigung[859] hat keine materielle
Rechtskraft, d.h. sie begründet keinerlei Rechtsansprü-
che, sondern stellt nur einen Legitimationsausweis zuhanden der Erben dar, der unter Vorbehalt der erbrechtlichen Klagen - Ungültigkeits-, Erbschafts-, Tei-
lungs-, Herabsetzungsklage - ausgestellt wird[860]; als

---

854 GONVERS-SALLAZ, N. 7 zu Art. 33 GBV; GROSSEN, Propriété
commune, S. 8; PICENONI, Grundbuchgeschäfte, S. 135;
MEIER-HAYOZ, N. 53 zu Art. 652 ZGB, m.w.H.; DESCHENAUX,
SPR V/3, I, S. 106.
855 GLOOR, S. 45; vgl. auch DESCHENAUX, SPR V/3, I, S. 308.
856 FRIEDRICH, Grundbuch, S. 267.
857 Eingehend dazu PFÄFFLI, Antragsprinzip, S. 69 ff. Vgl.
auch RUF, S. 105 unten.
858 Vgl. PFÄFFLI, Revision, S. 234, Ziff. 12 lit. a.
859 Notariatsrechtlich handelt es sich bei der Erbenbescheinigung um eine Feststellungsurkunde.
860 PICENONI, Grundbuchgeschäfte, S. 132. Wird aufgrund einer fehlerhaften Erbenbescheinigung ein materiell Be-
rechtigter im Grundbuch nicht eingetragen, hat er die
Möglichkeit, seine Berechtigung mittels der erwähnten

Legitimationsausweis bildet die Erbgangsurkunde[861] den grundbuchrechtlichen Eintragungsbeleg[862].

b) Legitimation zur Grundbuchanmeldung

Zu Kontroversen Anlass gegeben hat die Frage, wer gestützt auf die Erbenbescheinigung den Antrag auf Eintragung der Erben im Grundbuch stellen könne, ob jeder Erbe einzeln oder nur alle gemeinsam. Ältere Entscheide der Grundbuchbehörden verlangten, dass der Antrag bei einer nur gesamthaft verfügungsberechtigten Erbengemeinschaft von sämtlichen Erben gemeinsam auszugehen habe[863], während nach der nunmehr herrschenden Grundbuchpraxis jeder Erbe einzeln legitimiert ist, die Eintragung der Erben anzumelden[864]. Nachdem der Eigentumserwerb der Erben von Gesetzes wegen aussergrundbuchlich eintritt, somit keine rechtsgeschäftliche Verfügung vorliegt, kann eine gesamthänderische Anmeldung durch alle Erben nicht verlangt werden[865]; zu Recht erachtet daher die neuere Praxis jeden Erben einzeln als legitimiert, den Erbenschein beim Grundbuchamt anzumelden[866] [867].

---

861 Klagen geltend zu machen und die Eintragung im Grundbuch berichtigen zu lassen.
861 Als Erbgangsurkunde bezeichnet die bernische Notariatspraxis die Nachlassgrundstücke betreffende Erbenbescheinigung zuhanden des Grundbuchamtes.
862 FRIEDRICH, Grundbuch, S. 267; PICENONI, Grundbuchgeschäfte, S. 135. Vgl. auch SCHÖNBERG, S. 99 f.
863 ZBGR 29/1948, S. 314 ff. (Regierungsrat Zug); ZBGR 50/1969, S. 375 ff. (Regierungsrat Bern).
864 JENNY, S. 203; JOST, S. 33; HAAB, N. 28 zu Art. 652-654 ZGB; PICENONI, Grundbuchgeschäfte, S. 134; PFÄFFLI, Antragsprinzip, S. 74; DESCHENAUX, SPR V/3, I, S. 318.
865 PICENONI, Grundbuchgeschäfte, S. 134.
866 Neben den Erben kann auch die den Erbenschein ausstellende Behörde zur Grundbuchanmeldung legitimiert sein. So ist etwa der bernische Notar gestützt auf Art. 963 Abs. 3 ZGB und Art. 16 Abs. 3 GBV i.V.m. Art. 128 EG ZGB und Art. 16 Abs. 3 NG nicht nur berechtigt, sondern verpflichtet, von ihm abgefasste Erbgangsurkunden zur Eintragung in das Grundbuch anzumelden; vgl. dazu PFÄFFLI, Antragsprinzip, S. 74 f. Die Kontroverse, ob der einzelne Erbe zur Anmeldung des Erbgangs beim

c) Direkte Eintragung des überlebenden Ehegatten?

Die Frage, ob in jedem Fall vorerst die Erben als Gesamteigentümer im Grundbuch einzutragen seien, wurde vom Bundesgericht in BGE 73 I 278 offengelassen. In einem früheren Entscheid[868] hatte es demgegenüber die Eintragung der Erbengemeinschaft als nicht notwendig erachtet und die Möglichkeit der grundbuchlichen Überschreibung vom Erblasser direkt auf den durch Teilungsvorschrift auf das Grundstück angewiesenen Erben bejaht.

Richtigerweise ist daran festzuhalten, dass bei der Vorschlagszuweisung nicht direkt der überlebende Ehegatte als Eigentümer im Grundbuch eingetragen werden kann[869], weil die Vorschlagsforderung nur einen rein obligatorischen Anspruch vermittelt, so dass das Grundstück zunächst von Gesetzes wegen aussergrundbuchlich ins Eigentum der Erbengemeinschaft fällt (Art. 560 und

---

Grundbuchamt berechtigt sei, verlagert sich damit darauf, ob er einzeln den Notar mit der Abfassung der Erbgangsurkunde beauftragen kann oder ob dies durch die Erbengemeinschaft gesamthaft zu erfolgen hat. Notariatsrechtlich ist Gültigkeitsvoraussetzung der Erbgangsurkunde, dass der Notar um deren Ausstellung ersucht wird; vgl. Art. 2 ND. Zur entsprechenden Rogation des Notars sind bei Feststellungsurkunden alle Personen, welche an der Beurkundung ein schutzwürdiges Interesse haben können, befugt; vgl. MARTI, Notariatsrecht, N. 7 zu Art. 2 ND. M.E. ist damit nach bernischem Notariatsrecht ebenfalls jeder einzelne Erbe berechtigt, den Notar mit der Abfassung einer Erbgangsurkunde zu rogieren.

867 Der Vollständigkeit halber sei ergänzt, dass die Anmeldung zur Eintragung statt von sämtlichen oder einem einzelnen oder mehreren Erben auch von einem Willensvollstrecker oder Erbschaftsverwalter ausgehen kann; vgl. JENNY, S. 203. Der Willensvollstrecker soll nach EGGEN, S. 254, die Erbengemeinschaft gar gegen ihren Willen im Grundbuch eintragen lassen können.

868 BGE 50 II 448 f.

869 Ausgenommen bleibt der Fall, in dem der überlebende Ehegatte Alleinerbe ist; auch hier erwirbt er das Eigentum aber kraft Erbgangs und nicht etwa aufgrund des Güterrechts; vgl. zur fehlenden dinglichen Wirkung des Ehevertrages auf Vorschlagszuweisung § 8 I hievor.

602 ZGB)[870]. Zur Tilgung des Vorschlagsanspruchs durch
Grundstücke ist sodann eine rechtsgeschäftliche Eigentumsübertragung an den überlebenden Ehegatten nötig,
die nur durch die Erben als Verfügungsberechtigte vorgenommen werden kann, und zwar nach Art. 656 Abs. 2 ZGB
erst dann, wenn sie selbst vorgängig im Grundbuch eingetragen worden sind[871] [872]. Die direkte Überschreibung
auf den überlebenden Ehegatten ist schliesslich auch
deshalb abzulehnen, weil die Reihenfolge der im Grundbuch eingetragenen Eigentümer eines Grundstücks in bezug auf den rechtlichen Erwerb des einen vom andern
lückenlos sein muss[873]. Im Ergebnis ist damit die direkte Eintragung des überlebenden Ehegatten gestützt
auf den Ehevertrag mit Vorschlagszuweisung nicht zulässig, sondern es sind in jedem Fall vorgängig die Erben

---

870 Vgl. HAAB, N. 27 zu Art. 652-654 ZGB, für die identische Rechtslage bei Erbteilung und Vermächtnisausrich-
tung; ebenso der Entscheid des EJPD in ZBGR 8/1927,
S. 168 f. Vgl. auch vorne § 8 I.

871 HAUSHEER, Grenzfragen, S. 265 f.; PICENONI,
Grundbuchgeschäfte, S. 135. Vgl. auch BGE 111 II 41 f.

872 Die vorgängige Eintragung der Erbengemeinschaft ist
auch dann erforderlich, wenn das Nachlassgrundstück einem kraft Erbgangs bereits gesamthänderisch daran berechtigten Miterben in der Erbteilung übertragen werden
soll; vgl. SCHÖNBERG, S. 101; GLOOR, S. 51. Ebenso ist
vor Grundstücksübertragung an den im Vergleich zum
Miterben eine schwächere Stellung einnehmenden, wie der
vorschlagsberechtigte Ehegatte nur über einen obligatorischen Anspruch verfügenden Vermächtnisnehmer die Eintragung der Erbengemeinschaft im Grundbuch unabdingbar;
vgl. GLOOR, S. 51. In allen drei Fällen - Übertragung
an den vorschlagsberechtigten Ehegatten, an einen
Miterben oder an einen Vermächtnisnehmer - liegt eine
rechtsgeschäftliche Eigentumsübertragung von der Erbengemeinschaft an den Alleinübernehmer vor.

873 SCHÖNBERG, S. 100 f.; GLOOR, S. 50; HAAB, N. 27 zu Art.
652-654 ZGB.
Dass in der Praxis etwa der Vereinfachung halber unter
Auslassung der Erbengemeinschaft nur der Erwerber aus
dem Teilungsgeschäft im Hauptbuch eingetragen wird, ist
eine abgekürzte Buchung ohne materielle Bedeutung; eine
Erbenbescheinigung als Ausweis für das Verfügungsrecht
der Erbengemeinschaft ist dem Grundbuchamt auch hier
einzureichen. Vgl. dazu SCHÖNBERG, S. 101.

im Grundbuch einzutragen, weil der überlebende Ehegatte
das Eigentum stets von ihnen erwirbt[874].

3.3. Eintragung des überlebenden Ehegatten

Der überlebende Ehegatte erwirbt das Grundstück von den
Erben[875], und zwar mit vollzogener Realteilung[876] oder
gestützt auf das mit den Erben schriftlich abgeschlossene Grundgeschäft[877].

Als Rechtsgrundausweis ist dem Grundbuchamt bei Realteilung die schriftliche Zustimmungserklärung aller
Miterben[878], andernfalls die einfach schriftliche
Vereinbarung über die güterrechtliche Auseinandersetzung einzureichen[879], versehen mit der Unterzeichnung
durch die Erben als dinglich Verfügungsberechtigte und
Veräusserer sowie durch den überlebenden Ehegatten als
Erwerber[880]. Die Unterschriften sind zwecks Nachweises
von Identität und Handlungsfähigkeit der Parteien zu
beglaubigen[881]. Statt des schriftlichen Teilungsvertrages genügt als Rechtsgrundausweis zuhandes des
Grundbuchamtes auch eine Abschrift des Ehevertrages mit
schriftlicher Zustimmung der Erben, dass in Tilgung der
Vorschlagsforderung das Grundstück auf den überlebenden
Ehegatten zu übertragen ist[882]. Weil sowohl bei Re-

---

874 Ebenso MERZ, Übertragung, S. 134.
875 MERZ, Übertragung, S. 134.
876 Vorne § 9 II 2 2 c aa.
877 Dazu vorne § 9 II 2 2 c bb.
878 TUOR/SCHNYDER/SCHMID, S. 586, Anm. 4, welche allerdings
     die Realteilung bei Grundstücken schon in der Übertra-
     gung zu Eigenbesitz erblicken.
879 Art. 18 Fall 4 GBV.
880 Vgl. auch PFÄFFLI, Antragsprinzip, S. 75 f.
881 So die bernische Grundbuchpraxis; vgl. Handbuch der
     Justizdirektion des Kantons Bern, S. 9; PFÄFFLI, An-
     tragsprinzip, S. 76, Anm. 63.
882 Es liegt eine Analogie zur Auslieferung eines
     Vermächtnisses vor, welche nach Art. 18 i.V.m. Art. 16
     Abs. 4 GBV der Abschrift der Verfügung von Todes wegen
     und der schriftlichen Ermächtigung des Eigentümers be-
     darf.

alteilung wie auch beim schriftlichen Teilungsvertrag
eine rechtsgeschäftliche Eigentumsübertragung an den
überlebenden Ehegatten vorliegt, ist die schriftliche
Ermächtigung durch die Erben als Eintragungsbewilligung
der nach Grundbuchrecht Verfügungsberechtigten im Sinne
von Art. 963 Abs. 1 ZGB in jedem Falle unentbehrlich[883].

Die Eintragung des überlebenden Ehegatten als Eigentümer des ihm auf Rechnung seiner Vorschlagsforderung
zugewiesenen Grundstücks ist *konstitutiv* für seinen Eigentumserwerb (Art. 656 Abs. 1 ZGB); massgebender Zeitpunkt für den Eigentumserwerb ist im Geltungsbereich
des absoluten Eintragungsprinzipes der Moment der Ein-

---

[883] De lege lata lässt sich diese Willenserklärung der nach
Grundbuchrecht Verfügungsberechtigten im Bereich des
absoluten Eintragungsprinzipes nicht durch die Eröffnung des Ehevertrages mit notarieller Feststellungsurkunde darüber, dass gegen den eröffneten Ehevertrag
keine Einsprachen eingegangen sind, ersetzen; im Gegensatz zur Gesamtgutszuweisung, wo allerdings nach der
hier vertretenen Auffassung (vgl. hinten § 11 III 2 2,
besonders Anm. 1021) eine Feststellungsurkunde genügt
und die Eröffnung des Ehevertrages zur Feststellung des
dinglichen Rechtsüberganges gar nicht erforderlich ist,
versagt eine solche bei der Vorschlagszuweisung, weil
der überlebende Ehegatte nur einen obligatorischen Anspruch auf die Ausrichtung seiner Vorschlagsforderung
hat; vgl. RUF, S. 108; Musterurkunde Nr. 47, Anm. 1;
anders noch Musterurkunde Nr. 47, Teillieferung 3-6.83,
7.86, Anm. 2. Ob das von RUF, S. 113 f., gestützt auf
die Bedürfnisse der Praxis zu Recht erhobene Postulat,
auch im Bereiche des absoluten Eintragungsprinzipes
Willenserklärungen zur Übertragung von Grundeigentum
durch Eröffnung von Eheverträgen oder Verfügungen von
Todes wegen zu ersetzen, de lege ferenda realisiert
wird, ist offen. Aus dem vom EJPD am 10. Juni 1993 zur
Vernehmlassung vorgelegten Bericht mit Vorentwurf für
eine Revision des Zivilgesetzbuches in den Bereichen
Stiftungsrecht und Eröffnung von Ehe- und Erbverträgen
lässt sich diesbezüglich nichts Konkretes entnehmen;
immerhin wird im Bericht, S. 20, neben dem das relative
Eintragungsprinzip betreffenden Fall der Gesamtgutszuweisung nach Art. 241 Abs. 2 ZGB auch die
Vorschlagszuweisung nach Art. 216 Abs. 1 ZGB als Beispiel zu eröffnender ehevertraglicher Klauseln angeführt. Gemäss Art. 184a des Vorentwurfs wird der Ehevertrag "eröffnet, soweit er für die güterrechtliche
Auseinandersetzung massgebend ist"; damit ist die Vorschlagszuweisung zweifellos erfasst.

tragung im Hauptbuch (Art. 972 Abs. 1 ZGB)[884], wobei
dessen konstitutive Wirkung gestützt auf eine gesetzliche Annahme (Art. 972 Abs. 2 ZGB) auf den Zeitpunkt der
unmittelbar der Grundbuchanmeldung nachfolgenden Einschreibung im Tagebuch zurückbezogen wird[885].

---

884 DESCHENAUX, SPR V/3, I, S. 257, 611 und 613 f.
885 DESCHENAUX, SPR V/3, I, S. 611; vgl. auch REY, Sachenrecht I, NN. 1482 und 1521, je m.w.H.

D. GESAMTGUTSZUWEISUNG ALS FALL DES EIGENTUMSERWERBS IM
BEREICH DES RELATIVEN EINTRAGUNGSPRINZIPES

§ 10 Gesamthandsverhältnis während der Dauer des Güterstandes

I. Vorbemerkung

Im Gegensatz zur Errungenschaftsbeteiligung, welche auf
die Eigentumsrechte der Ehegatten zu Beginn des
Güterstandes und während dessen Dauer keine Auswirkungen hat[886], beeinflusst die Gütergemeinschaft bereits mit ihrer Begründung und während der Dauer des
Güterstandes die Eigentumsverhältnisse unter den Ehegatten[887]. Das pendente matrimonio am Gesamtgut bestehende Gesamteigentum ist Grundlage zu dem auf der Gesamtgutszuweisung beruhenden Eigentumsübergang bei Auflösung der Gütergemeinschaft, weshalb vorerst auf die
Verhältnisse während der Ehe einzugehen ist.

II. Güterrechts- und Gesamthandsverhältnis[888]

1. Gesamteigentum als Folge der Gütergemeinschaft

Mit der Gütergemeinschaft begründen die Ehegatten ein
Güterrechtsverhältnis, das ihre vermögensrechtlichen
Beziehungen in Abweichung vom ordentlichen Güterstand

---

886 Statt aller: HEGNAUER/BREITSCHMID, N. 25.12.
Soll im ordentlichen Güterstand gemeinschaftliches Eigentum beider Ehegatten begründet werden, bedarf dies
besonderer Vereinbarung in einem Rechtsgeschäft der
Ehegatten.
887 Vgl. § 10 III hienach.
888 Vgl. GNEKOW, S. 9, wonach mit dem Ehevertrag auf
Gütergemeinschaft sowohl ein Güterrechts- als auch ein
Gesamthandsverhältnis begründet wird.

ordnet[889]. Den Kern dieses Güterrechtsverhältnisses
bildet das Gesamtgut[890], welches bei allgemeiner
Gütergemeinschaft[891] alles Vermögen und alle Einkünfte
der Ehegatten mit Ausnahme des gesetzlichen Eigenguts[892] umfasst (Art. 222 Abs. 1 ZGB)[893] und an welchem
ein Gesamthandsverhältnis der Gütergemeinschafter besteht.

Die Gütergemeinschaft bildet in casu das unter
Gesamthändern zwingend vorauszusetzende persönliche
Gemeinschaftsverhältnis, ohne welches Gesamteigentum
nicht begründet werden und nicht Bestand haben kann[894]
[895], weil es abstraktes Gesamteigentum nicht gibt[896].

---

889 Zur Rechtsnatur der Gütergemeinschaft vgl. MASANTI-MÜL-
LER, S. 7 ff.
890 HEGNAUER/BREITSCHMID, N. 28.07; HAUS-
HEER/REUSSER/GEISER, N. 19 der Vorbemerkungen vor Art.
221 ff. ZGB. Vgl. auch MASANTI-MÜLLER, S. 28, wonach
ein Gesamtgut oder mindestens die Möglichkeit, ein solches zu bilden, Voraussetzung der Gütergemeinschaft
ist.
891 Die allgemeine Gütergemeinschaft stellt hinsichtlich
der Gesamtgutszuweisung an den überlebenden Ehegatten
die maximale Begünstigungsmöglichkeit dar, weil bei ihr
das Gegenstand der Zuweisung bildende Gesamtgut im Vergleich zu den beschränkten Gütergemeinschaften (Art.
223 f. ZGB) am umfassendsten ist; vgl. vorne § 5 II 1.
892 Art. 225 Abs. 2 ZGB. Weil neben dem Gesamtgut immer
auch Eigengüter der Ehegatten vorbehalten sind, ist
streng dem Wortsinne nach auch die allgemeine Gütergemeinschaft des Gesetzes nur eine beschränkte; vgl.
SCHLATTER, S. 22, Anm. 3.
893 Hinsichtlis des Umfangs des Gesamtgutes vgl. MASANTI-
MÜLLER, S. 28, m.w.H., zur allgemeinen Gütergemeinschaft, und S. 28 ff. zu den beschränkten Gütergemeinschaften.
894 HAAB, N. 2 zu Art. 652-654 ZGB; LIVER, SPR V/1, S. 114;
MEIER-HAYOZ, N. 12 der Vorbemerkungen zu den Art. 646-
654 ZGB und N. 23 zu Art. 652 ZGB; REY, Sachenrecht I,
NN. 971 und 994; MASANTI-MÜLLER, S. 30.
895 Losgelöst von einem der sechs vom Gesetz abschliessend
aufgezählten (Gütergemeinschaft, Gemeinderschaft,
Erbengemeinschaft, einfache Gesellschaft, Kollektivge-
sellschaft, Kommanditgesellschaft) bzw. der weiteren
von der Rechtsprechung anerkannten Gemeinschaftsver-
hältnisse (fortgesetzte Erbengemeinschaft, Gemeinschaft
mehrerer Treuhänder) sowie vorbehältlich kantonalrecht-
licher Gesamthandsverhältnisse kann Gesamteigentum
nicht geschaffen werden; vgl. MEIER-HAYOZ, N. 12 der
Vorbemerkungen zu den Art. 646-654 ZGB. Zur Darstellung

Gesamteigentum ist die sachenrechtliche Folge der Gütergemeinschaft[897]. Nicht das Eigentum, sondern das Güterrechtsverhältnis der Gütergemeinschaft verbindet die
Ehegatten und lässt das Gesamteigentum als Folge entstehen[898].

2. Personell geprägte, vertragliche Gesamthandschaft

THEO GUHL charakterisiert die *Gesamthandsverhältnisse*
als "eine *Verbindung* von *Personen* und *Vermögen* zu einer
Einheit"[899] und gliedert sie in solche, bei welchen die
Personeneinheit, und andere, bei denen die Vermö-
genseinheit dominiert. In dieser Hinsicht ist die

---

der einzelnen Gesamthandschaften im schweizerischen
Recht: MEIER-HAYOZ, NN. 24 ff. zu Art. 652 ZGB; HAAB,
NN. 3 ff. zu Art. 652-654 ZGB; REY, Sachenrecht I,
NN. 996 f.

896 BGE 84 I 129, 116 II 51. Vgl. auch CARONI, S. 310, Anm.
85; ZOBL, Gesamthandschaften, S. 11.
Entsprechend der materiellrechtlichen Ausgangslage ist
auch die Eintragung von abstraktem Gesamteigentum im
Grundbuch nicht möglich, sondern es ist nach Art. 33
Abs. 3 GBV das dem Gesamteigentum zugrundeliegende
Rechtsverhältnis anzugeben; vgl. DESCHENAUX, SPR V/3,
I, S. 105.

897 Vgl. zum Gesamteigentum als sachenrechtliche Folge ei-
nes persönlichen Gemeinschaftsverhältnisses allgemein:
LIVER, Eigentum, S. 263; DERS., SPR V/1, S. 108; HAAB,
N. 2 zu Art. 652-654 ZGB; REY, Sachenrecht 1, N. 973.

898 So schon E. HUBER, System IV, S. 698.

899 GUHL, Gesamthandsverhältnisse, S. 5 (Kursivschrift im
Original).
GUHLS Umschreibung ist allerdings sogleich dahingehend
zu präzisieren, dass die "Einheit", zu der Vermögen und
Personen zusammengefasst sind, nicht etwa Einheit im
Sinne der Entstehung eines neuen Rechtssubjektes bedeutet; die Verbindung zu einer Einheit manifestiert sich
vielmehr darin, dass die Ausübung des Gesamteigentums
nur in der Gemeinschaft und durch die Gemeinschaft möglich ist. Ähnlich betont auch bei JENNY, S. 194: "Diese
Verbindung von Personen und Vermögen äussert ihre Wirkung vorzüglich in der Verfügungsbefugnis." Die Perso-
nenmehrheit ist zu einer Einheit des Handelns zusammengefasst, ohne dass sie deswegen mit juristischer Persönlichkeit ausgestattet wäre, was auch nicht erforderlich ist, weil die Regelung der Verfügungsmacht mit der
Subjektsfrage nichts zu tun hat; vgl. KUNZ, S. 111. Zur
Ausübung des Gesamteigentums allgemein LIVER, SPR V/1,
S. 113 ff.

Gütergemeinschaft zur ersten Kategorie zu rechnen[900].
Die persönliche Bindung tritt bei der Gütergemeinschaft
besonders stark in Erscheinung, weil ihr die auf Dauer
und Ausschliesslichkeit angelegte Ehe zugrundeliegt[901].
Ganz im Sinne des Überwiegens der Personenverbindung
entsteht bei der Gütergemeinschaft das Ge-
samthandsverhältnis nicht kraft Gesetzes, sondern durch
Rechtsgeschäft, somit durch Willensakt der beteiligten
Gesamthänder, konkret in Form des Abschlusses eines
Ehevertrages auf Gütergemeinschaft[902]. Die Gütergemein-
schaft zählt somit zur Kategorie der vertraglichen
Gesamthandschaften[903].

3. Ungeteilte Gesamtberechtigung

Das den Kern der Gütergemeinschaft darstellende Gesamtgut gehört beiden Ehegatten ungeteilt (Art. 222 Abs. 2
ZGB), d.h. es besteht daran gemeinschaftliches Eigentum
der Ehegatten in Form von Gesamteigentum[904]. Gesamteigentum ist in diesem Zusammenhang nicht nur als auf Sachen beschränktes Eigentum i.e.S. zu verstehen, sondern
umfassender als Gesamtrechtszuständigkeit, welche ent-
sprechendes Berechtigtsein an Forderungen mitein-

---

900 GUHL, Gesamthandsverhältnisse, S. 5. Umgekehrt ist nach
     GUHL, a.a.O., etwa bei der Erbengemeinschaft die Vermö-
     genseinheit das ausschlaggebende Element.
901 HAUSHEER/REUSSER/GEISER, N. 22 der Vorbemerkungen vor
     Art. 221 ff. ZGB.
902 GUHL, Gesamthandsverhältnisse, S. 5; REY, Sachenrecht
     I, N. 995; MASANTI-MÜLLER, S. 18. Wiederum im Gegensatz
     dazu entsteht die Gesamthand der Erbengemeinschaft von
     Gesetzes wegen mit dem Erbgang; vgl. GUHL, a.a.O., S.
     6, und REY, a.a.O., N. 995. Vgl. auch die Übersicht
     über die gesetzlichen und vertraglichen Gesamthand-
     schaften bei ZOBL, Gesamthandschaften, S. 11-13, wo zu-
     sätzlich eine Gruppe gesetzliche und vertragliche Ele-
     mente enthaltender sog. gemischter Gesamthandschaften
     gebildet wird.
903 JENNY, S. 197; ZOBL, Gesamthandschaften, S. 12.
     Die Einordnung der Gütergemeinschaft gilt für alle ihre
     Ausprägungen, d.h. für die allgemeine Gütergemeinschaft
     (Art. 222 ZGB), die Errungenschaftsgemeinschaft (Art.
     223 ZGB) und die Ausschlussgemeinschaft (Art. 224 ZGB).
904 Statt vieler: HEGNAUER/BREITSCHMID, N. 28.08.

schliesst[905]. Soweit das Güterrecht nichts Abweichendes vorsieht, steht das Gesamtgut unter den allgemeinen Gesamteigentumsregeln der Art. 652-654 ZGB[906].

Für die Gütergemeinschaftsgatten bedeutet das Gesamteigentum am Gesamtgut, dass der einzelne Ehegatte seine Eigentümerrechte daran nicht allein, sondern grundsätzlich[907] nur in der Gemeinschaft und nur durch die Gemeinschaft ausüben kann[908]. Obwohl das Eigentumsrecht jedes Ehegatten auf das ganze Gesamtgut geht, wird er doch in der Ausübung seines Eigentums beschränkt durch das gleiche Recht des anderen Ehegatten[909]. Das Eigentum steht allen Gesamteigentümern gemeinsam zu, "aber doch nicht einem jeden für sich und auch nicht ihrer Gemeinschaft als Einheit, sondern ihnen allen zusammen, in ihrer Verbindung"[910]. Angesichts

---

905 TUOR/SCHNYDER/SCHMID, S. 239, Anm. 2; HAUS-HEER/REUSSER/GEISER, N. 45 zu Art. 222 ZGB.
906 GEISER, Güterstände, S. 115. Vgl. auch MASANTI-MÜLLER, S. 18 f.
907 Vorbehalten bleibt für die Gütergemeinschaft die ordentliche Verwaltung, in deren Rahmen jeder Ehegatte einzeln über das Gesamtgut verfügen kann (Art. 227 Abs. 2 ZGB). Vgl. dazu und zu weiteren Fällen alleiniger Verfügungsberechtigung eines Ehegatten über Gesamtgut auch vorne § 6 III 2 1 c bb bbb cccc bbbbb bbbbbb.
908 MEIER-HAYOZ, N. 1 zu Art. 652 ZGB; LIVER, SPR V/1, S. 114: "Jede individuelle Ausübung des Eigentums ist ausgeschlossen; der Einzelne ist der Gesamtheit hierin völlig ein- und untergeordnet." Vgl. nun auch HAUS-HEER/REUSSER/GEISER, N. 21 der Vorbemerkungen vor Art. 221 ff. ZGB.
909 LIVER, Eigentum, S. 263; JENNY, S. 194. Ebenso E. HUBER, Sachenrecht, S. 16, wonach beim Gesamteigentum "das *Eigentumsrecht* eines jeden Berechtigten *auf die ganze Sache geht,* jedoch dadurch beschränkt wird, dass dasselbe Recht auch den andern zukommt oder allen gemeinsam zusteht" (Kursivschrift im Original), und S. 17 f., Anm. 1, wonach "jedes Glied der Gemeinschaft an dem Gesamteigentum nur insoweit berechtigt ist, als es sich aus der Gesamtheit der Gemeinschaftsbeziehungen ergibt, also unter Vorbehalt aller durch die Gemeinschaft verlangten Rücksicht und Abrechnung"; ähnlich S. 51: "Jeder der gemeinschaftlichen Eigentümer hat hier das ganze Eigentumsrecht, aber dadurch beschränkt, dass ein anderer ebenfalls das ganze hat."
910 LIVER, Eigentum, S. 267.

dieser allen Gesamthändern gemeinsam in ihrer Verbindung zukommenden Eigentümerstellung ist es folgerichtig, dass der einzelne Ehegatte über seinen Anteil am Gesamtgut nicht frei verfügen kann (Art. 222 Abs. 3 ZGB)[911], d.h. keinen verselbständigten Anteil am Gesamtgut hat; trotz mehrfacher Eigentumszuständigkeit[912], in casu der beiden Ehegatten, liegt "ungeteiltes Eigentum"[913], eine "ungeteilte Gesamtberechtigung"[914] vor.

---

911 Vgl. MASANTI-MÜLLER, S. 19, wonach der einzelne Gütergemeinschafter weder über die Gesamtheit seiner Rechte und Pflichten, d.h. über seine Rechtsstellung in der Gütergemeinschaft, noch über seine Vermögensanteile verfügen kann.
912 LIVER, SPR V/1, S. 109, mit Anm. 1.
913 E. HUBER, Sachenrecht, S. 16, Anm. 1.
914 LIVER, SPR V/1, S 108; GROSSEN, Propriété commune, S. 6 oben. Gegen die Theorie der ungeteilten Gesamtberechtigung, im Anschluss an die Dissertation von KUNZ, MEIER-HAYOZ, N. 14 zu Art. 652; ebenso nun auch REY, Sachenrecht I, NN. 974 f. Vgl. zu den unterschiedlichen Auffassungen auch MASANTI-MÜLLER, S. 14. Wenn hier mit EUGEN HUBER und LIVER der traditionellen Auffassung von der ungeteilten Gesamtberechtigung der Vorzug gegeben wird gegenüber der wohl überwiegenden neueren Lehre, so weil jene diese an innerer Geschlossenheit übertrifft; insbesondere kommt jene ohne den künstlich anmutenden Dualismus von Rechtszuständigkeit und Verfügungsmacht sowie ohne die Reduktion der Eigentümerstellung auf eine leere Subjekt-Objekt-Relation aus; vgl. dazu KUNZ, S. 112 ff., besonders S. 115 f., und die Kritik von LIVER, Eigentum, S. 264 ff., und SPR V/1, S. 108, Anm. 1. Für ungeteilte Berechtigung beider Ehegatten an den einzelnen Vermögenswertes des Gesamtgutes auch: TUOR/SCHNYDER/SCHMID, S. 239; HEGNAUER/BREITSCHMID, N. 28.08; LEMP, N. 47 zu Art. 215 aZGB. Im Zusammenhang mit der Gütergemeinschaft geht schliesslich der Wortlaut von Art. 222 Abs. 2 ZGB ebenfalls ausdrücklich von einer ungeteilten Berechtigung aus.

III. Entstehung des Gesamteigentums

1. Vorhandene Gegenstände

An den schon vorhandenen Gegenständen, welchen nach Art. 222 - 224 ZGB Gesamtgutscharakter zukommt[915], entsteht Gesamteigentum unmittelbar mit Abschluss des Ehevertrages auf Gütergemeinschaft unter den Ehegatten[916] [917]. Die im Eigentum des einen, anderen oder beider Ehegatten stehenden Gegenstände fallen, soweit sie dem Gesamtgut zugehören, im Zeitpunkt der Begründung der Gütergemeinschaft uno actu und ipso iure, ohne rechtsgeschäftlichen Übertragungsakt[918] - d.h. ohne Grundbucheintrag, Tradition, Zession oder Indossament - ins Gesamteigentum der Ehegatten: Die Gesamte Hand erwirbt die beiden Vermögen durch Universalsukzession[919].

---

915 Umgekehrt gesprochen fallen Gegenstände dann ins Gesamtgut, wenn ihnen die Eigengutsqualität fehlt.

916 DESCHENAUX, SPR V/3, I, S. 311, Anm. 7a; GEISER, Güterstände, S. 115; DERS., Grundbuchführung, S. 26; DESCHENAUX/STEINAUER, S. 177; TUOR/SCHNYDER/SCHMID, S. 239; HEGNAUER/BREITSCHMID, N. 28.08; REY, Sachenrecht I, N. 999; HAUSHEER/REUSSER/GEISER, N. 34 zu Art. 222 ZGB.
Im alten Eherecht entstand Gesamteigentum bei der sog. externen Gütergemeinschaft erst nach Erfüllung des zusätzlichen Erfordernisses der Eintragung des Ehevertrages im Güterrechtsregister mit nachfolgender Publikation (Art. 248 Abs. 1 aZGB); vgl. WEISS, S. 59; DESCHENAUX, SPR V/3, I, S. 310, Anm. 7. Ferner bereits E. HUBER, Sachenrecht, S. 112, Anm. 2.

917 Sind die ehevertragsschliessenden Parteien Brautleute, entsteht das Gesamteigentum erst mit der nachfolgenden Eheschliessung, weil vorher das unentbehrliche Gemeinschaftsverhältnis der ihrerseits den Bestand der Ehe voraussetzenden Gütergemeinschaft noch nicht vorliegt. Vgl. LEMP, N. 53 zu Art. 215 aZGB; MASANTI-MÜLLER, S. 30. Siehe dazu auch Anm. 941 hienach.

918 Ausdrücklich sagt dies das deutsche Recht; vgl. § 1416 Abs. 2 BGB: "Die einzelnen Gegenstände werden gemeinschaftlich; sie brauchen nicht durch Rechtsgeschäft übertragen zu werden."

919 DESCHENAUX, Communauté, S. 293; WEISS, S. 63 f., mit Hinweis darauf, dass es sich um einen seltenen Fall der Universalsukzession inter vivos handelt. Aussergewöhnlich ist die lebzeitige Universalsukzession deshalb, weil die für den Erwerb erforderlichen Separattitel

Grundstücke, die sich vor Abschluss des Ehevertrages im Alleineigentum eines oder im Miteigentum beider Ehegatten befanden, gehen aussergrundbuchlich ins Gesamteigentum der beiden Ehegatten über[920] [921]. Die Eintragung im Grundbuch ist für den Eigentumsübergang nicht konstitutiv, sondern nur deklaratorisch[922].

---

vorliegend von den Ehegatten ohne weiteres ausgestellt werden könnten.
Den Charakter des am Gesamtgutsvermögen in seiner Gesamtheit und auf einmal erfolgenden Rechtsüberganges hat bereits JUSTUS VERACIUS - Begründer der im übrigen überwundenen Theorie vom condominium plurium in solidum; dazu ZOBL, Gesamthandschaften, S. 37 - für die eheliche Gütergemeinschaft des Bamberger Rechtes aus dem Jahre 1681 treffend wie folgt umschrieben: "Sic utriusque conjugis bona confunduntur, ut quivis eorum totius patrimonii in solidum dominus sit, et quae uxoris fuerunt, jam et eiusdem et mariti sint; vicissim quae maritus habuerat, jam sua et uxoris suae sint, uno verbo et maritus et uxor jure dicere potest, totum patrimonium meum est"; so das Libellus consuetudinum principatus Bambergensis (1681) denuo recusus 1733, S. 59, zitiert nach STOBBE/LEHMANN, S. 279.

920 DESCHENAUX, Communauté, S. 293; WEISS, S. 64, mit Hinweis (S. 64 f.) auf die geschichtliche Entwicklung des Gesamtübergangs für Immobilien; GEISER, Güterstände, S. 115; REY, Sachenrecht I, NN. 1642 f.; MASANTI-MÜLLER, S. 31 f. Vgl. auch das Kreisschreiben Obergericht Zürich, S. 141.

921 Für den Eigentumsübergang ist nicht erforderlich, dass die Grundstücke im Ehevertrag erwähnt werden; vgl. MASANTI-MÜLLER, S. 32. Hingegen ist es aus Gründen der Rechts- und Verkehrssicherheit doch angezeigt, die Grundstücke im Ehevertrag aufzuführen und auch die deklaratorische Eintragung im Grundbuch vornehmen zu lassen. Damit können insbesondere gegenüber gutgläubigen Dritten gültige Verfügungen des materiell nicht mehr alleinberechtigten, aber im Grundbuch noch als solcher eingetragenen Ehegatten (Art. 973 ZGB), verhindert werden; vgl. MASANTI-MÜLLER, S. 32, m.w.H. zum Schutz des gutgläubigen Dritten in Anm. 202.

922 DESCHENAUX/STEINAUER, S. 177; REY, Sachenrecht I, N. 1642. Vgl. zur grundbuchlichen Behandlung eingehend § 10 IV hienach.

2. **Während der Gütergemeinschaft neu erworbene Gegenstände**[923]

An den von den Ehegatten nach Abschluss des Ehevertrages auf Gütergemeinschaft erworbenen Gegenständen mit Gesamtgutscharakter ensteht Gesamteigentum im gleichen Zeitpunkt, in dem sich in der Person zumindest eines Ehegatten der Erwerbstatbestand nach allgemeinem Vermögensrecht erfüllt[924]. Erfolgt der Erwerb von Anfang an durch beide Ehegatten als Gesamthand, tritt keine Kollision der güterrechtlichen mit den sachenrechtlichen Normen ein[925]. Ist dagegen der Erbwerb einseitig durch einen Ehegatten allein vorgenommen worden und fehlt eine besondere causa für die Eigengutsbegründung, so dass der erworbene Vermögenswert in das Gesamtgut gehört, "so sukzediert kraft Güterrechts ohne weiteres die gesamte Hand in die Rechtsstellung des Erwerbers"[926]. Ebenso ensteht Gesamteigentum an Gegenständen

---

923 Behandelt wird der Fall des Erwerbs von Dritten. Für den Sonderfall des Erwerbs der gesamten Hand von einem Gütergemeinschafter selbst sei unter Verweisung auf WEISS, S. 69, Abschnitt Ziff. 4, festgehalten, dass bei güterrechtlichem Erwerb aus dem Eigengut eines Ehegatten Gesamteigentum mit Ehevertragsschluss, bei allgemein vermögensrechtlichem Erwerb dagegen erst mit Erfüllung des sachenrechtlichen Erwerbstatbestandes entsteht. Als güterrechtlicher Erwerb führt auch der Wegfall der causa der Eigengutsbegründung unmittelbar zu Gesamteigentum.

924 EULAU, S. 77; HEGNAUER/BREITSCHMID, N. 28.08. Vgl. zum Einfluss des Güterrechts auf den Eigentumserwerb auch EULAU, S. 8 f.: "Es muss ein Tatbestand vorliegen, wie ihn das allgemeine Vermögensrecht für den Erwerb des Gegenstandes entweder durch den Mann allein oder durch die Frau allein oder durch beide zusammen erfordert. ... In dem Zeitpunkt aber, in dem der Erwerbstatbestand nach allgemeinem Vermögensrecht erfüllt ist, ... tritt dann die Eigentumsänderung kraft ehelichen Güterrechts ein".

925 WEISS, S. 67.

926 WEISS, S. 68. Aufgrund der Sukzession erfolgt m.E. der Erwerb durch die Gesamte Hand im Sinne der Unmittelbarkeitstheorie und nicht der Durchgangstheorie; vgl. MASANTI-MÜLLER, S. 51 ff., mit Hinweisen auf a.M.

mit Gesamtgutscharakter, die von den Gütergemein-
schaftern zu Miteigentum erworben werden.

Wie bei den im Zeitpunkt der Begründung der Gütergemeinschaft bereits vorhandenen Gegenständen[927] vollzieht sich der Übergang ins Gesamteigentum beider Ehegatten auch hier von Gesetzes wegen und uno actu, ohne
dass eine rechtsgeschäftliche Übertragung in den vom
Sachenrecht vorgeschriebenen Formen erforderlich wäre;
Grundstücke fallen, auch wenn nur ein Ehegatte allein
das Erwerbsgeschäft abgeschlossen hat und im Grundbuch
als Eigentümer eingetragen wird, ausserbuchlich ins Gesamteigentum beider Ehegatten[928].

3. Folgen für den gutgläubigen Rechtserwerb

Als Folge der Konstruktion des Eigentumsübergangs an
den Gegenständen des Gesamtguts als Universalsukzession
sind die nur für die Einzelrechtsnachfolge in Betracht
fallenden Grundsätze über den gutgläubigen Rechtserwerb
ausgeschlossen[929]. Die Gütergemeinschaftsgatten erwerben das Gesamteigentum am Gesamtgut bei Begründung und
während der Dauer der Gütergemeinschaft immer so, wie
es der Ehegatte, in dessen Person sich der Erwerbstatbestand nach allgemeinem Vermögensrecht erfüllt, erwerben würde: Ist dieser beim Erwerb bösgläubig, schadet
dies auch dem Erwerb zu gesamter Hand, selbst wenn der
andere Ehegatte gutgläubig ist; umgekehrt schadet dessen böser Glaube nicht, wenn der nach allgemeinem Vermögensrecht erwerbende Ehegatte gutgläubig ist[930]. Es
folgt dies daraus, dass zwischen einseitig erwerbendem
Ehegatten und Gesamthand nicht ein Vertretungs-

---

927 Dazu soeben § 10 III 1.
928 WEISS, S. 67 f.; EULAU, S. 78; SCHLATTER, S. 24.
929 WEISS, S. 65. Im speziellen ist der öffentliche Glaube
    des Grundbuchs (Art. 973 ZGB) ausgeschlossen; vgl.
    WEISS, a.a.O.
930 EULAU, S. 79 f.

verhältnis vorliegt, sondern eine Sukzession der Gesamthand in die Rechtsbeziehungen des Erwerbers[931].

4. Dingliche Wirkung des Ehevertrages?

Zufolge der bei Ehegatten als Parteien[932] zugleich mit Ehevertragsschluss auf Gütergemeinschaft, im Zeitpunkt der Vertragsunterzeichnung im Büro des Notars, ohne weiteres an den vorhandenen Gegenständen mit Gesamtgutscharakter eintretenden Eigentumsveränderungen wird im allgemeinen dem Ehevertrag auf Gütergemeinschaft dingliche Wirkung zugeschrieben[933]. Vereinzelte Stimmen dagegen lehnen die Auffassung, dass der Ehevertrag dinglich wirke, ab mit der Begründung, ein Vertrag erzeuge nur Obligationen, nicht dingliche Rechte[934], bzw. mit dem Argument, die Eigentumsänderungen beruhten nicht auf dem Ehevertrag, sondern träten kraft Gesetzes unabhängig vom Willen der Eheleute ein[935].

Zutreffend ist an sich, dass der Vertrag nicht per se dinglich wirkt: Verträge werden, besonders im Schuldrecht, vorab als die Parteien zu einem bestimmten Verhalten zwingende Verpflichtungsgeschäfte verstanden[936], welche allein für sich keine Veränderung im Bestand subjektiver Rechte und damit auch keine dingliche Wirkung zur Folge haben. Der Ehevertrag auf Begründung der

---

931 WEISS, S. 68 f.
932 Für den Fall, dass die Ehevertragsschliessenden Brautleute sind, vgl. vorne Anm. 917.
933 DESCHENAUX, SPR V/3, I, S. 311, Anm. 7a; REUSSER, S. 41; GEISER, Güterstände, S. 115. Vgl. ebenso aus dem Schrifttum zum alten Eherecht: GMÜR, N. 39 zu Art. 179 aZGB; EGGER, N. 15 zu Art. 179 aZGB; VOGEL, S. 123; KLAUS, S. 15; GNEKOW, S. 8; MASANTI-MÜLLER, S. 31; HAUSHEER/REUSSER/GEISER, N. 10 zu Art. 221 ZGB i.f.
934 So DESCHENAUX, Communauté, S. 293: "On ne saurait parler dans le système du droit germanique de l'effet réel d'un contrat. Une convention n'engendre que des obligations, jamais, à elle seule, de droits de propriété ou d'autres droits réels."
935 So EULAU, S. 123 f.
936 Statt vieler: BUCHER AT, S. 42.

Gütergemeinschaft ist indessen gleichzeitig Verpflich-
tungs- und Verfügungsgeschäft[937], und zwar ist er Verfügungsgeschäft im güterrechtlichen und im dinglichen
Sinne, weil er Änderungen im Bestand der subjektiven
Rechte der Ehegatten sowohl innerhalb der Güterrechts-
ordnung als auch in sachenrechtlicher Hinsicht herbeiführt[938]. Es ist also nicht die vertragliche Vereinbarung als solche, sondern die im Ehevertrag auf Gütergemeinschaft ebenfalls enthaltene Verfügung, welche eine
unmittelbare Veränderung im Bestand der dinglichen
Rechte bewirkt[939]. Eingedenk dieses Umstandes ist es
durchaus zutreffend, dem Gütergemeinschaftsvertrag
dingliche Wirkung zuzuschreiben und diese nicht einfach
als Folge der gesetzlichen Regelung des Güterstandes
der Gütergemeinschaft zu betrachten[940]. Denn, wenn auch
das Gesetz die Gütergemeinschaft mit ihren Rechtswirkungen normiert und als Güterstand zur Verfügung
stellt, ist doch der Ehevertrag - zusammen mit der Ehe
der Parteien und der Gesamtgutseigenschaft der Sachen -
unabdingbares Tatbestandselement und in der Regel das
zeitlich entscheidende Moment für das Entstehen des Gesamteigentums[941]. Der Auffassung, welche die dingliche
Wirkung nicht als Folge des Ehevertrages, sondern
schlicht des Gesetzes begreift, ist entgegenzuhalten,

---

937 REUSSER, S. 41; GEISER, Güterstände, S. 115; DERS.,
Grundbuchführung, S. 26; MASANTI-MÜLLER, S. 31.
938 Die subjektive Rechtsstellung der Ehegatten erfährt
durch den Ehevertrag auf Gütergemeinschaft sowohl gü-
ter- als auch sachenrechtlich eine unmittelbare Änderung: Güterrechtlich, indem der Güterstand der Gütergemeinschaft eintritt, sachenrechtlich, indem Gesamteigentum entsteht.
939 Die Verfügung kann allgemein mit VON TUHR/PETER, § 25
I, S. 194, umschrieben werden als "Rechtsgeschäft,
durch welches ein Recht oder ein Rechtsverhältnis unmittelbar betroffen wird". Vgl. zur güterrechtlichen
Verfügung auch vorne § 3 II 3 2 a bb.
940 So EULAU, S. 123.
941 Ausnahmsweise ist im seltenen Fall, wo bereits Brautleute einen Ehevertrag auf Gütergemeinschaft schliessen, der Zeitpunkt der Trauung - ganz genau der Moment,
in dem der zweite Ehegatte sein Jawort abgibt; vgl.
HEGNAUER/BREITSCHMID, N. 5.27 - für die Entstehung des
Gesamteigentums massgebend. Vgl. auch vorne Anm. 917.

dass sich alles rechtsgeschäftliche Handeln nur innerhalb des gesetzlichen Rahmens der Privatrechtsordnung
mit den von ihr jeweils vorgesehenen Wirkungen abspie-
len kann und insoweit letztlich alle Rechtsgeschäfts-
wirkungen auf die gesetzlichen Normen zurückgeführt
werden müssen.

IV. Grundbuchliche Behandlung

Für den Übergang der Gesamtgutsgrundstücke ins
Gesamteigentum der Ehegatten ist - wie dargelegt - die
Eintragung im Grundbuch nicht konstitutiv, sondern nur
deklaratorisch[942]. Wie beim Erbgang stellt die Eintragung der Gütergemeinschafter im Grundbuch eine blosse
Anpassung der formellen Rechtslage an die ausserbuchlich veränderte materielle Rechtslage dar[943]. Unterlassen die Ehegatten die Anpassung des Grundbuchein-
trags an den extra tabulas eingetretenen Eigentumsübergang, so dass fälschlicherweise ein Ehegatte nicht als
Gesamthänder eingetragen wäre[944], ändert sich am Gesamteigentum nichts, weil dieses kraft Güterrechts besteht und die dem Gesamtgut zugehörenden Grundstücke im
Bereich des relativen Eintragungsprinzipes auch ohne
Grundbucheintrag erfasst[945].

---

942 DESCHENAUX, SPR V/3, I, S. 311, Anm. 7a, und S. 320;
REUSSER, S. 41; GEISER, Güterstände, S. 115; DERS.,
Grundbuchführung, S. 26; HEGNAUER/BREITSCHMID,
N. 28.08; REY, Sachenrecht I, N. 1642; MASANTI-MÜLLER,
S. 32. Vgl. auch HAAB, N. 31 zu Art. 652-654 ZGB; GROS-
SEN, Propriété commune, S. 9; JENNY, S. 202.
943 Vgl. DESCHENAUX, SPR V/3, I, S. 303. Zum analogen Fall
des Erbgangs vorne § 9 II 3 2 a.
944 Zur Vermeidung dieses seit der Abschaffung des Güterrechtsregisters eher möglichen Falles ist es besonders
den Urkundspersonen aufgegeben, einerseits bei der Beurkundung des Gütergemeinschaftsvertrages nach allfälligen Grundstücken der Ehegatten zu fragen und andererseits bei der Beurkundung von Erwerbsgeschäften die güterrechtlichen Verhältnisse des Erwerbers abzuklären.
Vgl. dazu auch GEISER, Grundbuchführung, S. 27.
945 FRIEDRICH, Grundbuch, S. 250; DESCHENAUX, SPR V/3, I,
S. 320, Anm. 37a; GEISER, Grundbuchführung, S. 26 f.

Jeder Ehegatte allein, also auch der am allgemeinen Erwerbstatbestand nicht beteiligte und bisher nicht als
Eigentümer im Grundbuch eingetragene Ehegatte, kann
gemäss Art. 665 Abs. 3 ZGB die Eintragung im Grundbuch
beantragen[946] [947]. Als Beleg dient ihm der
Gütergemeinschaftsvertrag. Im Grundbuch eingetragen
werden die beiden Ehegatten als einzelne Gesamthänder
unter Hinweis auf die Gütergemeinschaft als das die Ge-
samthandsgemeinschaft begründende Rechtsverhältnis
(Art. 33 Abs. 3 GBV)[948].

946 DESCHENAUX, SPR V/3, I, S. 311, Anm 7a, und S. 320;
GEISER, Güterstände, S. 115; HEGNAUER/BREITSCHMID,
N. 28.08; REY, Sachenrecht I, N. 1644; MASANTI-MÜLLER,
S. 32.
947 Die Anmeldung durch einen Ehegatten allein ist durch
den Grundbuchverwalter dem anderen Ehegatten im Sinne
von Art. 969 ZGB anzuzeigen. Erfolgt die Anmeldung allein durch den bisher nicht im Grundbuch eingetragenen
Ehegatten und ohne Nachweis, dass das Grundstück nicht
Eigengut darstellt, ist die Anzeige an den eingetragenen Ehegatten mit einer Fristansetzung zur Einsprache
zu verbinden und der Vollzug der Eintragung bis zum Ab-
lauf der Einsprachefrist aufzuschieben. Vgl. Kreisschreiben Obergericht Zürich, S. 141. Auf die Ansetzung
einer Einsprachefrist ist dagegen m.E. zu verzichten
und die Eintragung ohne weiteres vorzunehmen, wenn be-
legt ist, dass das Grundstück Gesamtgutscharakter aufweist. Vgl. zu dieser Frage auch die divergierenden
Standpunkte von GEISER, Grundbuchführung, S. 28, der
die direkte Anwendbarkeit von Art. 969 ZGB in diesem
Zusammenhang grundsätzlich ablehnt, und die entge-
gengesetzte Auffassung von J. SCHMID, Grundbuchführung,
S. 300.
948 HAAB, N. 23 zu Art. 652-654 ZGB; GROSSEN, Propriété
commune, S. 7.

§ 11 Eigentumsverhältnisse nach Auflösung des Güterstandes durch Tod

I. Akkreszenz zugunsten des überlebenden Ehegatten

1. Zum Vergleich: Eigentumsrechte ohne Gesamtgutszuweisung

Der Tod eines Ehegatten löst die Ehe auf und beendet von Gesetzes wegen den Güterstand der Gütergemeinschaft[949]. Trotz Auflösung von Ehe und Güterstand bleibt aber das mit der Gütergemeinschaft begründete Gesamthandsverhältnis grundsätzlich[950] weiter bestehen: Die Beendigung der Gütergemeinschaft für sich allein bewirkt nicht, dass auch die Gesamthand erlischt[951]. Das Gemeinschaftsverhältnis verwandelt sich vielmehr in eine Liquidationsgemeinschaft[952]. Diese der Gütergemeinschaft unter Änderung des bisherigen Zweckes der Erhaltung und Mehrung des Gesamtgutes zum neuen Ziel der Aufhebung des Gesamtgutes[953] nachfolgende Liquida-

---

949 Art. 241 Abs. 1 ZGB. Vgl. auch LEMP, N. 12 zu Art. 225 aZGB.
950 Vorbehalten bleibt der in § 11 I 2 hienach abzuhandelnde Fall der Gesamtgutszuweisung sowie der Fall, dass der überlebende Ehegatte zugleich einziger Erbe ist.
951 MEIER-HAYOZ, N. 5 zu Art. 654 ZGB; LEMP, N. 12 zu Art. 225 aZGB; ebenso schon LEEMANN, S. 103. Vgl. nun auch HAUSHEER/REUSSER/GEISER, N. 30 zu Art. 236 ZGB. Anders noch E. HUBER, Erläuterungen II, S. 75, wonach, wenn die Gemeinschaft aufgehört hat, die Glieder nicht mehr unter der Verbindung des Gesamteigentums stehen, sondern gewöhnliche Miteigentümer werden. Ebenso nahm die Basler Grundbuchpraxis seit alters her einen Zerfall des Gesamtgutes in Miteigentumsquoten an; vgl. SIMONIUS, S. 224, Anm. 9, und die zutreffende Kritik an dieser Praxis bei FRIEDRICH, Grundbuch, S. 269.
952 DESCHENAUX/STEINAUER, S. 515; NÄF-HOFMANN, S. 358, N. 2083; MASANTI-MÜLLER, S. 20; HAUSHEER/REUSSER/GEISER, N. 14 zu Art. 241 ZGB. Aus der Literatur zur altrechtlichen Gütergemeinschaft: DESCHENAUX, Communauté, S. 347; WEISS, S. 70; LEMP, N. 12 zu Art. 225 aZGB, m.w.H. Vgl. ferner MEIER-HAYOZ, N. 5 zu Art. 654 ZGB.
953 Vgl. GNEKOW, S. 19.

tionsgemeinschaft besteht fort bis zur Beendigung der
zwischen dem überlebenden Ehegatten und den Erben des
Verstorbenen vorzunehmenden Auseinandersetzung um das
Gesamtgut[954]. Bis zu diesem Zeitpunkt bleibt das Ge-
samtgut in dem bei Ableben eines Ehegatten vorhandenen
Bestande weiterhin in der Gesamthandsberechtigung der
Beteiligten[955].

Als solche Beteiligte stehen sich der überlebende Ehegatte und die Erben in zwei sich teilweise überschnei-
denden Gesamthandsverhältnissen gegenüber. Hinsichtlich
des ungeteilten Gesamtgutes besteht eine güterrechtliche Liquidationsgesamthand[956], gebildet einerseits
durch den überlebenden Ehegatten und andererseits durch
die Erben des verstorbenen, die als Erbengemeinschaft,
somit als Sub-Gesamthand, am Gesamtgutsanteil des verstorbenen Gütergemeinschafters berechtigt sind und darüber hinaus eine ausschliesslich erbrechtliche Gesamthand auch an den Paraphernalgütern (Eigengütern) des
Verstorbenen bilden[957].

Ist keine Gesamtgutszuweisung vereinbart[958], sind demnach der überlebende Ehegatte und die Erben des Verstorbenen in ihrer Gesamtheit bis zum Abschluss der

---

954 MEIER-HAYOZ, N. 18 zu Art. 654 ZGB.
955 LEMP, N. 12 zu Art. 225 aZGB.
 Für das deutsche Recht ergibt sich das Fortdauern der
 gesamthänderischen Bindung über die Beendigung der Gütergemeinschaft hinaus bis zum Abschluss der Auseinandersetzung ausdrücklich aus § 1471 Abs. 2 i.V.
 m. § 1419 BGB.
956 "Güterrechtlich" ist die Liquidationsgesamthand in dem
 Sinne, als sie eine Nachwirkung der Gütergemeinschaft
 darstellt.
957 SIMONIUS, S. 224, Anm. 9; GNEKOW, S. 22. Vgl. zur Über-
 lagerung von güter- und erbrechtlicher Gesamthand bei
 Ableben eines Gütergemeinschafters ohne Gesamtgutszuweisung auch: SCHÖNBERG, S. 103 f.; PICENONI, Ineinandergreifen, S. 202; LEMP, N. 19 zu Art. 225 aZGB; HAUS-
 HEER/REUSSER/GEISER, N. 9 zu Art. 236 ZGB.
958 Zur Rechtslage bei vereinbarter Zuweisung des Gesamtgutes sogleich § 11 I 2.

Auseinandersetzung Gesamteigentümer am Gesamtgut[959]. Nach Art. 241 Abs. 1 ZGB verbleibt die eine Hälfte des Gesamtgutes dem überlebenden Ehegatten, während die andere an die Erben fällt; nach Art. 241 Abs. 2 ZGB können freilich die Gesamtgutsanteile unter den Ehegatten ehevertraglich anders festgesetzt werden[960]. Der Anspruch auf den Gesamtgutsanteil ist, soweit Sachen in Frage stehen, wie die Berechtigung während der Gütergemeinschaft dinglicher Natur[961]. Der Eintritt des Todes eines Ehegatten hat wohl einen erbrechtlichen Eigentumsübergang an dem internen Gesamtgutsanteil des verstorbenen Gütergemeinschafters zur Folge, ändert aber güterrechtlich, als Auflösungsgrund der Gütergemeinschaft, nichts an den Eigentumsverhältnissen[962]: Ohne Gesamtgutszuweisung erfolgen keine Eigentumsverschiebungen kraft Güterrechts. Der Gesamtgutsanteil des überlebenden Ehegatten verbleibt in dessen Eigentum, der Gesamtgutsanteil des verstorbenen Gütergemeinschafters fällt gestützt auf den Erbgang an die Erben, die an den Grundstücken des Gesamtguts entsprechend dem in den Nachlass fallenden Gesamtgutsanteil des verstorbenen Ehegatten aussergrundbuchlich Eigentum erwerben[963].

---

959 GNEKOW, S. 170; ebenso die in Anm. 957 zitierten Autoren. A.M. ZOBL, Gesamthandschaften, S. 122 f., der bei Gütergemeinschaft immer, unabhängig davon, ob die Zuweisung des Gesamtgutes an den überlebenden Ehegatten vereinbart ist oder nicht, ein Anwachsen der Gesamthandsberechtigung an den überlebenden Ehegatten annimmt und die Erben in allen Fällen auf rein schuldrechtliche Ansprüche verweist.
960 Die Festlegung der Anteile ist stufenlos bis zur Gesamtgutszuweisung möglich; ist jedoch integrale Gesamtgutszuweisung an den überlebenden Ehegatten vereinbart, entsteht keine Liquidationsgemeinschaft mehr, sondern es greift Akkreszenz. Dazu § 11 I 2 hienach.
961 Vgl. LEMP, N. 21 zu Art. 225 aZGB.
962 MEIER-HAYOZ, N. 18 zu Art. 654 ZGB; GNEKOW, S. 170. A.M. ZOBL, Gesamthandschaften, S. 122 f., wonach der überlebende Ehegatte Alleineigentümer des Gesamtgutes wird.
963 Zum Eigentumserwerb an Grundstücken durch Erbgang auch vorne § 8 I und 9 II 3 2 a.

Beendet ist die Gesamthand erst mit der vollständigen, im Rahmen der güterrechtlichen Auseinandersetzung nach Art. 236 ff. ZGB abzuwickelnden Liquidation des Gesamtgutes durch die Beteiligten[964]. In der Teilung des Gesamtgutes sind der überlebende Ehegatte und die Erben grundsätzlich frei; können sie sich nicht einigen, kommen die gesetzlichen Regeln von Art. 243 ff. ZGB zur Anwendung[965]. Sollen Gesamtgutsgrundstücke in der güterrechtlichen Auseinandersetzung dem überlebenden Ehegatten oder einem Erben zugewiesen werden, so erfolgt der Erwerb auf rechtsgeschäftlicher Grundlage. Er bedarf der Zustimmung beider Liquidationsgemeinschafter, des überlebenden Ehegatten wie der zur Gemeinschaft verbundenen Erben[966], und des konstitutiven Grundbucheintrages[967]. Es liegt ein auf der Auseinandersetzungsvereinbarung[968] gründender oder durch Realteilung[969] zu vollziehender, an die sachenrechtlichen Übertragungsformen gebundener Eigentumserwerb in Einzelnachfolge vor.

2. Gesamtgutszuweisung

Haben die Ehegatten im Ehevertrag auf Gütergemeinschaft die Zuweisung des Gesamtgutes an den überlebenden vereinbart, beendet der Tod sowohl den Güterstand als auch - und dies im Gegensatz zur Situation bei fehlen-

---

964 GNEKOW, S. 18; vgl. auch LEMP, N. 12 zu Art. 225 aZGB.
965 DESCHENAUX/STEINAUER, S. 516.
966 GNEKOW, S. 171.
967 WEISS, S. 71; LEMP, NN. 66 f. zu Art. 225 aZGB; GNEKOW, S. 171. Vgl. auch STEINAUER II, N. 1561 a i.f.: "Le partage des biens communs ensuite de decès ..... donnent ..... lieu à des acquisitions moyennant inscription."
968 Für diese genügt nach Art. 246 i.V.m. Art. 634 Abs. 2 ZGB die Schriftform; ebenso MERZ, Übertragung, S. 135; LEMP, N. 65 zu Art. 225 aZGB; HAUSHEER/REUSSER/GEISER, N. 31 zu Art. 246 ZGB. Vgl. dazu auch vorne § 9 II 2 2 c bb bbb.
969 LEMP, N. 67 zu Art. 225 aZGB; HAUSHEER/REUSSER/GEISER, N. 33 zu Art. 246 ZGB. Dazu auch vorne § 9 II 2 2 c aa.

der Gesamtgutszuweisung[970] - das Gesamthandsverhältnis[971]. Aufgrund der ehevertraglichen Zuweisung fällt
das ganze Gesamtgut im Moment des Ablebens des ersten
Ehegatten an den überlebenden; dieser wird kraft des
Grundsatzes der Akkreszenz ipso iure und uno actu Alleineigentümer des Gesamtgutes[972]. Grundstücke des Gesamtgutes gehen aussergrundbuchlich ins Alleineigentum
des überlebenden Ehegatten über[973]. Ein rechtsgeschäftlicher Übertragungsakt ist nicht erforderlich wie
eine Teilung des Gesamtgutes sich in Anbetracht seiner
vollumfänglichen Zuweisung an den überlebenden Ehegatten überhaupt erübrigt.

---

970   Dazu soeben § 11 I 1.
971   Vgl. GNEKOW, S. 172.
972   Kreisschreiben   Obergericht   Zürich,   S.   141;
      HEGNAUER/BREITSCHMID,   N.   28.53;   HAUSHEER/PFÄFFLI,
      S. 42.
      Ebenso die praktisch einhellige Lehre zur altrechtli-
      chen externen Gütergemeinschaft: EGGER, N. 1 zu Art.
      226 aZGB; BAUMANN, S. 124; SCHLATTER, S. 142; PICENONI,
      Ineinandergreifen, S. 201 f.; STIRNEMANN, S. 275 f.;
      HAUSHEER, Grenzfragen, S. 267 f.; GNEKOW, S. 19 und
      S. 172; RUF, S. 109; MEIER-HAYOZ, N. 62 zu Art. 654
      ZGB; SCHNYDER, Besprechung von BGE 111 II 113 ff., in
      ZBJV 123/1987, S. 103 ff. Vgl. auch MERZ, Übertragung,
      S. 135 ff., der sich indessen nirgends direkt zur ex-
      ternen Gütergemeinschaft äussert. Akkreszenz zugunsten
      des   überlebenden   Ehegatten   nimmt   ebenfalls   das
      Bundesgericht an; vgl. BGE 111 II 113 ff. A.M. LEMP, N.
      24 zu Art. 225 aZGB, der auch bei Gesamtgutszuweisung
      in der externen Gütergemeinschaft des alten Rechts eine
      Liquidationsgemeinschaft annimmt und die Gesamtgutszu-
      weisung statt als dinglich wirkende Liquidationsverein-
      barung m.E. zu Unrecht als reine Teilungsvorschrift
      qualifiziert; vgl. zum Unterschied zwischen obligatori-
      scher Teilungsvorschrift und dinglicher Bestimmung des
      Liquidationsmodus durch Gesamtgutszuweisung GNEKOW, S.
      114 f. Für Liquidationsgemeinschaft bei altrechtlicher
      externer Gütergemeinschaft auch WEGMANN, S. 273. Die
      weiteren von einer Liquidationsgemeinschaft ausgehenden
      Stimmen im alten Recht - EGGEN, S. 255 ff.; FRIEDRICH,
      Grundbuch, S. 1269 f.; GROSSEN, Propriété commune,
      S. 11 - beziehen sich alle auf die interne Gütergemein-
      schaft.
973   Stellungnahme Bundesamt für Justiz, S. 107; Kreis-
      schreiben Obergericht Zürich, S. 142; PFÄFFLI, Revi-
      sion, S. 234, Ziff. 12 lit. b; HAUSHEER/PFÄFFLI, S. 42.

Die Anwachsung (Akkreszenz) ergibt sich aus dem Wegfall
der mit der Gesamthandsberechtigung verbundenen Ein-
schränkungen: Während der Dauer des Güterstandes hatten
die Ehegatten als Gesamteigentümer zwar volles Eigentum
an jeder Sache des Gesamtgutes, doch waren sie in der
Ausübung des Eigentums daran beschränkt durch das gleiche Recht des anderen Ehegatten[974]; diese Beschränkung
entfällt mit dem Tode eines Ehegatten und das bisherige
Gesamteigentum beider Ehegatten kann sich aufgrund der
Gesamtgutszuweisung zu Alleineigentum des überlebenden
ausdehnen[975]. Es erfolgt entsprechend dem dem Gesamteigentum immanenten Prinzip der Rechtskonsolidation[976]
eine "Konzentrierung der Gesamthandsberechtigung auf
die verbleibenden Personen"[977] bzw. bei der Gütergemeinschaft als Zweiergemeinschaft ein Anwachsen
zugunsten des überlebenden Ehegatten[978]. Die ehevertragliche Gesamtgutszuweisung ist güterrechtliche und
zugleich sachenrechtliche Verfügung[979]; sie wirkt daher
- im Gegensatz zu Teilungsvorschriften - dinglich und
schliesst die Erben von jeder Berechtigung am Gesamtgut
aus[980]. Dies gilt selbst bei einer allfällig durch die
Gesamtgutszuweisung erfolgenden Verletzung der Pflichtteile der Nachkommen[981], weil die erbrechtliche Herabsetzungsklage nur einen obligatorischen Anspruch auf
wertmässige Herstellung des Pflichtteils vermittelt,
folglich den aufgrund des Güterrechts erfolgenden ding-

---

974 LIVER, Eigentum, S. 263; RUF, S. 109 f.. Vgl. auch
    GUHL, Gesamthandsverhältnisse, S. 53; HAAB, N. 15 zu
    Art. 652-654 ZGB. Zur ungeteilten Gesamtberechtigung
    vorne § 10 II 3.
975 GNEKOW, S. 173.
976 Rechtskonsolidation ist nach GNEKOW, S. 173, Anm. 87,
    der rechtstechnische Ausdruck für die Anwachsung.
977 LIVER, Eigentum, S. 264.
978 GNEKOW, S. 173.
979 Vgl. vorne § 10 III 4.
980 GNEKOW, S. 173; HAUSHEER/PFÄFFLI, S. 42.
981 Nach der Sonderregel von Art. 241 Abs. 3 ZGB sind nur
    Nachkommen gegenüber der Gesamtgutszuweisung pflicht-
    teilsgeschützt.

lichen Rechtsübergang an den überlebenden Ehegatten nicht zu hindern vermag[982] [983].

Die Gesamtgutszuweisung legt somit hinsichtlich der Gesamtgutsobjekte sowohl die Modalitäten der güterrechtlichen Auseinandersetzung wie auch die sachenrechtliche Eigentumszuordnung unabänderlich im Sinne der Anwachsung an den überlebenden Ehegatten fest; einer Willensbildung hinsichtlich der Liquidation oder der Begründung einer Liquidationsgemeinschaft zur Vornahme der Auseinandersetzung am Gesamtgutsvermögen bedarf es nicht mehr, weil sich durch die vollständige Anwachsung des Gesamtgutes zugunsten des überlebenden Ehegatten eine Liquidation überhaupt erübrigt[984]. Es liegt eine Auflösung der Gütergemeinschaft ohne Liquidation des Gesamtgutes, welches dem überlebenden Ehegatten durch Gesamtrechtsnachfolge kraft Akkreszenz zu Alleineigentum anfällt, vor.

II. Vergleich mit der Vorschlagszuweisung und der einfachen Gesellschaft mit Anwachsungsvereinbarung

Wie die Gesamtgutszuweisung legen auch die Vorschlagszuweisung sowie die unter Ehegatten bei Erwerb von Grundstücken ebenfalls häufige Begründung einer einfachen Gesellschaft mit Vereinbarung einer Fortsetzungsklausel zugunsten des überlebenden Ehegatten[985]

---

982 Vgl. die Stellungnahme Bundesamt für Justiz, S. 107; ebenso das Kreisschreiben Obergericht Zürich, S. 142. Zum obligatorischen Charakter der Herabsetzungsklage vgl. BGE 110 II 232. Zu den Auswirkungen im Rahmen der grundbuchlichen Behandlung hinten § 11 III 2 2, besonders bei Anm. 1015 f.
983 Zu den sich daraus ergebenden Konsequenzen für die grundbuchliche Behandlung siehe hinten § 11 III.
984 HAUSHEER/PFÄFFLI, S. 42; GNEKOW, S. 18 und 19; MEIER-HAYOZ, NN. 58 ff., besonders N. 62 zu Art. 654 ZGB; HAUSHEER, Grenzfragen, S. 267; MASANTI-MÜLLER, S. 20. Vgl. auch HAAB, N. 15 zu Art. 652-654 ZGB.
985 Vgl. dazu RUF, Anmerkung zu BGE 119 II 119 ff., in: BN 1993, S. 179 ff.

Liquidationsmodalitäten eines Gemeinschaftsverhältnisses der Beteiligten fest. Die drei in der Notariatspraxis verbreiteten Abreden sollen kurz miteinander verglichen werden.

Die Gesamtgutszuweisung und die einfache Gesellschaft
mit Vereinbarung der Anwachsung an den überlebenden
Ehegatten[986] sind dinglich wirkende Liquidationsmodalitäten eines zu Lebzeiten bereits bestehenden
Gesamteigentumsverhältnisses[987]. In beiden Fällen wird
der überlebende Gütergemeinschafter bzw. Gesellschafter
Alleineigentümer kraft Akkreszenz und eine Liquidationsgemeinschaft oder -gesellschaft entfällt[988]. Dagegen
erweist sich die Vorschlagszuweisung als eine Vereinbarung obligatorischer Natur, welche die zu Lebzeiten
grundsätzlich, d.h. ohne besondere rechtsgeschäftliche
Abrede, im getrennten Eigentum der Ehegatten stehenden
Errungenschaften betrifft.

Umgekehrt haben Vorschlags- und Gesamtgutszuweisung
gemeinsam, dass mit ihnen eine Begünstigung des überlebenden Ehegatten verbunden ist, indem dieser mit der
ehevertraglichen Zuwendung mehr erhält als nach der gesetzlichen Regelung[989]. Im Gegensatz dazu enthält die

---

Zur "Grundstücks-Ehegattengesellschaft" nun HOHL,
S. 106 ff.

986 Die Vereinbarung der Anwachsung bei der einfachen Gesellschaft ist natürlich personell nicht nur zugunsten
des überlebenden Ehegatten, sondern zugunsten des überlebenden Gesellschafters generell möglich. Vgl. allgemein zu den möglichen rechtsgeschäftlichen Vereinbarungen über die Fortsetzung der Gesellschaft beim Tod
eines Gesellschafters HAUSHEER/PFÄFFLI, S. 40-42.

987 Bei der einfachen Gesellschaft kann statt Gesamteigentum auch Miteigentum vorliegen, wenn dies ausdrücklich
vereinbart worden ist; vgl. MEIER-HAYOZ/FORSTMOSER, § 8
N. 15. Eine Anwachsungsvereinbarung ist diesfalls nicht
möglich.

988 HAUSHEER/PFÄFFLI, S. 42, lit. E zur Gesellschaftsliqui-
dation und lit. F Ziff. 1 zur Gesamtgutszuweisung. Vgl.
zur Anwachsung bei der einfachen Gesellschaft mit Fortsetzungsklausel auch STAEHELIN, Besprechung von BGE 119
II 119 ff., in: AJP 1/1994, S. 101; ferner HOHL, S. 177
f. und zur grundbuchlichen Behandlung S. 184 f.

989 Zum Begriff der Begünstigung vgl. vorne § 1 I 1.

Anwachsungsvereinbarung zugunsten des überlebenden Ehe-
gatten-Gesellschafters keine Begünstigung: Kraft
Akkreszenzprinzips ermöglicht sie lediglich den automa-
tischen Übergang des Gesellschaftsvermögens - d.h. bei
Grundstücken einen ausserbuchlichen Eigentumsübergang -
an den überlebenden Gesellschafter, der aber anschlies-
send die ohne dingliche Berechtigung an den Gesell-
schaftssachen verbleibenden Erben des verstorbenen Gesellschafters zum vollen Verkehrswert abzufinden hat.
Soll der überlebende Ehegatte im Rahmen einer Ehegat-
ten-Gesellschaft auch vermögensrechtlich begünstigt
werden, bedarf es einer zusätzlichen Abfindungsverein-
barung in Form einer Verfügung von Todes wegen[990].

Zusammengefasst lässt sich die Vorschlagszuweisung als
Begünstigung obligatorischer Natur, die Gesamtgutszuweisung als Begünstigung dinglichen Charakters und die
Fortsetzungsklausel zugunsten des überlebenden Gesellschafters bei der einfachen Gesellschaft als Vereinbarung mit dinglicher Wirkung, aber ohne Begünstigung,
beschreiben.

III. Grundbuchliche Behandlung

1. Ausserbuchlicher Eigentumserwerb

1.1. Deklaratorische Grundbucheintragung

Unabhängig davon, ob sie im Grundbuch auf beide Ehegatten oder nur auf einen eingetragen sind, gehen Grundstücke des Gesamtgutes bei Ableben eines Ehegatten aufgrund der Gesamtgutszuweisung ipso iure ausserbuchlich
ins Alleineigentum des überlebenden Ehegatten über[991].

---

990 HAUSHEER/PFÄFFLI, S. 43; vgl. auch BGE 113 II 270 ff.
991 Vgl. vorne § 11 I 2.

Zufolge des extra tabulas eintretenden Eigentumsübergangs stimmen die tatsächlichen materiellen Eigentumsverhältnisse nicht mehr mit dem Eintrag im Grundbuch
überein[992]. Während nach Grundbucheintrag formell noch
die Ehegatten in Gütergemeinschaft - oder ein Ehegatte
allein oder die Ehegatten als Miteigentümer bei unter-
lassener Anpassung des Grundbuchs an das mit Begründung
der Gütergemeinschaft ausserbuchlich eingetretene Gesamteigentum - als Eigentümer und damit formell über
das Grundstück Verfügungsberechtigte erscheinen, sind
sie es materiell nicht mehr; umgekehrt ist der überlebende Ehegatte materiell Eigentümer und damit
verfügungsberechtigt, kann aber vor seiner Eintragung
im Grundbuch formell nicht über das Grundstück verfügen[993] [994]. Die nicht mehr zutreffende formelle, buch-
rechtliche Rechtslage ist daher an die richtige materielle, ausserbuchlich bereits eingetretene Rechtslage anzupassen[995]. Die Eintragung, welche die Richtigstellung des Grundbuches bezweckt, hat, im Gegensatz
zu den Eintragungen im Geltungsbereich des absoluten
Eintragungsprinzipes, keine konstitutive, rechtsbegründende Wirkung, sondern rein deklaratorische Bedeutung[996]. Für die Entstehung der dinglichen Allein-

---

992 Vgl. DESCHENAUX, SPR V/3, I, S. 308 oben.
993 Art. 656 Abs. 2 ZGB. Vgl. BGE 111 II 41 f.
     Der noch nicht eingetragene ausserbuchliche Erwerber
     ist nur von grundbuchlichen Verfügungen ausgeschlossen.
     Dagegen ist ihm nicht verwehrt, von Todes wegen über
     das Grundstück zu verfügen.
994 Angesichts dieser Sachlage des Auseinanderklaffens zwi-
     schen formeller und materieller Rechtslage von einer
     "Spaltung des Verfügungsrechts" zu sprechen, wie dies
     das EJPD in einer Stellungnahme vom 1. März 1985 tut
     - vgl. den Hinweis bei PFÄFFLI, Aktuelle
     grundbuchrechtliche Probleme des Grundstückkaufs, Ta-
     gungsunterlagen vom 13. Juni 1991, S. 30, Fallbeispiel
     15 - ist nicht ganz zutreffend: Das mit dem Eigentum am
     Grundstück verbundene Verfügungsrecht spaltet sich
     nicht, sondern beurteilt sich einheitlich nach der ma-
     teriellen Rechtslage; die formelle Verfügungsberechti-
     gung des verstorbenen Eigentümers ist keine wirkliche,
     sondern nur eine scheinbare.
995 DESCHENAUX, SPR V/3, I, S. 308; REY, Sachenrecht I,
     N. 1546.

berechtigung des überlebenden Ehegatten am Gesamtgut
ist die Einschreibung nicht erforderlich; ebenso sagt
sie über das Datum der Begründung und den Inhalt des
dinglichen Rechts nichts aus[997].

Wenn auch der Eintragung des Erwerbers im Bereich des
relativen Eintragungsprinzipes nicht rechtsbegründende
Wirkung im Sinne der Eigentumsverschaffung zukommt, so
ist sie andererseits doch nicht nur reine Ordnungsvor-
schrift. Der das Grundstück aufgrund der Gesamtgutszuweisung erwerbende überlebende Ehegatte geniesst zwar
auch ohne seine Einschreibung alle Rechte und es treffen ihn auch alle Pflichten wie wenn er eingetragener
Eigentümer wäre, jedoch kommen ihm die Vorteile nicht
zu, die an die Eintragung geknüpft sind[998]. Vor allem
erhält der ausserbuchliche Eigentümer die sog. formelle
Verfügungsmacht erst mit seiner Eintragung im Grundbuch
(Art. 656 Abs. 2 ZGB), womit insofern ein indirekter
Zwang zur Eintragung besteht[999]. Darüber hinaus sind
auch im Rahmen des relativen Eintragungsprinzipes die
Vermutungen aus Art. 937 ZGB und der Gutglaubensschutz
nach Art. 973 ZGB an die Eintragung geknüpft[1000].

1.2. Nichtrechtsgeschäftlicher, aber doch auf Rechtsgeschäft beruhender Eigentumserwerb

Der überlebende Ehegatte erwirbt das Eigentum am
Gesamtgutsgrundstück unabhängig vom Grundbuch, allein
mit der Erfüllung des den Erwerbsgrund bildenden

---

996 DESCHENAUX, SPR V/3, I, S. 308; HOMBERGER, N. 22 zu
Art. 963 ZGB; OSTERTAG, N. 52 zu Art. 963 ZGB; LIVER,
SPR V/1, S. 142.
997 DESCHENAUX, SPR V/3, II, S. 629; STEINAUER I, N. 901.
998 DESCHENAUX, SPR V/3, II, S. 627.
999 MEIER-HAYOZ, N. 2 zu Art. 656 ZGB; HAAB, N. 2 zu Art.
656 ZGB; REY, Sachenrecht I, N. 1541, m.w.H.
1000 DESCHENAUX, SPR V/3, I, S. 308 f.; vgl. auch STEINAUER
I, NN. 902 f.. Eingehend zu den Wirkungen der Eintragungen im Bereich des relativen Eintragungsprinzips DE-
SCHENAUX, SPR V/3, II, S. 625 ff.

gesetzlichen Tatbestandes[1001], bestehend aus dem Vorliegen eines Gütergemeinschaftsvertrages mit Gesamtgutszuweisung und dem Ableben des ersten Ehegatten.
Weil der Eigentumserwerb kraft Gesamtgutszuweisung ausschliesslich auf der Erfüllung des eben umschriebenen
Tatbestandes beruht, fällt er - mit den anderen ausserbuchlichen Erwerbstatbeständen zusammen - in die
Kategorie des sog. gesetzlichen, nichtrechtsgeschäftli-
chen oder ausservertraglichen Eigentumserwerbes[1002].
Indessen ist die Bezeichnung als gesetzlicher, nichtrechtsgeschäftlicher oder ausservertraglicher Eigentumserwerb insofern unscharf, als der gesetzliche Tatbestand für den Erwerb aufgrund der Gesamtgutszuweisung
- im Gegensatz zu den meisten anderen Fällen des ausserbuchlichen Eigentumserwerbs[1003] - im Grunde doch ein
Rechtsgeschäft, nämlich einen Ehevertrag mit Gesamtgutszuweisung, voraussetzt. Die Gesamtgutszuweisung
lässt sich daher - in Abgrenzung zum Erwerb nach abso-
lutem Eintragungsprinzip - als nichtrechtsgeschäftlicher, aber doch - im Unterschied zu den meisten ausser-

---

1001 Vgl. allgemein zum Eigentumserwerb im Geltungsbereich
     des relativen Eintragungsprinzipes aufgrund Erfüllung
     der gesetzlichen Tatbestandsvoraussetzungen: DESCHE-
     NAUX, SPR V/3, I, S. 307; REY, Sachenrecht I, N. 1546.
1002 So die gebräuchlichen Bezeichnungen für den Eigen-
     tumserwerb im Bereiche des relativen Eintragungsprin-
     zipes; vgl. DESCHENAUX, SPR V/3, I, S. 307 ("Erwerb ...
     von Gesetzes wegen"); MEIER-HAYOZ, N. 75 zu Art. 656
     ZGB ("Tatbestände des nichtrechtsgeschäftlichen Eigen-
     tumserwerbs"); REY, Sachenrecht, Titel zu § 21 ("Der
     nichtrechtsgeschäftliche Erwerb des Eigentums an Grund-
     stücken ..."); MEIER-HAYOZ, Scriptum der Sachenrechts-
     vorlesung, unveränderter Nachdruck 1987, Titel zu § 14
     ("Der ausservertragliche Erwerb").
1003 Im Rahmen des relativen Eintragungsprinzipes enthalten
     neben der zur Begründung und Auflösung der Gütergemein-
     schaft gehörenden Gesamtgutszuweisung im wesentlichen
     - für einzelne Sonderfälle vgl. REY, Sachenrecht I, NN.
     1666 ff. - nur noch der Erbgang aufgrund einer Erbein-
     setzung und die einfache Gesellschaft mit Anwachsungs-
     vereinbarung ein Rechtsgeschäft als Element des Er-
     werbstatbestandes. Alle anderen Fälle des aussergrund-
     buchlichen Eigentumserwerbs - Aneignung, Bildung neuen
     Landes, Bodenverschiebung, Ersitzung, Erbgang kraft Ge-
     setzes, Enteignung, Urteil - beruhen auf einem gesetz-
     lichen Tatbestand, der auch seinerseits kein Rechtsge-
     schäft voraussetzt.

buchlichen Erwerbstatbeständen - auf Rechtsgeschäft beruhender Eigentumserwerb umschreiben. Innerhalb der Tatbestände aussergrundbuchlichen Eigentumserwerbs liegt bei der Gesamtgutzuweisung zudem ein Fall derivativen Erwerbs vor, weil sich das Alleineigentum des überlebenden Ehegatten vom Gesamteigentum beider Ehegatten ableitet[1004].

2. Ausweis zur Grundbucheintragung

2.1. Vorbemerkung

Eintragungen im Grundbuch dürfen allgemein nur aufgrund eines Ausweises über das Verfügungsrecht und den Rechtsgrund vorgenommen werden (Art. 965 Abs. 1 ZGB). Nicht einhellig beantwortet wird die Frage, welche Ausweise der überlebende Ehegatte zu seiner Eintragung im Grundbuch als Eigentümer der ihm kraft Akkreszenz aus der Gesamtgutzuweisung zugefallenen Grundstücke beizubringen hat. Genügen hiefür - entsprechend der Zürcher Praxis[1005] - die Vorlage von Ehevertrag und Todesschein oder ist - wie es die bernische Praxis zu verlangen scheint[1006] - zusätzlich ein Ausweis darüber beizubringen, dass der Ehevertrag den Erben eröffnet worden ist und dagegen keine Einsprachen eingegangen sind?

1004 Vgl. die Gliederung in Tatbestände derivativen und originären ausserbuchlichen Eigentumserwerbs bei LIVER, SPR V/1, S. 143.
1005 Gemäss Kreisschreiben Obergericht Zürich, S. 142, genügt als Rechtsgrundausweis zur Grundbucheintragung ein neurechtlicher Ehevertrag mit vorbehaltloser Gesamtgutzuweisung.
1006 Dazu sogleich § 11 III 2 2.

2.2. Eröffnung des Ehevertrages?

Die Musterurkundensammlung des Verbandes bernischer Notare sieht für den Fall der allgemeinen Gütergemeinschaft mit Gesamtgutszuweisung an den überlebenden Ehegatten vor, dass der Ehevertrag den Erben zu eröffnen
ist[1007]. Die unangefochtene Eröffnung des Ehevertrages
trete an die Stelle der schriftlichen Zustimmung der
Erben zur Auslieferung des Gesamtgutes an den überlebenden Ehegatten; hinsichtlich der Grundstücke ersetze
"die auf der Eröffnung basierende Feststellung, dass
dem überlebenden Ehegatten das eheliche Vermögen aus
güterrechtlichen Gründen zu Alleineigentum angewachsen
ist, einen Erbenschein im Sinne von Art. 18 GBV"[1008].

Sollte damit die Eröffnung des Ehevertrages als zwin-
gendes Erfordernis zur Eintragung des gesamtgutsberech-
tigten überlebenden Ehegatten im Grundbuch vorausge-
setzt werden[1009], wäre diese Auffassung, weil mit den
zivilrechtlichen Verhältnissen unvereinbar, abzulehnen.

Der Ehevertrag mit Gesamtgutszuweisung an den überlebenden Ehegatten macht diesen kraft Akkreszenz unmittelbar im Zeitpunkt des Todes des erstversterbenden
Ehegatten ipso iure aussergrundbuchlich zum Alleineigentümer der Gesamtgutsgrundstücke[1010]. Seine Eintragung als Eigentümer im Grundbuch ist eine rein deklaratorische Richtigstellung des Grundbucheintrages, eine
Anpassung an die bereits eingetretene Änderung der materiellen Rechtslage[1011]. Der ausserbuchliche Eigentumsübergang kraft Güterrechts erfolgt unabhängig davon, ob neben dem überlebenden Ehegatten noch gesetzliche oder eingesetzte Erben vorhanden sind oder

---

1007 Vgl. Musterurkunde Nr. 47.
1008 Musterurkunde Nr. 47, Anm. 1.
1009 Diese Forderung wird zwar nicht explizit erhoben, doch
     beruht die Musterurkunde Nr. 47 sinngemäss auf ihr.
1010 Vorne § 11 I 2.
1011 Vorne § 11 III 1 1; GNEKOW, S. 172.

nicht[1012]. Eine Zustimmung der Erben zum Eigentumsübergang bzw. zu der diesen nur nachvollziehenden Eintragung des überlebenden Ehegatten im Grundbuch ist nicht
erforderlich[1013]. Selbst allfällig in ihren Pflicht-
teilsrechten verletzte Nachkommen (Art. 241 Abs. 3 ZGB)
sind nicht zu begrüssen[1014], da Art. 241 Abs. 3 ZGB gegenüber der Gesamtgutszuweisung lediglich den erbrechtlichen Pflichtteilsschutz vorbehält, der nur obligatorische Ansprüche vermittelt[1015]. Die Möglichkeit der
Herabsetzungsklage hindert daher den ex lege erfolgenden Eigentumsübergang nicht[1016].

Angesichts dieser materiellrechtlichen Ausgangslage
hängt die Verdichtung der lebzeitigen Gesamteigentums-
rechte der Gütergemeinschaftsgatten zum Alleineigentum
des überlebenden Teils niemals davon ab, ob seine
Rechte aus der Gesamtgutszuweisung von den Erben anerkannt sind oder nicht[1017] [1018], und es kann die Eröff-

---

1012 PFÄFFLI, Revision, S. 234, Ziff. 12 lit. b; HAUS-
HEER/PFÄFFLI, S. 42; PFÄFFLI, Rechtsprechung 1994,
S. 334, Ziff. 67.
1013 GNEKOW, S. 172; HAUSHEER/PFÄFFLI, S. 42. A.M. Musterurkunde Nr. 47, Anm. 1, welche zur Auslieferung des Gesamtgutes an den überlebenden Ehegatten grundsätzlich
die schriftliche Zustimmung der Erben voraussetzt und
alternativ deren Ersetzung durch die unangefochtene Eröffnung des Ehevertrages vorsieht.
1014 Stellungnahme Bundesamt für Justiz, S. 106 f.; Kreisschreiben Obergericht Zürich, S. 142; HAUSHEER/PFÄFFLI,
S. 42; HAUSHEER/REUSSER/GEISER, N. 53 zu Art. 241 ZGB.
1015 Bereits aus dem Wortlaut von Art. 522 Abs. 1 ZGB folgt,
dass die Herabsetzungsklage nur einen Anspruch auf den
Pflichtteil "dem Werte nach", somit eine obligatorische
Forderung, verschafft. Zur obligatorischen Natur des
Herabsetzungsanspruchs BGE 110 II 232; ebenso: WISS-
MANN, S. 352; Stellungnahme Bundesamt für Justiz, S.
107; RUF, Anmerkung zu BGE 119 II 119 ff., in: BN 1993,
S. 181, Anm. 5.
1016 Vgl. auch DESCHENAUX, SPR V/3, I, S. 311 oben, Anm. 7.
1017 Vgl. Stellungnahme Bundesamt für Justiz, S. 107; GNE-
KOW, S. 185, dessen Ausführungen sich auf die rein in-
terne Gütergemeinschaft des alten Rechts beziehen, vgl.
dazu auch Anm. 1019 sogleich.
1018 Dagegen setzt die Musterurkunde Nr. 47 von ihrem Standpunkt aus konsequent die Anerkennung der Gesamtgutsbe-
rechtigung des überlebenden Ehegatten durch die Erben
voraus; vgl. deren Ziff. 7.

nung des Ehevertrages[1019] mit dem Unterbleiben von Einsprachen seitens der Erben nicht als Voraussetzung der
Eintragung des überlebenden Ehegatten verlangt werden[1020] [1021].

Die Auffassung, welche zur Grundbucheintragung die
Eröffnung des Ehevertrages an die Erben und das Unterbleiben von Einsprachen gegen die Gesamtgutsberechti-
gung des überlebenden Ehegatten voraussetzt, geht demgegenüber zu Unrecht davon aus, es lägen trotz Gesamtgutszuweisung dingliche Erbrechte am Gesamtgut vor. Sodann erweckt diese Auffassung gegenüber den Erben den
falschen Eindruck, sie könnten sich mittels Einsprache
gegen die Gesamtgutszuweisung zur Wehr setzen, während
hiefür eine Klage nötig ist, und führt dazu, dass der
überlebende Ehegatte, dessen Rechte aus der Gesamtgutszuweisung - gemäss der in Rede stehenden Meinung - wegen der Erhebung von Einsprachen nicht anerkannt sind,

---

1019 Es sei hier daran erinnert, dass die Möglichkeit der
     Eröffnung des Ehevertrages eine nur die interne Güter-
     gemeinschaft des alten Rechts betreffende Kompromisslö-
     sung war, um den überlebenden Ehegatten in Anbetracht
     der Unsicherheiten um die obligatorische oder dingliche
     Wirkung der Gesamtgutszuweisung bei interner Güter-
     gemeinschaft dennoch ohne Zustimmung der Erben als Eigen-
     tümer im Grundbuch eintragen zu können; vgl. GNEKOW,
     S. 181 ff. Als Kompromisslösung für die altrechtliche
     interne Gütergemeinschaft darf das Eröffnungsverfahren
     keinesfalls tel quel auf die Gütergemeinschaft des
     neuen Eherechts mit ihrer unbestritten dinglich wirken-
     den Gesamtgutszuweisung übertragen werden.
1020 Eine Eröffnung an die Erben ist denn auch bei der Mu-
     sterurkunde Nr. 557 zur einfachen Gesellschaft mit An-
     wachsungsvereinbarung zurecht nicht vorgesehen. Im
     Falle der Gesamtgutszuweisung - wie es die Musterur-
     kunde Nr. 47 vorsieht - durch Eröffnung eine Einspra-
     chemöglichkeit der Erben zu schaffen, nicht aber bei
     der einfachen Gesellschaft mit Akkreszenzklausel zu-
     gunsten des überlebenden Gesellschafters, stellt eine
     unerklärliche Diskrepanz bei dinglich genau gleicher
     Situation dar!
1021 Kann die Eröffnung des Ehevertrages bei Gesamtgutszu-
     weisung zur Eintragung des überlebenden Ehegatten im
     Grundbuch nicht verlangt werden, so wäre sie dagegen de
     lege ferenda im Sinne der von RUF postulierten Er-
     setzung einer Willenserklärung bei der Vorschlagszuwei-
     sung fruchtbar zu machen; vgl. dazu vorne Anm. 883.

in gesetzwidriger Weise zur Klage gegen die Erben ge-
zwungen wird[1022]. Im Ergebnis wird damit nach der hier
abgelehnten Auffassung die Eintragung des überlebenden
Ehegatten aufgrund der Gesamtgutszuweisung dem Erfordernis der Zustimmung der Erben unterworfen, zwar nicht
direkt durch schriftliche Zustimmung, wohl aber indirekt dadurch, dass das Unterlassen von Einsprachen aus
ihrem Kreise zur Voraussetzung der Grundbucheintragung
erhoben wird. Ein solches Ergebnis steht nun aber in
offenbarem Widerspruch zu dem mit der Gesamtgutszuweisung verknüpften ausserbuchlichen Eigentumserwerb kraft
Anwachsung[1023].

Nachdem die Herabsetzungsklage den Pflichtteilserben
nur obligatorischen Schutz verleiht, haben diese gegenüber der Gesamtgutszuweisung letztlich nur zwei Möglichkeiten zur Verhinderung des dinglichen Rechtsüberganges an den überlebenden Ehegatten; beide sind so
konzipiert, dass die Erben klagen müssen und sich der
überlebende Ehegatte auf Einreden beschränken kann.

Zum einen können die Erben geltend machen, ein Grundstück gehöre nicht zum Gesamtgut, sondern zum Eigengut
des verstorbenen Ehegatten, womit es von der Gesamtgutszuweisung nicht erfasst werde, sondern der Erbfolge
unterliege. Mit diesem Argument die Eröffnung des Ehevertrages und die Anerkennung der Gesamtgutsberechti-
gung des überlebenden Ehegatten zu verlangen, hiesse,
die Parteirollen entgegen der materiellen Rechtslage zu
verteilen: Man würde den überlebenden Ehegatten, der
sich im Grundbuch eintragen lassen will und dessen
Rechte aus der Gesamtgutszuweisung nicht anerkannt wer-

1022 Dazu sogleich im Text.
1023 Dazu vorne § 11 III 1.
     Es sei andererseits festgehalten, dass die Eröffnung
     des Ehevertrages an die Erben durchaus hilfreich sein
     kann, etwa zur Orientierung im Hinblick auf die güter-
     und erbrechtliche Auseinandersetzung. Sie darf nur
     nicht als Voraussetzung zur Eintragung des gesamtguts-
     berechtigten überlebenden Ehegatten im Grundbuch ver-
     standen werden.

den, zur Klage zwingen und die Erben in Missachtung der Gesamtgutsvermutung von Art. 226 ZGB sowie der allgemeinen Beweisregel von Art. 8 ZGB in die vorteilhafte Beklagtenrolle versetzen[1024]. Richtigerweise sind es aber die Erben, die zur Wahrung ihrer Rechte am Eigengut des vorverstorbenen Ehegatten mittels Erbschaftsklage (Art. 598 ff. ZGB) die Herausgabe der Nachlassgegenstände zu verlangen bzw. den Grundbucheintrag des überlebenden Ehegatten als ungerechtfertigt anzufechten haben[1025].

Zum anderen können die Erben die Gültigkeit des Ehevertrages wegen Form- oder wegen Willensmangel des verstorbenen Ehegatten anfechten[1026]. Auch hier erfordert das materielle Recht, dass die Erben fristgerecht[1027] Klage erheben, und es darf nicht diese Voraussetzung, die zu erfüllen den Erben obliegt, mittels Aufstellen des Erfordernisses der Anerkennung der Gesamtgutszuweisung hinfällig gemacht werden.

2.3. Ehevertrag und Todesschein

Zur Eintragung des überlebenden Ehegatten als Alleineigentümer der Gesamtgutsgrundstücke genügt als Ausweis der Ehevertrag sowie ein Todesschein[1028]. Diese

---

1024 SCHLATTER, S. 142 f., Anm. 4; GNEKOW, S. 186.
1025 GNEKOW, S. 186.
1026 LEMP, N. 19 zu Art. 226 aZGB. Vgl. auch HAUSHEER/REUSSER/GEISER, NN. 40 und 53 zu Art. 241 ZGB.
1027 Die Berufung auf Willensmängel hat unter Wahrung der Fristen von Art. 23 ff. OR und Art. 31 OR, welch letztere schon zu Lebzeiten beginnen kann und daher vielfach abgelaufen sein wird, zu erfolgen; vgl. dazu LEMP, N. 19 zu Art. 226 aZGB.
1028 Kreisschreiben Obergericht Zürich, S. 142. Vgl. auch PICENONI, Ineinandergreifen, S. 201; auf die von PICENONI für die Gütergemeinschaft des alten Rechtes zusätzlich verlangte zivilstandsamtliche Bescheinigung, wonach der Verstorbene keine Nachkommen hatte, und den Auszug über den erfolgten Eintrag der Gütergemeinschaft im Güterrechtsregister ist im neuen Recht, das den sog. güterrechtlichen Pflichtteil des Art. 226 Abs. 2 aZGB durch den erbrechtlichen, somit obligatorischen,

Belege genügen auch für eine zuhanden des Grundbuchamtes über den erfolgten Eigentumsübergang auszufertigende notarielle Feststellungsurkunde.

3. **Grundbuchanmeldung**

Zur Anmeldung des aufgrund der Gesamtgutszuweisung mit dem Ableben des ersten Gütergemeinschafters erfolgten Eigentumsüberganges beim Grundbuchamt ist der überlebende Ehegatte gemäss Art. 665 Abs. 3 ZGB allein berechtigt.

Pflichtteilsschutz von Art. 241 Abs. 3 ZGB ersetzt und das Güterrechtsregister aufgehoben hat, zu verzichten. Vgl. weiter aus der Literatur zum alten Eherecht: STIRNEMANN, S. 276, mit Hinweisen auf die Grundbuchpraxis; BAUMANN, S. 124; GNEKOW, S. 172.